国家自然科学基金青年科学基金项目
"高维变系数多水平结构关系模型研究及应用"（项目编号：72001197）

指标关系研究中的数据挖掘与统计学习

Data Mining and Statistical Learning in Indicators' Relations Research

程 豪 ◎ 著

中国财经出版传媒集团

经济科学出版社
Economic Science Press
·北京·

图书在版编目（CIP）数据

指标关系研究中的数据挖掘与统计学习／程豪著
. -- 北京：经济科学出版社，2023.12
 ISBN 978-7-5218-5444-2

Ⅰ.①指… Ⅱ.①程… Ⅲ.①指标-数据采掘 Ⅳ.
①C813

中国国家版本馆 CIP 数据核字（2023）第 252901 号

责任编辑：杜　鹏　郭　威
责任校对：刘　娅
责任印制：邱　天

指标关系研究中的数据挖掘与统计学习
程　豪◎著
经济科学出版社出版、发行　新华书店经销
社址：北京市海淀区阜成路甲 28 号　邮编：100142
编辑部电话：010-88191441　发行部电话：010-88191522
网址：www.esp.com.cn
电子邮箱：esp_bj@163.com
天猫网店：经济科学出版社旗舰店
网址：http://jjkxcbs.tmall.com
固安华明印业有限公司印装
710×1000　16 开　17.5 印张　280000 字
2023 年 12 月第 1 版　2023 年 12 月第 1 次印刷
ISBN 978-7-5218-5444-2　定价：118.00 元
(图书出现印装问题，本社负责调换。电话：010-88191545)
(版权所有　侵权必究　打击盗版　举报热线：010-88191661
QQ：2242791300　营销中心电话：010-88191537
电子邮箱：dbts@esp.com.cn)

前　言

　　指标关系研究中的数据挖掘与统计学习是以统计学、数据挖掘、计算机科学为学科背景，在汇集业务统计资料基础上分析不同指标之间不同类型关系的方法论与实践论相结合的重要研究议题。构成指标关系研究数据挖掘与统计学习的关键要素包括统计数据以及统计方法、统计计算和统计决策。参照一级学科"统计学"的定义：统计学是收集、处理、分析、解释数据并从数据中得出结论的科学。可以看出，数据贯穿统计学始终。同样地，指标关系研究的对象就是统计数据。其中，指标数据是覆盖经济、政治、文化、社会、生态等领域最为常见的一类统计数据。例如，反映人力资本的研发人员全时当量（人年）指标，反映高新技术企业数的地区高新技术企业总数（个）指标，以及反映互联网普及率的使用因特网人口比例（%），等等。这些具体指标数据可以单独用于反映创新驱动发展的不同方面，也可以通过某种方式综合反映创新驱动发展的总体状况。

　　本质上，不同指标间关系研究是解决指标间各类关系的测度问题，而不同类型关系的测度需要建立在不同的数据挖掘与统计学习方法选择基础上。本书立足相关关系、关联关系、回归关系、结构关系和网络关系共五种指标关系，涉及统计年鉴、医院信息系统、综合调查、科技报告和中医诊断共五个领域，研究指标关系研究中的数据挖掘与统计学习方法和应用。

在方法层面，本书共包括相关关系测度、关联规则挖掘、回归模型理论、结构方程模型和社会网络分析。在软件层面，主要运用 R 和 Python 这两款数据分析软件。R 和 Python 是开源的编程类统计分析软件。对于编程基础较为薄弱的读者，需要先大致了解 R 和 Python 的简单编程语言，但也不必过于焦虑。本书结合具体案例给出详细代码和注释，仅以此书为参考，也同样可以独立完成分析任务。为更好地完成书稿的撰写，笔者整理了 2012 年至今所从事的所有科研项目和重点工作任务相关资料，从提炼、分析、解释以及软件操作角度，在前期积累和反复推敲基础上，尽力呈现出便于读者阅读、理解和使用的文字与程序，也竭力从读者角度思考和撰写，希望能帮助读者更轻松地掌握指标关系研究中的数据挖掘与统计学习方法。

本书的特色主要包括：（1）每章都是一个独立专题，单独讨论一种指标关系。读者可根据实际需求，选择某一种指标关系研究过程中运用的数据挖掘和统计学习方法，以及相应的计算机代码，而不必从头至尾阅读全书或全章。这样的设计更有助于读者集中精力，用最短的时间掌握最准确的方法和软件操作。（2）每章内容除正文表述外，设置"延展性阅读"板块作为补充。感兴趣的读者可以从中获得更丰富的内容、更多元的软件操作或是更前沿的方法介绍。对于基础较为薄弱或不感兴趣的读者，可直接忽略这部分内容，完全不影响对正文案例的理解和软件实现。（3）本书还分享了统计年鉴、医院信息系统、综合调查、科技报告和中医诊断共五个领域的实例案例，通过不同应用环境下的具体例子进一步讲述指标间相关关系、指标间关联关系、指标间回归关系、指标间结构关系和指标间网络关系的适用场景，以便读者对方法的进一步深入理解和灵活掌握。

本书面向的主要受众包括但不限于：(1) 从事政府部门统计工作的专业人士；(2) 高校经济管理类在读学生，统计学、大数据科学等相关专业学生；(3) 科研院所数据分析与统计建模科研人员；(4) 相关行业专业技术人士。此外，也欢迎对相关领域问题感兴趣的读者阅读。

本书虽是笔者一人独立完成，但离不开在前期学习和积累过程中各位领导、师长以及朋友的帮助和分享，在此特别感谢。本书的顺利完成也离不开笔者在发表近 70 篇国内外学术期刊文章时积累的宝贵经验，尤其要感谢 *Mathematics and Computers in Simulation*、*Environment, Development and Sustainability*、*Communications in Statistics-Simulation and Computation*、*Computational Statistics* 以及《数理统计与管理》《统计与信息论坛》《今日科苑》等期刊给予笔者的诸多专业且详细的评审意见，对文章质量的提高和笔者研究视野的开阔起到了非常重要的作用。本书在互联网统计学应用方面的积累和呈现还离不开笔者在大众媒体上发表理论学术文章时从政策角度对不同领域实际问题的理解和分析，这里特别感谢《科技日报》《工人日报》《农民日报》《中国科学报》《重庆科技报》，以及光明网和中国社会科学网。此外，笔者还要感谢国家自然科学基金青年科学基金项目"高维变系数多水平结构关系模型研究及应用"（72001197）等课题对本书相关研究和撰写工作给予的资助。最后，笔者还要感谢来自家庭的温暖和关爱，感谢妻子对我工作、科研、学习和生活的理解与支持，感谢双方父母的养育和帮扶，感谢两个可爱的宝贝：Miss QQ 和 Mr QD。

青年已成，未来可期。希望借由此书，能与广大读者充分交流、深入探讨，在共同学习和成长的过程中，不断完善和丰富《指标关系研究中的数据挖掘与统计学习》一书的内容。

程 豪

2023 年 5 月 10 日于北京

目 录

第1章 指标关系研究基础 ·· 1
    1.1 指标关系研究理论基础 ·· 1
    1.2 指标关系研究计算机基础 ·· 19
    1.3 思考与练习 ·· 47
    1.4 延展性阅读 ·· 49

第2章 指标相关关系研究 ·· 52
    2.1 指标间相关关系的基本界定 ······································ 52
    2.2 指标间相关关系的测度方法 ······································ 54
    2.3 实战案例：统计年鉴指标相关关系研究 ···························· 73
    2.4 思考与练习 ·· 78
    2.5 延展性阅读 ·· 83

第3章 指标关联关系研究 ·· 88
    3.1 指标间关联关系的基本界定 ······································ 88
    3.2 指标间关联关系的测度方法 ······································ 90
    3.3 实战案例：医院信息系统指标关联关系研究 ························ 100

3.4 思考与练习 …………………………………………………… 108
3.5 延展性阅读 …………………………………………………… 108

第 4 章 指标回归关系研究 …………………………………… 111
4.1 指标间回归关系的基本界定 ………………………………… 111
4.2 指标间回归关系的测度方法 ………………………………… 114
4.3 实战案例：综合调查指标回归关系研究 …………………… 159
4.4 思考与练习 …………………………………………………… 165
4.5 延展性阅读 …………………………………………………… 166

第 5 章 指标结构关系研究 …………………………………… 171
5.1 指标间结构关系的基本界定 ………………………………… 171
5.2 指标间结构关系的测度方法 ………………………………… 174
5.3 实战案例：科技报告指标结构关系研究 …………………… 196
5.4 思考与练习 …………………………………………………… 207
5.5 延展性阅读 …………………………………………………… 208

第 6 章 指标网络关系研究 …………………………………… 214
6.1 指标间网络关系的基本界定 ………………………………… 214
6.2 指标间网络关系的测度方法 ………………………………… 215
6.3 实战案例：中医诊断指标网络关系研究 …………………… 238
6.4 思考与练习 …………………………………………………… 262
6.5 延展性阅读 …………………………………………………… 263

参考文献 …………………………………………………………… 268

第 1 章
指标关系研究基础

1.1 指标关系研究理论基础

1.1.1 指标关系的界定

本质上，不同指标间关系研究是解决指标间不同类型关系的测度问题，而不同类型关系的测度需要建立在不同的数据挖掘与统计学习方法的选择基础上。本书将要讨论的指标关系可界定为指标间的相关关系、关联关系、回归关系、结构关系和网络关系共五种类型，涉及统计年鉴、医院信息系统、综合调查、科技报告和中医诊断共五个领域，研究指标关系研究中的相关关系测度、关联规则挖掘、回归模型理论、结构方程模型和社会网络分析。具体来说，本书界定的指标关系研究以及所使用的数据挖掘与统计学习方法包括以下几种。

一是用于研究指标间相关关系的统计方法和计算方式。根据变量属性（例如，分类型变量、数值型变量）、变量数量（例如，两个变量间相关关系、两组变量间相关关系）的不同，指标间相关关系的测度需要借助不同统计方法和算法，计算不同指标（变量）间的相关关系。

二是用于研究指标间关联关系的统计方法和算法。根据事件发生的连带性特点，指标间关联关系的测度用于反映某些指标（事件）引发另外一些指标（事件）的关联性。这种关联关系可以是由于时间因素导致的前后关系（例如，水到渠成，春华秋实），也可以是一部分指标作为原因，另一部分指标作为结果的因果关系（例如，种瓜得瓜，种豆得豆），还可以是实际问题中开放式探索指标合并可能情况的简单关联关系（例如，联合用药，药物协同或增效作用）。在这里，药物的协同或增效作用主要是指两种或两种以上的药物合并使用的时候，达到彼此增长效果（药物的总效应增加）。

三是用于研究指标间回归关系的统计模型和算法。根据变量属性和变量个数的不同，以及传统统计学和数据挖掘的范畴，指标间回归关系用于反映结局指标（因变量）与原因指标（自变量）间表达因果作用的关系。在这里，传统统计学中的回归包括线性回归、分位回归、岭回归和逻辑（Logistic）回归，数据挖掘中的回归包括最小绝对值收敛和选择算子（least absolute shrinkage and selection operator，Lasso）回归以及决策树、随机森林、神经网络和支持向量机的回归模型。

四是用于研究指标间结构关系的结构方程模型。根据指标含义的抽象程度以及指标数据可观测程度，指标间结构关系用于反映表达某一维度的抽象指标（如幸福力）和支撑这一维度的具体指标（如收入状况、职称职务、婚姻情况等）之间的关系。通常，用于测度这种关系的统计模型是结构方程模型，通过极大似然估计、偏最小二乘估计等算法，完成对表达指标间结构关系的权重的估计。

五是用于研究指标间网络关系的社会网络分析方法。根据指标间关系的连通性和复杂度，网络关系往往存在于指标数量较多且指标间关系清晰度相对不足的情形。通过网络形式，将具有某种共性特征或某种连通关系的指标编织到一个系统中，以反映不同指标间网络关系特点。社会网络分析建立在这种关系基础上，实现对网络中指标（节点）重要性排序、指标分块以及网络结构特征的描述。

1.1.2　方法学理论体系

作为一级学科，统计学是收集、处理、分析、解释数据并从数据中得出结论的科学。指标关系研究中的数据挖掘与统计学习是以统计学、数据挖掘、计算机科学为学科背景，在汇集业务统计资料基础上反映并分析不同指标之间不同类型关系的方法论与实践论相结合的重要研究议题。构成指标关系研究数据挖掘与统计学习的关键要素包括统计数据以及统计方法、统计计算和统计决策（如图 1.1 所示）。

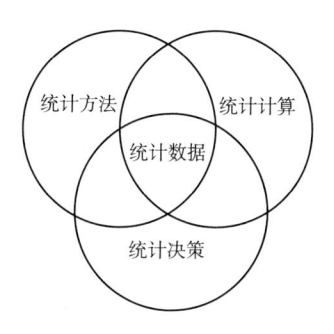

图 1.1 关键要素

其中，统计数据是指标关系研究数据挖掘与统计学习的研究对象，存在多样性、广泛性和规律性的特点。多样性是指丰富的统计数据类型，包括互联网上的各种数字、文字、图像、视频、音频数据以及它们的组合。广泛性是指涉及经济、政治、文化、社会、生态等诸多领域，以及不同领域交叉融合形成的复合型领域、随行业发展而生的新兴领域，等等。规律性是指在统计学意义上具有一定的共同属性且真实存在一定的统计规律。例如，对于毫无规律可言的白噪声数据，是不存在统计规律的，更多表达的是随机性，这部分数据不属于本书界定的统计数据。

统计方法和统计计算是指标关系研究数据挖掘与统计学习的核心内容。简单来说，指标关系研究中的数据挖掘与统计学习方法，是基于不同类型的数据分别构建统计模型，从而对数据中存在的有用信息和价值规律进行挖掘和分析。指标关系研究中的数据挖掘与统计学习计算，可以理解为在综合统计中涉及的数值计算和数理推导相关的统计学问题和计算机技术。通过统计方法和统计计算得到的有用信息与价值规律，是统计决策的重要依据。

1.1.3 指标解读的举例

指标解读是一项基础性研究工作，是开展指标间关系研究的前提。弄清楚指标本身的含义，对于指标间关系测度的方法选择和结论解读非常重要。现有的一些公开的报告，例如，《全球竞争力报告》（Global Competitiveness Report，GCR）、《全球创新指数》（Global Innovation Index，GII）等，都建立在相对成熟的指标体系基础上。本书分别以2019年《全球竞争力报告》和2019年《全球创新指数》为例，提供报告中涉及的所有指标名称和解释的中文参考译文，供读者对照原始英文版本进行指标理解时使用。

1.1.3.1 《全球竞争力报告》

《全球竞争力报告》是世界经济论坛自1979年起对每个国家（地区）的竞争力进行综合因素考评并以全球竞争力指数为基础对各国（地区）进行排名而推出的年度报告。总体上，《全球竞争力报告》包括制度、基础设施、信息通信技术应用、宏观经济稳定性、卫生、技能、产品市场、劳动力市场、金融体系、市场规模、商业活力和创新能力共12个板块。具体指标名称与解释的参考译文如表1.1所示。需要说明的是，经与2018年版本相比，2019年《全球竞争力报告》指标主要发生如下变化：（1）2018年版本中的指标1.13Future orientation of government 分解为1.20、1.21、1.22和1.23。（2）2019年新增1.24、1.25和1.26共三个指标。（3）2019年删除2018年版本中7.08 Services trade openness 指标。（4）其余指标经定义比较（如1.17）后与2018年版本一致。

表1.1　　2019年《全球竞争力报告》指标名称与解释的参考译文

板块	序号	指标名称译文	指标解释参考译文
制度	1.1	有组织犯罪的商业成本	"在您的国家/地区，有组织犯罪（面向黑手党的敲诈勒索）在多大程度上给企业带来了成本？"
	1.2	谋杀率	每100 000位人口中故意杀人罪的数量
	1.3	恐怖主义发生率	评估恐怖袭击的频率和严重性
	1.4	警察服务的可靠性	"在您的国家/地区，在多大程度上可以依靠警察部门执行法律和秩序？"
	1.5	社会资本	在"Legatum 繁荣指数"的"社会资本"支柱上得分，该指数评估社会凝聚力和参与度，社区和家庭网络以及政治参与和机构信任
	1.6	预算透明度	评估政府公开提供的预算信息的数量和及时性

续表

板块	序号	指标名称译文	指标解释参考译文
制度	1.7	司法独立	"在您的国家/地区,司法系统与政府、个人或公司的影响有多独立?"
	1.8	法律框架在挑战规章制度中的效率	"在您的国家/地区,私营企业通过法律制度对政府的行动和/或法规提出质疑有多容易?"
	1.9	新闻自由	在世界新闻自由指数上的得分,该指数衡量新闻工作者可获得的自由程度
	1.10	政府管制的负担	"在您的国家/地区,公司遵守的公共管理要求(如许可证、法规、报告)负担有多重?"
	1.11	法律框架解决争端效率	"在您的国家/地区,公司解决纠纷的法律和司法体系的效率如何?"
	1.12	电子化参与	电子参与指数得分,该指数评估了在线服务的使用,以促使政府向公民提供信息
	1.13	腐败事件	在腐败感知指数上得分,该指数用于衡量公共部门对腐败的感知
	1.14	产权	"在您的国家/地区,包括金融资产在内的财产权受到何种程度的保护?"
	1.15	知识产权保护	"在您的国家/地区,知识产权保护的程度是多少?"
	1.16	土地管理质量	土地管理质量指数得分,该指数评估基础设施的可靠性、信息的透明度、地理覆盖范围、土地纠纷解决方案和平等获得财产权的机会
	1.17	审计和会计准则的力度	"在您的国家/地区,财务审计和报告标准有多强?"
	1.18	利益冲突监管	在利益冲突规制程度指数上得分,该指数衡量保护股东免受董事滥用公司资产谋取私利的程度
	1.19	股东治理	对股东治理指数的范围进行评分,该指数衡量股东在公司治理中的权利
	1.20	政府确保政策稳定	"在您的国家/地区,政府在多大程度上确保稳定的经商环境?"
	1.21	政府对变化的反应	"在您的国家/地区,政府在多大程度上有效地响应了变化(例如技术变化,社会和人口趋势,安全和经济挑战)?"
	1.22	法律框架对数字业务模型的适应性	"在您的国家/地区,您的法律体系在多大程度上适应数字商业模式(例如,电子商务,共享经济,金融科技等)?"
	1.23	政府长远眼光	"在您的国家/地区,政府在多大程度上制定了长期愿景?"
	1.24	能源效率法规	评估一个国家/地区的政策法规以提高能源效率

续表

板块	序号	指标名称译文	指标解释参考译文
制度	1.25	可再生能源监管	评估一个国家/地区促进可再生能源的政策和法规
	1.26	现行与环境有关的条约	已批准的环境条约总数
基础设施	2.1	道路连通性	道路连通性指数得分，该指数衡量的是连接10个或更多个最大城市的驾车路线的平均速度和直线度，这些城市合计至少占经济总人口的15%
	2.2	道路基础设施质量	"在您的国家/地区，道路基础设施的质量（广泛性和状况）是什么？"
	2.3	铁路密度公里	每千平方千米土地的千米铁路
	2.4	列车服务效率	"在您的国家/地区，火车运输服务的效率（即频率、准点、速度、价格）如何？"
	2.5	机场连接	这代表了国际航空运输协会的机场连通性指标，该指标衡量一个国家/地区在全球航空运输网络中的整合程度
	2.6	航空运输服务效率	"在您的国家/地区，航空运输服务的效率（即频率、准时、速度、价格）如何？"
	2.7	班轮运输连接	班轮运输连通性指数得分，该指数评估一个国家/地区与全球运输网络的连通性
	2.8	海港服务效率	"在您的国家/地区，海港服务（渡轮、轮船）的效率（即频率、准点、速度、价格）如何？"
	2.9	电气化率	有电的人口百分比
	2.10	输配电损失%输出	电力传输和分配损失占国内供应的百分比
	2.11	接触不安全饮用水	接触不安全饮用水的人口的风险加权百分比
	2.12	供水可靠性	"在您的国家/地区，供水的可靠性如何（没有中断和流量波动）？"
信息通信技术应用	3.1	移动蜂窝电话订阅	每100位人口中的移动蜂窝电话预订数
	3.2	移动宽带订阅	每100位人口中活跃的移动宽带订阅数
	3.3	固定宽带互联网订阅	每100位人口中的固定宽带互联网订阅数
	3.4	光纤互联网订阅	每100位人口的光纤到户/建筑互联网订阅
宏观经济稳定性	4.1	通货膨胀	消费者物价指数的年度百分比变化
	4.2	债务动态	衡量公共债务变化的指数，由一个国家的信用等级和债务水平（相对于其GDP）加权得出
卫生	5.1	健康预期寿命	考虑到死亡率和残疾，新生儿可以预期健康的年限

· 6 ·

第 1 章 指标关系研究基础

续表

板块	序号	指标名称译文	指标解释参考译文
技能	6.1	平均受教育年限	平均受教育年限
	6.2	员工培训程度	"在您的国家/地区，公司在多大程度上投资于培训和员工发展？"
	6.3	职业培训质量	"在您的国家/地区，您如何评估职业培训的质量？"
	6.4	毕业生技能	以下两个《行政意见调查》平均得分："在您的国家/地区，中学毕业的学生在何种程度上拥有企业所需的技能？"和"在您的国家/地区，大学毕业的学生在何种程度上拥有企业所需的技能？"
	6.5	在职人口的数字技能	"在您的国家/地区，活跃人口在多大程度上拥有足够的数字技能（例如，计算机技能，基本编码，数字阅读）？"
	6.6	熟练员工雇佣容易度	"在您所在的国家/地区，公司可以在何种程度上找到具备填补职位空缺所需技能的人员？"
	6.7	学校平均寿命	入学年龄的孩子可以预期接受的总上学年限（小学到大专）
	6.8	批判性思维教学	"在您的国家/地区，您如何评估教学风格？"
	6.9	小学师生比例	每位老师的平均学生人数，基于学生和老师的人数
产品市场	7.1	税收和补贴对竞争的扭曲效应	"在您的国家/地区，财政措施（补贴，税收减免等）在多大程度上扭曲了竞争？"
	7.2	市场主导程度	"在您的国家/地区，您如何描述公司活动？"
	7.3	服务业竞争	以下执行意见调查问题的三个组成部分的平均分数："在您的国家/地区，提供以下服务的竞争力如何：专业服务、零售服务和网络部门"
	7.4	非关税壁垒普遍性	"在您的国家/地区，非关税壁垒（如健康和产品标准、技术和标签要求等）在多大程度上限制了进口商品在国内市场竞争的能力？"
	7.5	贸易关税	加权平均适用关税率，以百分比表示
	7.6	关税复杂性	衡量一个国家/地区关税制度的复杂性
	7.7	边境通关效率	评估海关和其他边境管制机构在每个国家/地区的八个主要贸易伙伴中进行清关程序的有效性和效率
劳动力市场	8.1	裁员成本周薪	衡量终止冗余工人时的预告要求费用和遣散费，以周薪为单位
	8.2	雇佣及解雇做法	"在您的国家/地区，法规在多大程度上允许灵活地雇用和解雇工人？"
	8.3	劳资合作	"在您的国家/地区，您如何表征劳资关系？"

· 7 ·

续表

板块	序号	指标名称译文	指标解释参考译文
劳动力市场	8.4	工资确定的灵活性	"在您的国家/地区，工资一般是如何设定的？"
	8.5	积极的劳工政策	"在您的国家/地区，劳动力市场政策在多大程度上帮助失业人员重新技能和找到新工作（包括技能匹配、再培训等）？"
	8.6	工人权利	根据ITUC全球权利指数改编而成的得分，该指数衡量国际认可的核心劳工标准的保护水平
	8.7	外国劳工雇佣容易度	"在您的国家/地区，法规与雇用外劳有多严格的限制？"
	8.8	内部劳工流动性	"在您的国家/地区，出于专业原因，人们在多大程度上迁移到该国其他地区？"
	8.9	依赖专业管理	"在您的国家/地区，谁在公司担任高级管理职位？"
	8.10	薪酬和生产力	"在您的国家/地区，薪资与员工生产率有多大关系？"
	8.11	女性劳动参与率百分比	说明了参加劳动力的15~64岁女性作为工资和薪水工人的百分比与参加劳动力的15~64岁男性作为工资和薪水工人的百分比的比率
	8.12	劳动税率	劳动税和缴款是指企业支付的税金（联邦，州或地方的任何级别）和强制性缴费，以商业利润的百分比表示
金融体系	9.1	向私营部门提供的国内信贷	提供给私营部门的财政资源总值，以占GDP①的百分比表示
	9.2	中小企业融资	"在您的国家/地区，中小型企业（SME）可以在多大程度上通过金融部门获得其开展业务所需的资金？"
	9.3	风险资本可得性	"在您的国家/地区，拥有创新但有风险项目的创业企业家获得股权融资有多容易？"
	9.4	市场资本总值	上市国内公司的总价值，占GDP的百分比
	9.5	保险费	人寿和非人寿保险保费收入，占GDP的百分比
	9.6	银行稳健性	"在您的国家/地区，您如何评估银行的健全性？"
	9.7	不良贷款	不良贷款价值除以一国所有银行的贷款组合总价值之比
	9.8	信用缺口	衡量信贷与GDP的比率及其长期趋势之间的差异
	9.9	银行监管资本比率	银行的监管资本比率。它是银行总监管资本（股东权益，已披露和未披露的准备金，重估准备金，一般准备金和其他工具）的比率

---

① GDP即国内生产总值。

续表

板块	序号	指标名称译文	指标解释参考译文
市场规模	10.1	按购买力平价计算的国内生产总值	按购买力平价计算的国内生产总值，以数十亿美元（2011年不变价）计算
	10.2	货物和服务进口	商品和服务进口，占GDP的百分比
商业活力	11.1	创业成本	表示为经济人均收入的百分比
	11.2	创业耗时天	完成合法经营程序所需的日历天数
	11.3	破产回收率	记为有担保债权人通过司法重组、清算或债务执行（取消抵押品赎回权或抵押权）程序追回的美元美分
	11.4	破产监管框架	在衡量适用于清算和重组程序的法律框架的充分性和完整性的指数上得分
	11.5	对创业风险的态度	"在您所在的国家/地区，人们对创业风险的偏好如何？"
	11.6	下放权力意愿	"在您的国家/地区，高级管理层在多大程度上将权力下放给下属？"
	11.7	创新公司成长	"在您的国家/地区，具有创新思想的新公司在多大程度上迅速发展？"
	11.8	接受颠覆性思想的公司	"在您的国家/地区，公司在多大程度上接受有风险或破坏性的业务构想？"
创新能力	12.1	劳动力多样性	"在您的国家/地区，公司在多大程度上拥有多元化的员工队伍（例如，在种族、宗教、性取向、性别方面）？"
	12.2	集群发展状况	"在您的国家/地区，发达和深厚的集群（企业、供应商、相关产品和服务的生产商以及特定领域的专门机构的地理集中度）有多广泛？"
	12.3	国际共同发明申请	每百万人口中位于国外的共同发明人的专利家族申请数量
	12.4	多利益攸关方合作	以下三个"行政意见调查"问题的平均得分："在您所在的国家/地区，人们在公司内部进行何种程度的协作和共享想法？"
	12.5	科学出版物H指数	衡量在国家/地区级别表达的出版物及其引用的数量
	12.6	专利申请	每百万人口中专利家族申请的总数
	12.7	研发支出	研发支出占GDP的百分比
	12.8	科研机构质量指数	衡量私人和公共研究机构的知名度和地位
	12.9	买方成熟度	"在您的国家/地区，买方是根据什么决定作出购买决定的？"
	12.10	商标申请	每百万人口中商标申请的数量

1.1.3.2 《全球创新指数》

《全球创新指数》是世界知识产权组织、康奈尔大学、欧洲工商管理学院于 2007 年共同创立的对全球 120 多个经济体在创新能力方面表现进行排名的年度报告。总体上来看,《全球创新指数》包括制度、人力资本和研究、基础设施、市场成熟度、商业成熟度、知识和技术产出以及创意产出共 7 个板块（一级指标）。具体指标名称与解释的参考译文如表 1.2 所示。需要说明的是，与 2018 年相比，2019 年《全球创新指数》指标区别主要表现在：指标 1.1.1 存在差异。2018 年情况如下：（1）名称：政治稳定性和安全性。（2）定义：衡量对政治可能性的看法的指数不稳定和/或出于政治动机的暴力行为，包括恐怖主义。（3）来源：World Bank，Worldwide Governance Indicators，2017 update.（http：//info.worldbank.org/governance/wgi/index.aspx#home）。此外，其余指标经定义比较（如 V233）、单位换算（如 V321）后与 2018 年一致。

表 1.2   2019 年《全球创新指数》指标名称与解释的参考译文

一级指标	二级指标	序号	三级指标名称译文	三级指标解释参考译文
制度	政治环境	1.1.1	政治和业务稳定性	该指标衡量影响业务运营的政治，法律，运营或安全风险的可能性和严重性
		1.1.2	政府有效性	该指标反映对公共服务质量，行政部门质量及其与政治压力的独立程度，政策制定和实施的质量和政府承诺此类政策的信誉度的看法
	监管环境	1.2.1	监管质量	该指标反映对政府制定和实施允许并促进私营部门发展的健全的政策和法规的能力的看法
		1.2.2	法治	该指标反映对代理人对社会规则的信任程度和遵守程度的看法，尤其是合同执行质量，财产权，警察和法院的质量以及犯罪和暴力发生的可能性
		1.2.3	遣散费用	冗余成本衡量终止冗余工人时的预告要求和遣散费的成本，以周薪为单位。还考虑了适用于任期一年的工人，五年的工人和十年的工人的通知要求和遣散费的平均值。一个月记录为 4 周和 1/3 周。如果裁员成本总计不超过 8 周的薪水，则将值分配为 8，但会发布实际的周数。如果费用加起来超过 8 周的薪水，则分数为周数

续表

一级指标	二级指标	序号	三级指标名称译文	三级指标解释参考译文
制度	商业环境	1.3.1	易于创业	经济体在开办企业容易程度方面的排名是通过对它们的得分进行排序来确定的。这些分数是每个组成指标的分数的简单平均值
		1.3.2	易于解决破产	经济体在解决破产方面的容易程度的排名是通过对它们的得分进行排序来确定的。这些分数是回收率和破产框架强度指数的简单平均数
人力资本和研究	教育	2.1.1	教育支出在GDP中的占比	一般（地方、区域和中央）政府在教育方面的总支出（经常性，资本性和转移性），以GDP的百分比表示。它包括由国际来源向政府转移支付的支出
		2.1.2	中小学生人均政府支出在人均GDP中的占比	政府为每位学生提供的一般（地方、区域和中央，当前和首都）初始政府教育总资金，包括已支付的转账（例如，向学生提供的奖学金），但不包括已收到的转账，在这种情况下，是向政府进行教育的国际转账（外国人）捐助者提供教育部门预算支持或其他纳入政府预算的支持。然后将其表示为人均GDP的份额（美元）
		2.1.3	预期受教育年限	假设某个年龄段的孩子在任何特定年龄入学的概率等于该年龄段的当前入学率，则该年龄段的孩子将来可望接受的总学年数。对于一定年龄的孩子，学校预期寿命是小学到高等教育的特定年龄段入学率的总和。入学人数中未按年龄分布的部分除以入学年龄的小学至高等教育学龄人口，再乘以该学历时间。然后将结果添加到特定年龄的入学率之和。相对较高的值表示儿童在教育上花费更多时间的可能性更大，并且在教育系统中的总体保留率更高
		2.1.4	阅读、数学和科学PISA量表得分	经济合作与发展组织（OECD）的国际学生评估计划（PISA）开展三年一次的国际调查，以调查15岁的学生在阅读，数学和科学方面的表现。每年都会计算分数，因此平均值为500，标准差为100
		2.1.5	学生教师比	中学入学人数除以中学教师人数（不考虑其教学任务）
	高等教育	2.2.1	高等教育入学率	高等教育的总入学人数（不分年龄）与该年龄组人口的比例，该比例通常对应于高等教育程度。高等教育，无论是否具有高级研究资格，通常都要求成功完成中学教育是最低入学条件。由于年级复读，以及由于早期或晚期进入者而将年龄过大和年龄不足的学生包括在内，学校的入学率可能超过100%

续表

一级指标	二级指标	序号	三级指标名称译文	三级指标解释参考译文
人力资本和研究	高等教育	2.2.2	科学和工程专业毕业生占比	自然科学、数学、统计学、信息和技术、制造、工程和建筑业的所有大专毕业生的比例，占所有大专毕业生的百分比
		2.2.3	高等教育入境留学生占比	在特定国家/地区学习的来自国外的学生人数，占该国高等教育总入学人数的百分比
	研究和开发	2.3.1	全职研究人员	研究员/每百万人口，等同于全职。研发领域的研究人员是从事新知识、新产品、新工艺、新方法或新系统的概念或创造以及有关项目管理的专业人员。包括从事研发的研究生博士生（ISCED976级）。基于教科文组织，欧盟统计局和经合组织数据的特殊列表
		2.3.2	研发总支出（gross expenditure on R&D；GERD）	在一定时期内，国内研发总支出占GDP的百分比。"内部研发支出"是指在特定时期内，在统计单位或经济部门内进行的所有研发支出，无论资金来源如何。基于教科文组织，欧盟统计局和经合组织数据的特殊列表
		2.3.3	全球研发公司	全球三大公司的研发平均支出。如果一个国家的全球上市公司少于三个，则数字要么是两个上市公司之和的平均值，要么是一个上市公司的总数。没有上市公司的国家得分为0
		2.3.4	QS高校排名，前三位平均分	每个国家前三所大学的平均分数。如果在全球排名前1 000的大学的QS排名中列出的大学少于三所，则将列出的大学的分数总和除以三，这意味着未列出的大学的分数为0
基础设施	信息通信技术（ICT）	3.1.1	ICT普及率	ICT接入指数以前是ITU ICT发展指数的一部分，是综合指数，权重了五个ICT指标（每个指标为20%）：（1）每100名居民中固定电话订户；（2）每100名居民中的移动蜂窝电话订户；（3）每位互联网用户的国际互联网带宽（位/秒）；（4）拥有计算机的家庭比例；（5）能够上网的家庭比例
		3.1.2	ICT利用率	ICT使用指数以前是国际电联ICT发展指数的一部分，是综合指数，对三个ICT指标加权：（1）使用互联网的个人百分比；（2）每100名居民的固定（有线）宽带互联网订阅；（3）每100名居民中活跃的移动宽带订户
		3.1.3	政府网络服务	电子政务发展指数中的在线服务指数部分是一个综合指标，用于衡量政府在国家一级提供公共服务时信息通信技术的使用。2018年在线服务问卷（OSQ）包含140个问题的列表。为了获得2018年的一系列在线服务指数值，来自89个国家/地区的206名联合国志愿人员在线研究人员涵盖了66种语言，以其母语评估了每个国家的国家网站，包括国家门户网站，电子服务门户和电子参与门户，以及相关教育，劳工，社会服务，卫生，金融和环境部的网站（如适用）。每个国家/地区的总得分标准归一化为0到1

续表

一级指标	二级指标	序号	三级指标名称译文	三级指标解释参考译文
基础设施	信息通信技术（ICT）	3.1.4	电子参与	电子参与指数（EPI）是联合国电子政府调查的补充指数。它通过关注政府在向公民提供信息或"电子信息共享"，与利益相关者或"电子咨询"互动以及参与决策过程或"电子与所有其他国家相比，一个国家的EPI反映了政府部署的电子参与机制
	普通基础设施	3.2.1	发电量	发电量，在电站中所有交流发电机组的端子处测得。除水力发电，煤炭，石油，天然气和核能发电外，该指标还涵盖地热，太阳能，风能，潮汐和波浪能以及可燃可再生能源和废物的发电
		3.2.2	物流表现	物流绩效指数（LPI）对物流绩效进行了多方面的评估，对160个国家/地区进行了排名，将六个核心绩效要素的数据合并为一个总体指标，包括海关绩效，基础设施质量和运输的及时性。排名中使用的数据来自对物流专业人士的调查，这些专业人士被问到有关其经营所在国家/地区的问题。LPI的六个组成部分是：（1）海关和边境管理通关效率（"海关"）；（2）贸易和运输基础设施的质量（"基础设施"）；（3）安排价格有竞争力的货物（"国际货物"）的简便性；（4）物流服务的能力和质量（"服务质量"）；（5）追踪和追踪托运货物的能力（"追踪和追踪"）；（6）在预定或预期的交货时间内（"及时性"）货物到达收货人的频率
		3.2.3	资本形成总额在GDP中的占比	资本形成总额表示为以当地货币表示的总投资与以当地货币表示的GDP的比率。投资或资本形成总额是根据1993年国民账户体系（National Account System, SNA），以固定资本形成总额，存货和购置变动总额或单位或部门的贵重物品处置总值衡量
	生态可持续性	3.3.1	GDP/能耗单位	购买力平价国内生产总值（PPP \$ GDP）每千克石油当量的能源使用量。一次能源总供应量（TPES）由生产量＋进口量－出口量－国际海运燃油－国际航空燃油＋／－库存变化组成
		3.3.2	环境表现	2018年环境绩效指数（EPI）在十个类别的24个绩效指标上对180个国家/地区进行了排名，涵盖环境健康和生态系统活力。这些度量标准提供了一个国家/地区尺度的尺度，以衡量各国/地区与既定的环境政策目标之间的距离
		3.3.3	ISO 14001环境认证	ISO 14001：2015年规定了组织可以用来增强其环境绩效的环境管理体系的要求。ISO 14001旨在寻求以系统方式管理其环境责任，从而为可持续性的环境支柱做出贡献的组织使用。ISO 14001帮助组织实现其环境管理体系的预期结果，从而为环境，组织本身和有关方面提供价值。与组织的环境政策一致，环境管理系统的预期结果包括增强环境绩效，履行合规义务以及实现环境目标。ISO 14001适用于任何组织，无论其规模，类型或性质如何，并适用于组织从生命周期角度确定可以控制或影响的活动，产品和服务的环境方面。数据报告为每10亿美元PPP \$ GDP

续表

一级指标	二级指标	序号	三级指标名称译文	三级指标解释参考译文
市场成熟度	信贷	4.1.1	易于获得信贷	经济体在获得信贷的难易程度上的排名是通过对获得信贷的分数进行排序来确定的。这些分数是合法权利指数（范围0~12）和信用深度信息指数（范围0~8）之和的分数。《营商环境报告》通过一套指标衡量借方和贷方在担保交易方面的合法权利，并通过另一套指标衡量信用信息
		4.1.2	给私营部门的信贷	"向私营部门提供的国内信贷"是指金融公司向贷款机构提供给私营部门的金融资源，如通过贷款、购买非股权证券以及贸易信贷和其他应收账款等，可以确定还款要求
		4.1.3	小额信贷总量	一国小额信贷机构的总贷款余额（现价美元）占其GDP（现价美元）的百分比
	投资	4.2.1	易于保护中小投资者	该排名是对利益调节指数和股东治理指数的冲突程度得分的简单平均值。利益冲突监管指数的程度通过区分解决利益冲突的监管的三个方面来衡量保护股东免受董事滥用公司资产以谋取私利的程度：关联交易的透明度（披露指数的范围），股东的利益起诉和追究董事应对自身交易承担责任的能力（董事责任指数的范围），以及在股东诉讼中获得证据和分配法律费用的能力（股东诉讼便利度）
		4.2.2	市值	市值是股价乘以境内上市公司在外流通股数（包括其几类）。不包括投资基金，单位信托和仅以持有其他上市公司股份为目标的公司
		4.2.3	风险投资交易/十亿购买力平价美元GDP	汤森路透（Thomson Reuters）的每笔交易的私募股权交易数据，包括投资地点，投资公司，投资者框架和基金的信息，以及其他详细信息。该系列对应于对2018年1月1日至2018年12月31日的风险投资交易的查询，其中按投资地点收集了数据，2018年共有78个国家的14 856笔交易。该数据报告为每10亿美元PPP $ GDP
	贸易、竞争和市场规模	4.3.1	适用税率加权平均百分比	"加权平均适用关税"是由每个伙伴国家对应的产品进口份额加权的有效适用税率的平均值。数据使用《协调贸易制度》以六位数或八位数进行分类。将关税数据与标准国际贸易分类（SITC）修订版3代码相匹配，以确定商品类别和进口重量
		4.3.2	本地竞争强度	在您的国家/地区，本地市场的竞争有多激烈？[1＝一点都不激烈；7＝非常激烈]
		4.3.3	国内市场规模	国内市场规模是根据国内生产总值（GDP）基于国家GDP的购买力平价（PPP）估值（以当前国际美元（十亿）表示）来衡量的

续表

一级指标	二级指标	序号	三级指标名称译文	三级指标解释参考译文
商业成熟度	知识型工人	5.1.1	知识密集型就业占比	根据《国际标准职业分类》（ISCO），第1类至第3类人员总数占总就业人数的百分比。ISCO-08中包括的类别为：1位经理，2位专业人员，以及3位技术人员和助理专业人员（2009~2018年）。如果没有ISCO-08数据，则使用ISCO-88数据
		5.1.2	提供正规培训的公司占比	在每个国家/地区的世界银行企业调查中，为正式的全职雇员提供正式培训计划的公司所占的百分比
		5.1.3	企业进行GERD在GDP中的占比	企业在研发方面的总支出占GDP的百分比。关于GERD的定义，请参见指标2.3.2
		5.1.4	企业供资GERD占比	企业资助的研发总支出占研发总支出的百分比。关于GERD的定义，请参见指标2.3.2
		5.1.5	高级学位女性员工在就业中的占比	受过高级教育的女性在总就业人数中所占的百分比。受雇者包括在规定的短暂时间内属于以下类别之一的所有工作年龄的人：（1）有酬工作（无论是在工作中还是有工作但不在工作中）；（2）自营职业（无论是在工作中还是在企业中，但没有在工作中）
	创新关联性	5.2.1	高校/产业研究合作	在您所在的国家/地区，企业和大学在何种程度上进行研发合作（R&D）？[1=根本不合作；7=广泛合作]
		5.2.2	产业集群发展情况	关于集群在经济中的作用的调查问题的平均答案：在您的国家/地区中，发达的集群和深度集群（企业的地理区域集中度，供应商，相关产品和服务的生产商以及特定地区的专门机构）？[1=不存在；7=分布于许多地区]
		5.2.3	海外供资GERD占比	国外资助的R&D支出总额的百分比，即国外资助占一个国家/地区R&D支出总额的百分比。关于GERD的定义，请参见指标2.3.2
		5.2.4	合资战略联盟交易	汤森路透关于合资企业/战略联盟交易的数据，包括每笔交易，以及合作伙伴公司的原产国等详细信息。该系列对应于2018年1月1日至2018年12月31日的合资企业/战略联盟交易查询，2017共宣布6880笔交易，公司总部位于110个参与经济体。数据是按十亿购买力平价GDP报告的
		5.2.5	多局同族专利	"专利家族"是一组在一个或多个国家/地区为保护同一发明而相互关联的专利申请。包含至少两个不同申请所逃避的专利家族是其中至少两个不同的国家都在寻求对同一发明的保护的专利家族的子集。在本报告中，"专利家庭数据"指的是居民在至少两个知识产权局中申请的专利申请；数据按PPP $ GDP（十亿）定标

续表

一级指标	二级指标	序号	三级指标名称译文	三级指标解释参考译文
商业成熟度	知识的吸收	5.3.1	知识产权支付在贸易总额中的占比	使用知识产权的费用不包括其他地方的付款（占总贸易的%），最近三年的平均值或可用数据。根据2010年扩展国际收支服务分类EBOPS的价值，即代码SH对使用其他地方未包括的知识产权收取的费用，占总贸易的百分比。"贸易总额"定义为代码为G的商品和代码为SOX的商业服务（不包括其他地方不包括的政府商品和服务）的进口总额加上代码为G货物和代码为SO的商业服务的出口总额，除以2
		5.3.2	高技术进口净额在贸易总额中的占比	高科技进口占总贸易的百分比。高科技出口产品包含研发强度高的技术产品，这是根据标准国际贸易分类修订版4和经济合作与发展组织定义的欧盟统计局分类所定义的。商品属于以下部门：航空航天；计算机和办公机器；电子产品；电信；药店；科学仪器；电机；化学；非电机和军备
		5.3.3	ICT服务进口在贸易总额中的占比	根据经济合作与发展组织的《国际收支平衡分类服务EBOPS 2010》（编码SI），电信，计算机和信息服务占总贸易的百分比：电信，计算机和信息服务。关于总贸易的定义，请参见指标5.3.1
		5.3.4	FDI流入净值在GDP中的占比	外国直接投资是指在除投资者以外的经济体中运营的企业中，获得永久管理权益（有表决权的股份的10%或更多）的最近三年净投资净额的平均值。它是国际收支中显示的权益资本，收益再投资，其他长期资本和短期资本之和
		5.3.5	研究人才在企业中的占比	"企业部门的全职当量（FTE）研究人员"是指从事新概念，新产品，新工艺，新方法和新系统的概念或创造以及这些项目的管理的专业人员按其就业部门（企业、政府、高等教育和私人非担保组织）分类
知识和技术产出	知识的创造	6.1.1	本国人专利申请量/十亿购买力平价美元GDP	指标5.2.5的描述中定义了"专利"。"居民专利申请"是指具有知识产权局或代表第一名申请人所居住的州或管辖区行事的政府的申请
		6.1.2	本国人PCT专利申请量/十亿购买力平价美元GDP	这是2018年通过WIPO管理的《专利合作条约》（PCT）从该国发出的国际专利申请的数量。PCT体系通过提出一项国际专利申请，可以在许多国家同时寻求一项发明的专利保护
		6.1.3	本国人实用新型申请量/十亿购买力平价美元GDP	这些是2017年在给定的国家/地区专利局中提出的居民实用新型申请的数量。"居民UM申请"是指拥有州或司法管辖区的知识产权局或代表其行事的知识产权申请第一名申请人居住的地方。"实用新型许可"是国家或司法管辖区在固定时期内向发明人或发明人的受让人颁发的一种特殊形式的专利权

续表

一级指标	二级指标	序号	三级指标名称译文	三级指标解释参考译文
知识和技术产出	知识的创造	6.1.4	科技论文/十亿购买力平价美元GDP	在这些领域发表的科学和工程文章的数量。文章计数来自《科学引文索引》（SCI）和《社会科学引文索引》（SSCI）涵盖的一系列期刊。文章按出版年份分类，并根据文章中列出的机构地址分配给每个国家/地区。数据报告为每10亿美元PPP $ GDP
		6.1.5	引用文献H指数	H-index表示该期刊被引用次数至少为H的文章数（H）。它量化了期刊的科学生产率和科学影响力，也适用于科学家，期刊等。H指数是根据给定年份发表的文章在随后几年中收到的引用数量除以该年发表的文章数量制成的表格
	知识的影响	6.2.1	购买力平价美元GDP增长率/工人，百分比	人均实际国内生产总值增长率（1990年购买力平价美元不变），为最近三年的平均水平。从业人员的国内生产总值（GDP）的增长提供了劳动生产率的度量（定义为单位劳动投入的产出）。人均GDP是GDP除以经济总量。PPP $ GDP以1990年美元不变，以1990年GK PPP（百万）表示
		6.2.2	新企业	每千人口中年龄在15~64岁的新公司（定义为在本报告年度注册的公司）的数量
		6.2.3	计算机软件开支在GDP中的占比	计算机软件支出包括已购买或租赁的打包软件的总值，例如操作系统，数据库系统，编程工具，实用程序和应用程序。它不包括内部软件开发和外包定制软件开发的支出。数据是实际数字和估计值的组合。数据报告为GDP的百分比
		6.2.4	ISO 9001质量认证	当组织需要证明其持续提供满足客户和适用法规要求的产品和服务的能力时，ISO 9001：2015年提出了对质量管理体系的要求，旨在通过有效应用该体系来提高客户满意度。有关更多详细信息，请参阅指标3.3.3
		6.2.5	高端、中高端技术生产占比	根据经济合作与发展组织（OECD）对技术强度定义的分类，高科技和中高科技产品占制造业总产值的百分比，本身基于国际标准工业分类ISIC修订版4以及ISIC修订版3。首选ISIC修订版4数据；如果某个国家/地区不可用或未报告，则使用ISIC修订版3数据
	知识的传播	6.3.1	知识产权收入在贸易总额中的占比	使用知识产权的费用不包括其他收入（占总贸易的%）、最近三年的平均值或可用数据。根据2010年扩展国际收支服务分类EBOPS的价值，即代码SH对使用其他地方未包括的知识产权收取的费用，占总贸易的百分比。关于总贸易的定义，见指标5.3.1
		6.3.2	高技术出口净额在贸易总额中的占比	高科技出口减去再出口（占总贸易的百分比）。有关详细信息，请参见指标5.3.2
		6.3.3	ICT服务出口在贸易总额中的占比	根据扩展的国际收支平衡服务分类EBOPS 2010（编码为SI）的电信，计算机和信息服务（占总贸易的百分比）：电信，计算机和信息服务

续表

一级指标	二级指标	序号	三级指标名称译文	三级指标解释参考译文
知识和技术产出	知识的传播	6.3.4	FDI 流出净值在 GDP 中的占比	"外国直接投资"是指一个经济体最近三年直接投资的平均流量。它是权益资本，收益再投资和其他资本的总和。直接投资是与一个经济体中的居民相关联的一类跨境投资，对一个经济体中的居民的企业的控制或控制程度具有重大影响
创意产出	无形资产	7.1.1	本国商标申请/十亿平价美元 GDP	商标申请的数量是根据 2017 年在给定的国家/地区官员出逃的常驻商标申请中指定的商品和服务类别总数。数据是指商标申请类别计数 – 在常驻商标申请中指定的类别数量 – 并包括在适用情况下逃离国家警察和地方警察的人员
		7.1.2	本国工业品外观设计/十亿平价美元 GDP	该指标指的是 2017 年在给定的国家/地区办公室内流失的工业品外观设计申请中包含的外观设计数量。数据是指工业品外观设计申请计数（应用程序中包含的外观设计数量），并且包括居民工业品外观设计申请中包含的外观设计数量在适用的国家/地区和地方政府部门。"常住外观设计计数"是指以代表申请人居住州或司法管辖区的知识产权局或以其名义实施的知识产权局出具的申请中所包含的外观设计的数量
		7.1.3	ICT 和商业模式创造	在您的国家/地区，ICT 在多大程度上支持新的商业模式？[1 = 完全没有；7 = 在很大程度上]
		7.1.4	ICT 和组织模式创造	在您的国家/地区，ICT 在多大程度上支持公司内部的新组织模型（例如，虚拟团队，远程工作，远程办公）？[1 = 完全没有；7 = 在很大程度上]
	创意产品和服务	7.2.1	文化与创意服务出口在贸易总额中的占比	根据 2010 年扩展国际收支服务分类 EBOPS，即 EBOPS 代码 SI3 信息服务，创意服务出口（占总出口的%）；代码 SJ22 广告、市场研究和民意调查服务；代码 SK1 视听及相关服务；代码 SK24 其他个人文化和娱乐服务占总贸易的百分比。有关总贸易的完整定义，请参见指标 5.3.1
		7.2.2	国产电影	运行时间为 60 分钟或更长的电影。它包括小说，动画和纪录片的作品，旨在用于电影院的商业展览。专为电视广播制作的特色片以及新闻媒体和广告片不包括在内。报告的数据为每 15~69 岁的百万人口
		7.2.3	娱乐和媒体市场	《全球娱乐和媒体前景》(The Outlook) 提供了 63 个国家/地区 17 个娱乐和媒体领域的五年预测以及五年历史性消费者和广告客户支出数据和评论的单一可比来源。今年的 Outlook 中添加了两个新的数据集。播客是第一时间报道，包括每月收听者的数据和 20 个市场的广告收入
		7.2.4	印刷和其他媒体在制造中的占比	打印和复制记录的媒体输出（ISIC 修订版 4 部门 18，类别 1811 和 1812 的第 181 组和类别 1820 的类别 182）在总制造输出中所占的百分比（ISIC 修订版 4，C 部分）。如果没有 ISIC 修订版 4 的数据，则使用 ISIC 修订版 3 的数据（ISIC 修订版 3 组 222，类别 2221、2222 和 2230）

续表

一级指标	二级指标	序号	三级指标名称译文	三级指标解释参考译文
创意产出	创意产品和服务	7.2.5	创意产品出口在贸易总额中的占比	创意产品出口总值，扣除转口（当前美元）对总贸易的净额。2009年联合国教科文组织文化统计框架表3"基于2007年统一制度的文化产品和服务的国际贸易"中定义的创意产品。关于总贸易的定义，请参见指标5.3.1
	网络创意	7.3.1	通用顶级域（TLD）/千人口15~69岁	通用顶级域（gTLD）是Internet号码分配机构（IANA）维护的，用于Internet的顶级域（TLD）的类别之一。通用TLD可以是不受限制的（.com、.info、.net和.org），也可以是受限制的，即基于完全合格的条件（.biz、.name和.pro）使用。其中，统计数据涵盖五个通用域.biz、.info、.org、.net和.com。国家/地区代码顶级域名也不是（请参见指标7.3.2）
		7.3.2	国家代码顶级域/千人口15~69岁	国家/地区代码顶级域（ccTLD）是Internet分配号码授权机构（IANA）维护的，用于Internet的顶级域（TLD）的类别之一。国家/地区代码TLD两个字母的域，专门用于特定的经济，国家或自治领地（有255个ccTLD，以各种字母/字符表示）
		7.3.3	维基百科每月编辑次数/百万人口15~69岁	从Wikimedia Foundation内部数据源中提取的数据。对于2017年编辑计数超过100 000的每个国家，都使用2017年的数据；否则，对于2016年每个编辑计数超过100 000的国家/地区，将使用2016年的数据
		7.3.4	移动应用开发/十亿购买力平价美元GDP	按开发人员/frm总部所在地划分的移动应用程序的全球下载量，按PPP $ GDP（十亿）来衡量。全球下载量是由App Annie Intelligence，公共数据源以及该公司专有的预测模型根据来自每个国家/地区的Google Play商店和iOS App商店在2018年1月1日至2018年12月31日的数据编制的

1.2　指标关系研究计算机基础

1.2.1　常用编程语言基础

对于指标数据来说，统计分析软件是收集、处理尤其是分析数据时不可缺少的伙伴。常见的数据分析软件从操作属性上可分为两类：一类是点键式操作软件，另一类是编程式操作软件。这里之所以这样分类，是因为软件存在

· 19 ·

的意义和价值在于帮助我们快速、准确地完成统计分析任务、发现重要结论。读者根据自己的分析需求,结合掌握软件操作的能力,可自行选择点键式操作软件和编程式操作软件。下面介绍两种最为常用的编程式操作软件:R 和 Python。

　　R 软件是新西兰奥克兰大学的罗斯·伊哈卡(Ross Ihaka)和罗伯特·杰特曼(Robert Gentleman)开发的,因两人名字都是以 R 开头而得名。实际上,在 R 语言还没有被发明之前,罗斯·伊哈卡从一本书中了解到了 Scheme 语言并对它产生极大的兴趣。正好在那个时候,他获得一版新 S 语言的源代码,发现 Scheme 和 S 语言之间的异同点。在一次向别人演示 Scheme 的时候,由于手边没有相关书籍,罗斯·伊哈卡就用 S 语言进行演示,但效果不理想,由此他萌生了改进 S 语言的想法。在相当长的一段时间之后,罗斯·伊哈卡和罗伯特·杰特曼在奥克大学成为同事,他们试图为实验室寻找一个更好的软件,于是重拾改进 S 语言的想法,因此合作开发了 R 语言。那么,何为 R 语言呢?R 语言是 1995 年罗斯·伊哈卡和罗伯特·杰特曼开始编制并由 R 语言核心开发小组维护的集统计分析与图形直观相结合的统计分析软件和开放的统计编程环境。相比一般的统计软件,R 语言具有简单易学、完全免费、可运行于多种操作系统、可以自行编制、自带帮助系统非常实用、作图能力很强等优势。R 语言之所以有这些优势,是因为 R 语言自带种类丰富、功能强大的诸多函数和软件包。作为一种开源的统计分析软件,R 软件可通过登录官方主页 http://www.r-project.org 获取,下载后按鼠标左键双击,开始安装即可。按照提示,安装完成后,按鼠标左键双击打开 R 软件,可以看到 R 软件的主窗口,由主菜单、工具条和 R 的运行窗口三部分组成。R 软件包的安装主要包括两种方式,读者可根据个人习惯自行选择。

　　第一种 R 软件包安装方式:(1)鼠标左键单击程序包,选择"设定 CRAN 镜像"—"China(Hong Kong)[https]"(一般选择用户所在地较近的位置)—"确定"。(2)鼠标左键单击程序包,选择"安装程序包"—从软件包列表选中要安装的 R 软件包名称(如 quantreg)—"确定"。(3)在每次使用时,不用重复安装,但需要通过 library()调用[如 library(quantreg)]。

　　第二种 R 软件包安装方式:(1)通过 https://cran.r-project.org/下载 zip 格式的 R 软件包,并保存到电脑的某个位置。(2)鼠标左键单击程序包,选择"Install package（s）from local files"（本地安装）—从刚刚保存的位置选中 R 软件包—"打开"。（3）在每次使用时，不用重复安装，但需要通过 library（）调用［如 library（quantreg）］。

R 在编程时的注意事项如表 1.3 所示。

表 1.3　　　　　　　　　R 在编程时的注意事项

注意事项
（1）R 语言采用英文输入法，中文输入的任何字符、标点均会报错。 （2）R 语言是区分大小写的，使用时要确保正确使用大、小写字母。例如，Anova 和 anova 在 R 中是两个不同的函数。 （3）R 中反斜杠的作用与文件地址中的反斜杠不同。如果想要指定文件路径，则必须输入两个反斜杠：C:\\jr.csv 或者使用斜杠：C:/jr.csv。 （4）R 不存在明确的数据格式规则。例如，需要通过设置一些函数参数，来决定函数结果的小数位数。 （5）数据读取：read.table（）和 read.csv（）是读入函数；write.table（）和 write.csv（）是读出函数。 （6）定位工作目录：setwd("C:\\")。 （7）基本统计分析语句：mean（）表示取均值、median（）表示取中位数、max（）表示取最大值、min（）表示取最小值、sd（）表示取标准差、summary（）表示总结性统计上述相关的指标、sum（）表示求和、cor（）表示求相关系数，等等。 （8）基本数值计算语句：apply（data,1,sum）表示对 data 求行总和、apply（data,2,sum）表示对 data 求列总和、diff（）表示求差分、A%*%B 表示矩阵 A 和 B 的乘积，等等。 （9）生成指定分布的语句：runif（100,min=50,max=100）表示生成服从均匀分布的 100 个随机数（最小值为 50、最大值为 100）、rnorm（100,mean=80,sd=7）表示生成服从均值为 80 且标准差为 7 的正态分布的 100 个随机数，等等

Python 是由吉多·范罗苏姆（Guido van Rossum）研发的。1989 年，吉多·范罗苏姆为了打发圣诞节的假期，决心开发一个新的解释程序，作为 ABC 语言的一种继承。作为吉多·范罗苏姆参加设计的一种教学语言，ABC 语言非常优美和强大且专门为非专业程序员设计，但是 ABC 语言并没有成功，吉多·范罗苏姆决定开发一种新的语言，并取名为 Python（蟒蛇）。该名字的由来是他是 BBC 电视剧——《蒙提·派森的飞行马戏团》（Monty Python's Flying Circus）的爱好者。1991 年，第一个用 C 语言实现的 Python 解释器诞生。与 R 的软件包类似，Python 存在"模块"的概念。常用的模块包括：（1）Numpy 包提供了数组支持，同时 Scipy、Matplotlib、Pandas 等很多高级模块依赖它。（2）Scipy 提供矩阵支持，以及矩阵相关的数值计算模块。（3）Pandas 是 Python 最强大的数据分析和探索工具，因金融数据分析工具而开发，支持类似 SQL 的数据增删改查，支持时间序列分析，灵活处理缺失

数据。(4) Scikit-Learn 是用于数据挖掘和数据分析的重要工具，包括分类（classification）、回归（regression）、聚类（clustering）、数据降维（dimensionality reduction）、模型选择（model selection）和数据预处理（preprocessing）六项基本功能。(5) Matplotlib 主要用于绘图和绘表，是强大的数据可视化工具。

Python 的安装要比 R 略微复杂，R 软件有唯一存在的官方获取渠道。但是 Python 的获取途径较为丰富。读者可以通过网址 https://www.python.org/downloads/下载并进行安装。也可以通过网址 https://www.enthought.com/products/canopy/下载 enthought canopy（类似于 R studio）。

对于初学者，笔者建议通过网址 https://www.anaconda.com/distribution/，先选择适合自己电脑系统的类型，再进行下载。这是因为：(1) 安装可以获得 Jupyter、Spyder 和 IPython 等软件界面，可以由读者自选方便的方式运行 Python 程序。(2) 包含常用的 Numpy、Pandas 和 Matplotlib 等模块，减免它们的安装。(3) 对于其他模块的安装比较方便。在完成下载后，读者按步骤提示进行安装即可。Python 安装步骤包括：(1) 按鼠标左键双击—"运行"—"Install Now"—按照提示一步步进行安装—完成。(2) 按鼠标左键单击 Anaconda Navigator，会弹出运行界面。(3) 选择"Notebook"—"Launch"。(4) 出现网页 jupyter（该网页被称为"Home"）—右上角"New"—选择 Python3—出现编程界面。

Python 在编程时的注意事项如表 1.4 所示。

表 1.4　　　　　　　　　Python 在编程时的注意事项

注意事项
(1) 表达式中的名字需要在被赋值后才能使用。
(2) Python 使用缩进的办法来区分嵌套的代码段。
(3) 空格通常是被忽略掉的。
(4) 请保证缩进一致，在同一个代码块中避免将 tab 和空格混用来缩进，建议在每个代码块中全都用 tab 或者全都用空格来缩进。
(5) 函数调用时使用括号，无论一个函数是否需要参数，必须要加一对括号来调用。
(6) 在 Import 时不要使用表达式或路径。
(7) 不要在 Python 中写 C 代码。
(8) 在打开文件的调用时不使用模块搜索路径。
(9) 通常情况下，方法的调用和数据类型有关。
(10) 不能直接改变不可变数据类型

1.2.2 指标关系研究准备

在对指标关系进行数据挖掘与统计学习之前，发现数据问题并进行必要的预处理有利于提高指标关系挖掘效率。尤其是随着信息膨胀速度加快和获取途径难度降低，数据信息正以成千上万倍的速度不断增加，如果不准确识别数据问题，不及时进行校正，会降低指标间关系发现结论的质量和价值，甚至会引发错误的结论。本部分将针对数据准备过程中通常会遇到的六个问题进行讨论。

（1）数据合并问题。通常一个完整的研究课题或项目需要的数据具有不同的来源，而这些数据来源提供的信息分别反映出研究问题的不同方面，或是支持不同方面的具体指标。例如，研究"一带一路"国家科技创新指标构建问题，既需要来自全球创新指数的"创意产品出口占总出口比重（%）"等测度科技创新产出的指标数据，也需要来自世界银行数据库的"R&D 研究人员（每百万人）"等测度科技人力资源的指标数据。又如，调查系统导出的数据集中包括填答码、站点等信息，但不包括省份代码、区域及区域代码等变量，不利于后续分区域研究。根据唯一识别的填答码，先合并调查系统导出数据集和填答码表（含非全国站点）。再根据站点代码，与全国站点名称表合并。

（2）数据缺失问题。在生产生活中，难免会由于遇到受访者对敏感话题的回避（例如：直接被咨询家庭年收入金额）、机器故障等主、客观因素导致数据存在缺失。缺失现象大致上可以归结为单变量缺失、多变量缺失，后者又可细分为单调缺失、一般缺失、文件匹配缺失和因子分析等几类。单变量缺失是指只有一个变量存在缺失现象，多变量缺失是指多个变量存在缺失现象。对于多变量缺失，按照缺失规律又可以分为单调性缺失、一般缺失、文件匹配缺失和因子分析。单调缺失是指不同变量缺失的位置和数量存在单调性规律；一般缺失是指数据的缺失没有特殊规律，存在一定的随机性；文件匹配缺失是指其中两个或多个变量的缺失位置互补；因子分析是指存在不可直接观测的潜变量或因子，通常可以理解为几个可观测变量的组合。具体来说，缺失机制包括完全随机缺失（missing completely at random，MCAR）、随机缺失（missing at random，MAR）和非完全缺失（not missing at random，NMAR）。MCAR表示缺失与缺失数据部分和可观测数据部分均无关。MAR表示缺失仅与可观测数据部分有关。NMAR表示缺失与缺失数据部分和可观测数据部分均有关。

（3）数据存在异常值。少数数据或极个别数据之所以可以界定为异常是因为它们明显偏离其余大部分数据。具体来说，异常值可以被定义为与均值偏差超过3倍标准差的那部分数据。异常值可能是错误数据，也可能是强影响数据。错误数据必须要加以删除、替换或修正，而强影响数据意味着需要对这部分数据或样本予以格外的重视。否则会导致错误的研究结论。

（4）数据存在逻辑错误。在一些情况下，单独查看某些数据是完全没有问题的。它们在合理的取值范围内，和绝大多数数据偏差很小。但是，联系前后或查看不同变量会发现，数据存在逻辑错误。例如，上小学时间是1993年，上中学时间是1990年。再如，到现单位工作时间早于参加工作时间，等等。

（5）生成新变量。即根据已有变量得到新变量。例如，进行区域研究时，如果数据是31省份的，就需要生成新的区域变量，表示中国东部、中部、西部地区（三分法）或者中国东部、中部、西部、西北部地区（四分法）。三分法中，东部地区包括北京、天津、河北、上海、江苏、浙江、福建、山东、广东、海南、辽宁。中部地区包括山西、安徽、江西、河南、湖北、湖南、吉林、黑龙江。西部地区包括内蒙古、广西、重庆、四川、贵州、云南、西藏、陕西、甘肃、青海、宁夏、新疆。四分法中，东部地区包括天津、河北、上海、江苏、浙江、福建、山东、广东、海南。中部地区包括山西、安徽、江西、河南、湖北、湖南。西部地区包括内蒙古、广西、重庆、四川、贵州、云南、西藏、陕西、甘肃、青海、宁夏、新疆。东北地区包括辽宁、吉林、黑龙江。

（6）样本权重调整问题。在进行大规模数据研究时，实际得到的数据中各部分占比往往与预期存在偏差。有时，为了保证样本分布服从预期设计的分布，我们需要进行权重赋值，调整样本各部分占比。例如，在某全国性调查中，需要参照第六次人口普查中各省份大学以上就业人口数占各省份总人口数的百分比，将实际样本乘以相应的权重系数，以得到符合参照的样本分布。

下面针对上述数据问题，分别通过 R 代码和 Python 代码实现数据预处理的整个过程。

R 数据预处理代码如下所示：需要说明的是，这里介绍的缺失数据处理方法属于基于完整观测数据部分的处理方法和单值插补法。此外，主要还有三大类缺失处理方法：（1）加权处理方法。即对每一个样本赋予一定的权重，如被抽到概率的倒数为权重。（2）基于插补的处理方法。例如，hot deck 插补法。用替代值作为缺失数据的插补值。这里的插补值可以是可观测数据的均值，也可以是回归模型的预测值。（3）基于模型的处理方法。其基本思路是利用可观测的数据构建一个基础模型，并用似然或后验分布进行推断。更多缺失数据的处理方法请见罗德里克·J. A. 利特尔和唐纳德·B. 鲁宾（Roderick J. A. Little and Donald B. Rubin, 1987）的《Statistical Analysis with Missing Data》。

#Part1：先合并两个数据集 da1 和 da2，取交集或并集

da_c = merge(da1,da2,by = "NO",all = F)

#根据数据集 da1 和 da2 都有的唯一识别码，取 da1 和 da2 的交集

da_c = merge(da1,da2,by = "NO",all = T)

#根据数据集 da1 和 da2 都有的唯一识别码，取 da1 和 da2 的并集

#Part2：缺失问题处理

is.na(da_c$v1)#判断数据集 da_c 中的变量 v1 是否存在缺失，返回 T 表示存在缺失，返回 F 表示不存在缺失

da_c < - na.omit(da_c)

#删除缺失数据

da_c[is.na(da_c$v1),"v1"] < - mean(da_c$v1,na.rm = T)

#用均值填补缺失值，na.rm = T 表示计算时忽略缺失值

da_c[is.na(da_c$v1),"v1"] < - median(da_c$v1,na.rm = T)

#用中位数填补缺失值，na.rm = T 表示计算时忽略缺失值

#Part3：异常值分析

dotchart(da_c$v1)

#通过绘制单变量散点图识别异常值

boxplot(da_c$v1)

#通过绘制箱线图识别异常值箱形图

#通过盖帽法处理异常数据

q1 < - quantile(da_c$v1,0.01)

#取1%位置上的数

q99 < - quantile(da_c$v1,0.99)

#取99%位置上的数

result[da_c$v1 < q1,]$v1 < - q1

#对小于q1的数据赋值为q1

result[da_c$v1 > q99,]$v1 < - q99

#对大于q99的数据赋值为q99

summary(result$v1)

#重新审视数据是否还存在异常值

#Part4：逻辑筛查

dim(da_c[which(da_c$v1-da_c$v2 < =0),])

#v1值应大于v2值才正确

#Part5：生成新变量

da_c = mutate(da_c,region = 3)

#生成新变量region，并将所有值赋值为3

c31 = c(15：20);c32 = c(21：31)

#界定其他取值的范围

for(i in c31){if(any(da_c$J2 == i)){l = which(da_c$J2 == i);da_c$region[l] =1}}

#将取值范围是15：20的变量region的取值替换为1

for(i in c32){if(any(da_c$J2 == i)){l = which(da_c$J2 == i);da_c$region[l] =2}}

#将取值范围是21：31的变量region的取值替换为2

count(da_c$region)

#频数统计

#Part6：样本权重调整

#Part6.1 给出参考比例：例如，某参照中各省份大学以上就业人口数占各省份总人口数的百分比，共31个

w = c(5.30,1.65,4.27,2.60,2.22,4.42,2.11,2.66,4.93,7.45,5.27,3.03,2.70,2.24,7.01,4.74,3.88,3.72,8.24,2.50,0.54,1.98,4.57,1.65,2.41,0.15,2.91,1.60,0.46,0.58,2.18)

#Part6.2 统计实际样本量及各省份样本量

s = count(da_c$v2)[,2]

#统计样本量

s_qg = s[1：31]

#赋值

#Part6.3 按照比例 w 分配实际总样本量，得到目标样本量

ss = sum(count(da_c$v2)[1：31,2])

s2 = w * ss/100

#Part6.4 计算权重调整系数 weight

wt = s2/s_qg

#Part6.4 形成权重变量

w_da = cbind(1：31,wt[1：31])

colnames(w_da) = c("v2","weight")

data3 = merge(da_c,w_da,by = "v2",all = T)

Python 数据预处理代码如下所示：

import pandas as pd

import numpy as np

from sklearn.preprocessing import Imputer

#Part1：先合并两个数据集 da1 和 da2，取交集或并集

da_c = pd.merge(da1,da2,on = "NO",how = 'inner')

#根据数据集 da1 和 da2 都有的唯一识别码，取 da1 和 da2 的交集

da_c = merge(da1,da2,on = "NO",how = 'outer')

#根据数据集 da1 和 da2 都有的唯一识别码，取 da1 和 da2 的并集

#Part2：缺失问题处理

da_c['v1'].isnull()

#判断数据集 da_c 中的变量 v1 是否存在缺失，返回 T 表示存在缺失，返回 F 表示不存在缺失

da_c <- da_c.dropna()

#删除缺失数据

imp = Imputer(missing_values = 'NaN', strategy = 'mean', axis = 0)

imp.fit(da_c['v1'])

#用均值填补缺失值

imp = Imputer(missing_values = 'NaN', strategy = 'median', axis = 0)

imp.fit(da_c['v1'])

#用中位数填补缺失值

#Part3：异常值分析

plt.plot(da_c['v1'])

#通过绘制单变量散点图识别异常值

plt.boxplot(da_c['v1'])

#通过绘制箱线图识别异常值箱形图

#通过盖帽法处理异常数据

a = array(da_c['v1'])

q1 <- np.percentile(a, 0.01)

#取 1% 位置上的数

q99 <- np.percentile(a, 0.99)

#取 99% 位置上的数

da_c['v1'][np.where(da_c['v1'] < q1)] <- q1

#对小于 q1 的数据赋值为 q1

da_c['v1'][np.where(da_c['v1'] > q99)] <- q99

#对大于 q99 的数据赋值为 q99

result['v1'].describe()

#重新审视数据是否还存在异常值

#Part4：逻辑筛查

da = da_c[np.where(da_c['v1']-da_c['v2'] < =0)]#v1 值应大于 v2 才正确

da.shape[1]

#Part5：生成新变量

region = 3

#生成新变量 region，并将所有值赋值为 3

Data = pd.DataFrame([da_c,region])

#合并

np.transpose(Data)

#转置函数

c31 = [15,16,17,18,19,20]

c32 = [21,22,23,24,25,26,27,28,29,30,31]

#界定其他取值的范围

da_c['region[c31]'] = 1

#将取值范围是 15：20 的变量 region 的取值替换为 1

da_c['region[c32]'] = 2

#将取值范围是 21：31 的变量 region 的取值替换为 2

da_c['region'].value_counts()

#频数统计

#Part6：样本权重调整

#Part6.1 给出参考比例：例如，某参照中各省份大学以上就业人口数占各省份总人口数的百分比，共 31 个

w = [5.30,1.65,4.27,2.60,2.22,4.42,2.11,2.66,4.93,7.45,5.27,3.03,2.70,2.24,7.01,4.74,3.88,3.72,8.24,2.50,0.54,1.98,4.57,1.65,2.41,0.15,2.91,1.60,0.46,0.58,2.18]

#Part6.2 统计实际样本量及各省份样本量

s = da_c['v2'].value_counts()

s.shape[1]

#统计样本量

```
s_qg = s[0:30]
#赋值
#Part6.3 按照比例 w 分配实际总样本量,得到目标样本量
sum(s[[1:31],[2]])
s2 = w * ss/100
#Part6.4 计算权重调整系数 weight
wt = s2/s_qg
#Part6.4 形成权重变量
Data = pd.DataFrame([1:31,wt[0:30]])
#合并
np.transpose(Data)
#转置函数
w_da.columns = ['v2','weight']
data3 = merge(da_c,w_da,on = "v2",how = 'outer')
```

1.2.3 几个可视化的例子

可视化是指标关系研究结果最为直观的展示方式。下面从现有可视化函数调用和可视化函数编写角度分别列举 R 软件和 Python 软件中最常用几个实际例子。

例1.1 **R 软件中最常用的基本绘图函数 plot( )**。下面以 plot( ) 函数为例,具体设置函数中所包含的参数及其相应功能。

```
plot(x$x1,x$x2,
#数据是身高和体重
    main = '身高和体重的关系',
    #设置标题
    xlab = '身高',
    #设置横坐标名称,如果不写则默认为该变量的名称
    ylab = '体重',
```

#设置纵坐标名称

xlim = c(50,100),

#设置横坐标的范围

ylim = c(50,100),

#设置纵坐标的范围

xaxs = 'r',

#设定 x 轴的形式。

#"r"（预设值）形式的刻度都会根据数据的范围而自动调整,

#但是"r" 形式的刻度会在刻度范围两边留一些空隙。

yaxs = 'r',

col = 'red',

#设置点的颜色

pch = 20

#设置画图的样式,20 表示为圆点

)

其中,参数 pch 的选项及可视化符号如图 1.2 所示。

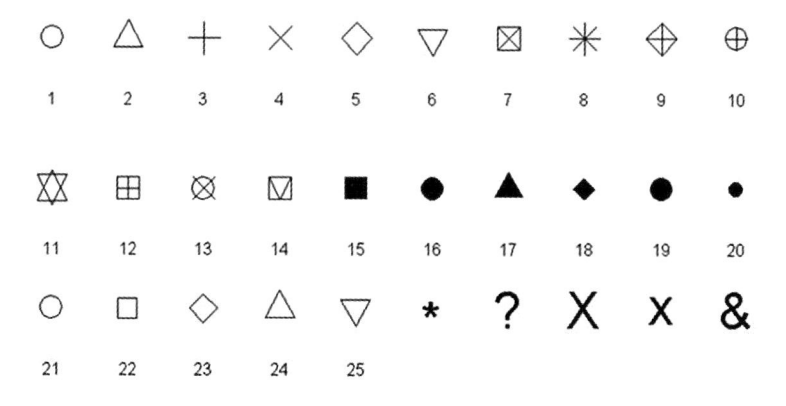

图 1.2 参数 pch 的选项及可视化符号

此外,本书还列出几个 R 软件中最常用的基本绘图函数。

- hist(x)#对 x 绘制直方图,横坐标表示分数区间,纵坐标表示频次。
- plot(x1,x2)#对 x1 和 x2 绘制散点图,大致看出 x1 和 x2 是否存在相关关系。

- table(x)#列联函数，对每个数据进行统计。
- barplot(table(x))#柱状图绘制函数 barplot 对统计结果进行绘制，barplot 必须和 table 函数结合使用。
- pie(table(x))#饼图函数 pie。
- boxplot(X[2:4],col=c('red','green','blue'),horizontal=T)#用 col 指定箱线图的颜色，使用 horizontal=T 将箱线图水平放置。
- stars(X[2:4],draw.segments=T)#对 X 中每个 x(x1、x2、x3)画雷达图，并修改颜色和样式，使用 draw.segments=T 画扇形。
- stem(x1)#茎叶图。

例1.2 Python 软件中最常用的基本绘图函数。 在列出 Python 中最常用也是最基本的绘图函数之前，需要先进行下述定义：

import matplotlib.pyplot as plt

import pandas as pd

import numpy as np

在 Python 中，雷达图和茎叶图的程序较为复杂，不是通过一个软件包可以简单实现的。下面先介绍实现雷达图的程序：

labels = np.array(['A','B','C','D','E'])

#标签参数设定

dataLenth = 5

#字符长度参数设定

data = np.array([1,2,3,4,5])

#内容数组设定

angles = np.linspace(0,2*np.pi,dataLenth,endpoint=False)

#角度参数设定

data = np.concatenate((data,[data[0]]))

#内容参数闭合

angles = np.concatenate((angles,[angles[0]]))

#角度参数闭合

```
fig = plt.figure()
#创建画布
ax = fig.add_subplot(111,polar = True)
#添加展示内容的线
ax.plot(angles,data)
ax.set_thetagrids(angles * 180/np.pi,labels)
#在某角度位置显示标签内容
ax.set_title("雷达图",va = 'bottom',fontproperties = "SimHei")
#加标题
plt.show()
```

生成的雷达图如图 1.3 所示。

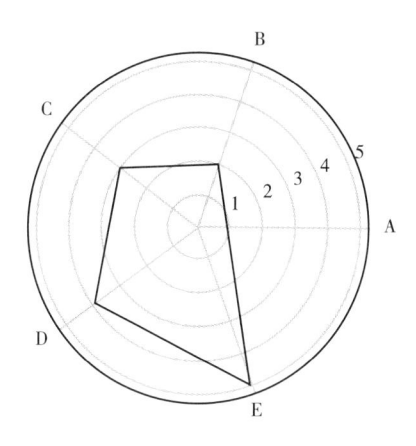

图 1.3 雷达图

下面再介绍实现茎叶图的程序,需要说明的是,这并不是唯一可以实现茎叶图的程序:

```
from itertools import groupby
num = [25,32,45,18,52,20,6,15,27,36]
for k,g in groupby(sorted(num),key = lambda x:int(x)//10):
    lst = map(str,[int(y)% 10 for y in list(g)])
    print(k,'|',''.join(lst))
```

生成的茎叶图如图 1.4 所示。

```
0 | 6
1 | 5 8
2 | 0 5 7
3 | 2 6
4 | 5
5 | 2
```

图 1.4　茎叶图

下面列出几个 Python 软件中最常用的基本绘图函数。

- plt. hist（x）#对 x 绘制直方图。
- plt. plot（x1，x2）#对 x1 和 x2 绘制散点图。
- pd. crosstab（x1，x2）#列联函数，对每个数据进行统计。
- plt. bar（x1）#柱状图函数。
- plt. barh（x1）#横向柱状图函数。
- plt. pie（x1）#饼图函数。
- plt. boxplot（x1）#箱线图函数。

例 1.3　R 软件中 ggplot 应用：mtcars 数据。该数据来自 R 软件自带 mtcars 数据，来源于 EPA 燃油经济性网站（http：//fueleconomy. gov）。该数据集记录了美国 1999 年和 2008 年 38 种型号汽车的制造厂商、型号、类别、引擎大小、传动系和耗油量等信息。下面通过 ggplot 进行可视化。

library(ggplot2)

#加载程序包

p < - ggplot(mtcars)

#创建绘图对象

p < - p + aes(wt,hp)

#添加坐标轴信息

p < - ggplot(mtcars,aes(x = mpg,y = wt))

#完成绘图对象和坐标轴信息的创建，

#其中，坐标轴取值根据数据自动调整

p + geom_point( )

#添加数据点

p + geom_point(aes(colour = factor(cyl)))

#根据变量 cyl 改变数据点颜色，因变量取值为 4，6 和 8，
#所以数据点颜色种类为 3

生成的 ggplot 分组散点图如图 1.5 所示。

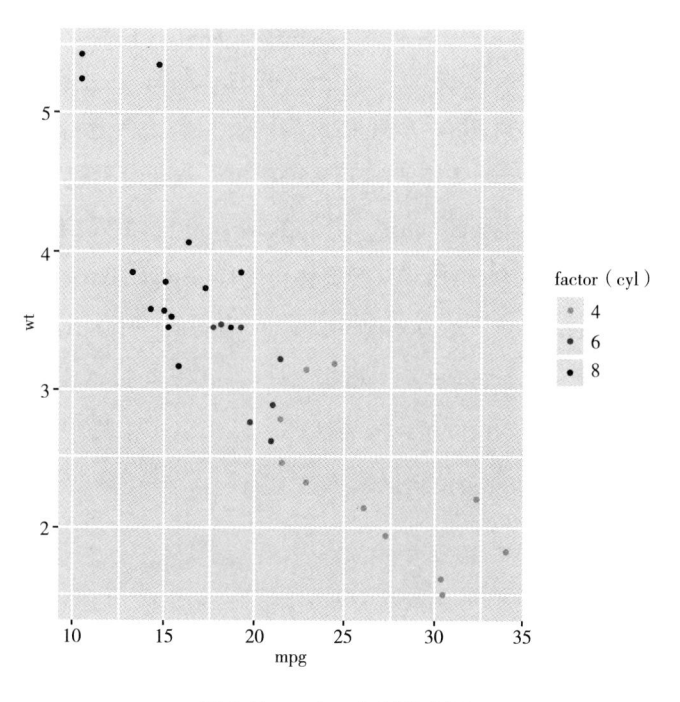

图 1.5　ggplot 分组散点图

在 R 软件中，还有多种高级绘图函数 points、lines、abline、title、text、axis、rect、arrows、par 等以及诸多高级可视化软件包，其中最常用的 R 高级可视化软件包包括 ggplot、lattice、ggvis 和 shiny。ggplot 采用图层的设计方式，从原始图层开始，先绘制原始数据，然后不断添加图形注释和统计汇总结果。与其他大多数的图形软件包不同，ggplot 是由其背后的一套图形语法所支持。ggplot2 可以绘制出很多美观的图形，同时能避免诸多烦琐的细节。在 ggplot2 中，用于创建新图形的表达式是由高级的图形元素组成的。ggplot2 图形的基本组成部分包括：（1）geom_area()用于绘制面积图，即在普通线图基础上，依 y 轴方向填充下方面积的图形。（2）geom_bar(stat = "identity")用于绘制条形图，需要指定 stat = "identity"，因为默认的统计变换将自动对值进行计数。（3）geom_line()绘制线条图，图形属性 group 决定了哪些

观测是连接在一起的。(4) geom_point( ) 绘制散点图。(5) geom_polygon( ) 绘制多边形,即填充后的路径。(6) geom_text( ) 可在指定点处添加标签。(7) geom_tile( ) 用来绘制色深图或水平图。

例 1.4　R 软件中的 lattice 应用:Chem97 数据。该数据来自 R 软件自带 Chem97 数据,是 1997 年英国 A 级化学考试成绩单,考生被当地教育局划分到当地不同学校。该数据包括 31 022 条记录,当地教育行政部门(lea)、学校编号(school)、学生编号(student)、1997 年 A 级化学测试的分数(score)、学生性别(gender)、学生年龄(age,集中在 18 岁半)、个人 GCSE 得分的均值(gcsescore)和以均值为中心的个人 GCSE 得分的均值(gcsecnt)共 8 个变量。

需要说明的是,lattice 是 Deepayan Sarkar 编写的一套统计图形系统,它的图形设计理念来自 Cleveland 的 Trellis 图形,其主要特征是根据特定变量(往往是分类变量)将数据分解为若干子集,并对每个子集画图。

library(mlmRev)

#加载程序包 mlmRev

library(lattice)

#加载程序包 lattice

histogram(~ gcsescore | factor(score) , data = Chem97)

#根据 score 展示分组直方图,如图 1.5(A)所示

densityplot(~ gcsescore | factor(score) , data = Chem97 , plot. points = FALSE)

#核密度函数,plot. points = FALSE 可以去掉图中的散点,如图 1.5(B)所示

densityplot(~ gcsescore , data = Chem97 , groups = score , plot. points = FALSE , auto. key = list(columns = 3))

#分组核密度函数,groups = score 用于分组,auto. key = list(columns = 3) 展示图例

tp1 < - histogram(~ gcsescore | factor(score) , data = Chem97)

tp2 < - densityplot(~ gcsescore , data = Chem97 , groups = score , plot. points = FALSE , auto. key = list(space = "right" , title = "score"))

plot(tp1 , split = c(1 , 1 , 1 , 2))

#组合图中先出现直方图

plot(tp2,split = c(1,2,1,2),newpage = FALSE)

#组合图中再出现核密度曲线

#最终形成上面是直方图、下面是核密度曲线图的组合图，如图1.6（C）所示

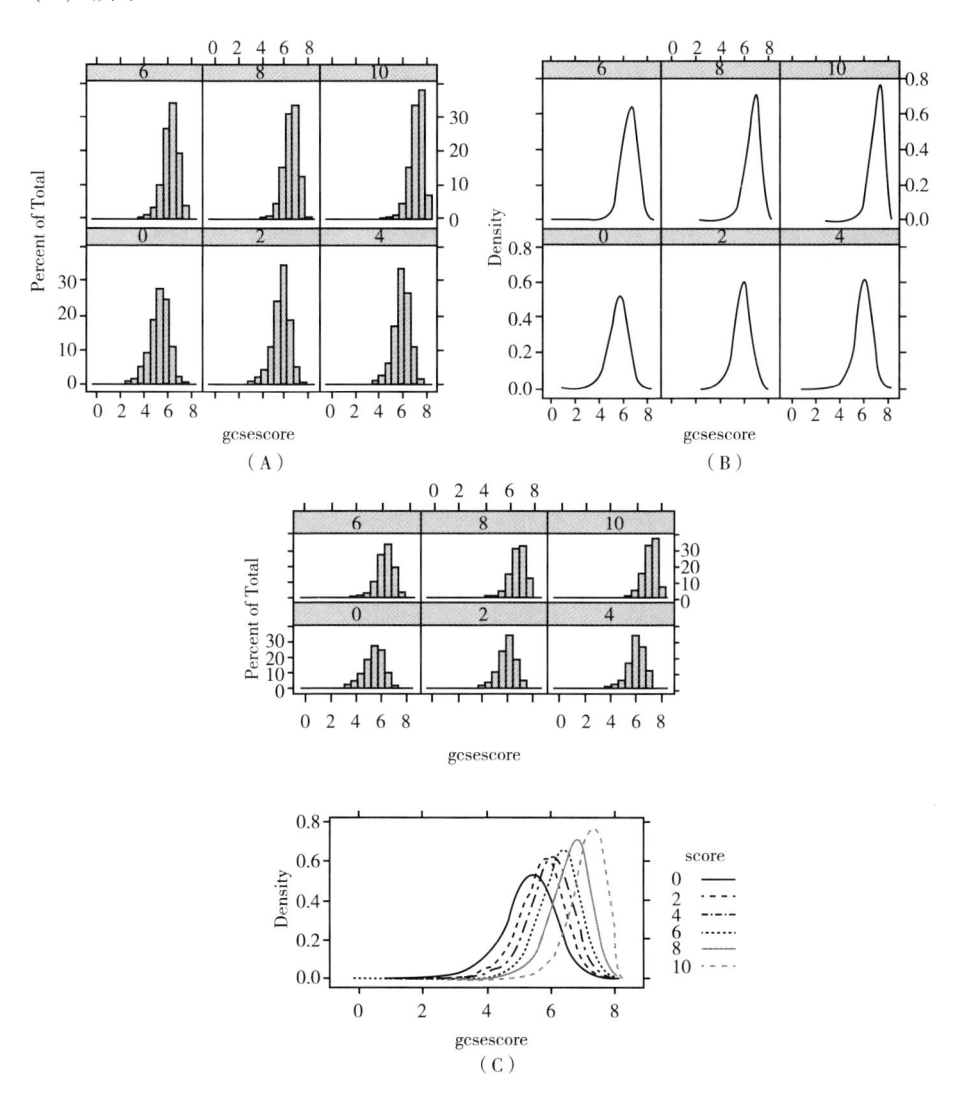

图1.6 分组直方图

例1.5 **Python 软件实现误差棒图**。这里利用 np. random. randint（1，10，100）生成取值范围为 [1，10] 的 20 个数，并用 matplotlib 绘制误差棒图（如图 1.7 所示）。

```
import numpy as np
from matplotlib import pyplot as plt
from scipy. stats import t
X = np. random. randint(1,10,100)
#在5~15范围内生成15个随机数据点
n = X. size
#样本量
X_mean = np. mean(X)
#取均值
X_std = np. std(X)
#求标准差
X_se = X_std/np. sqrt(n)
#求标准误差
conf = t. ppf(1 - 0.05/2. ,n - 1) * X_std * np. sqrt(1. + 1. /n)
#计算95%置信区间。其中，0.05是显著性水平，n-1是自由度
#下面绘制误差棒图
fig = plt. gca( )
plt. errorbar(1,X_mean,yerr = X_std,fmt = '-o')
plt. errorbar(2,X_mean,yerr = X_se,fmt = '-o')
plt. errorbar(3,X_mean,yerr = conf_interval,fmt = '-o')
plt. xlim([0,4])
#调整 x 轴取值范围
plt. ylim(X_mean-conf-2,X_mean + conf + 2)
#调整 y 轴取值范围
plt. legend(['SD','SE','95% CI'],loc = 'upper left')
#添加图例
```

plt. ylabel('random variable')

#添加 y 轴坐标

plt. title('100 random values in the range 1 – 10')

#添加图的标题

plt. show( )

#展示图

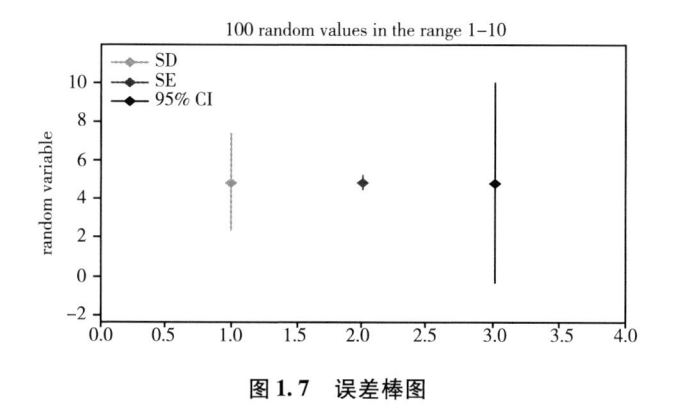

图 1.7　误差棒图

例 1.6　**Python 软件彩色三维曲面图**。这里利用 np. arange(-5,5,0.1)生成取值范围为 [-5, 5] 的间距为 0.1 的一组数,并用 matplotlib 绘制误差棒图(如图 1.8 所示)。需要说明的是,Matplotlib 是 Python 中最受欢迎的绘图库,和 NumPy 和 SciPy 一起,这是科学 Python 社区中的主要驱动力之一。IPython 有一种 pylab 模式,是专门设计使用 matplotlib 进行交互式绘图。

```
from matplotlib import pyplot as plt
import numpy as np
from mpl_toolkits. mplot3d import Axes3D
#下面数据准备
X = np. arange( -5,5,0.1)
#生成取值范围为 [-5, 5] 的间距为 0.1 的一组数
Y = np. arange( -5,5,0.1)
#生成取值范围为 [-5, 5] 的间距为 0.1 的一组数
X,Y = np. meshgrid( X,Y)
```

```
#适用于生成网格型数据,可将两个一维数组生成两个二维矩阵
Z = np.sin(np.sqrt(X**2 + Y**2))
#通过幂函数、求平方根、求正弦得到 Z 值
fig = plt.figure()
#开始绘制图形
ax = Axes3D(fig)
#创建三维坐标轴
ax.plot_surface(X,Y,Z,cmap = 'rainbow')
#创建彩色三维曲面
plt.show()
#展示图
```

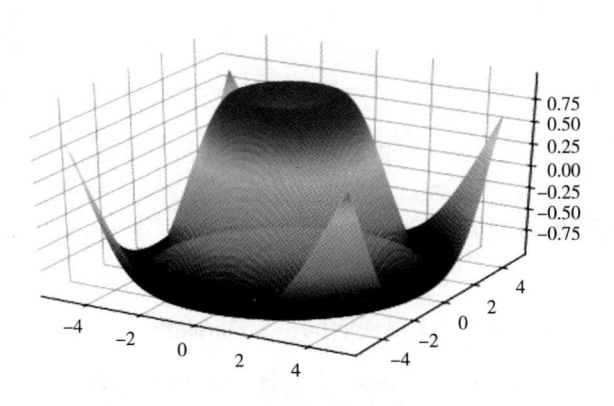

图1.8 彩色三维曲面图

例 1.7 Python 软件蜂窝网格图。下面利用 Bokeh 绘制蜂窝网格图(如图 1.9 所示)。Bokeh 是一种在 Python 中研发的交互式可视化库,其目标是通过网络浏览器进行工作。Bokeh 的目标是研发一种美学上与 D3.js 相似的库。读者可以从下面网址进一步了解 Bokeh:http://bokeh.pydata.org。

```
import numpy as np
from bokeh.io import output_file, show
from bokeh.plotting import figure
from bokeh.transform import linear_cmap
from bokeh.util.hex import hexbin
```

x = np. random. standard_normal(1 000)

#生成服从标准正态分布的 1 000 个数

y = np. random. standard_normal(1 000)

#生成服从标准正态分布的 1 000 个数

bins = hexbin(x,y,0. 2)

p = figure(tools = " wheel_zoom,reset",background_fill_color = '#440154',match_aspect = True)

#生成背景

p. grid. visible = False

#网格隐藏

p. hex_tile(q = "q",r = "r",size = 0. 1,source = bins,line_color = None,fill_color = linear_cmap('counts','Viridis256',0,max(bins. counts)))

#绘制蜂窝网格

output_file("hex_tile. html")

#通过网页展示

show(p)

#展示图

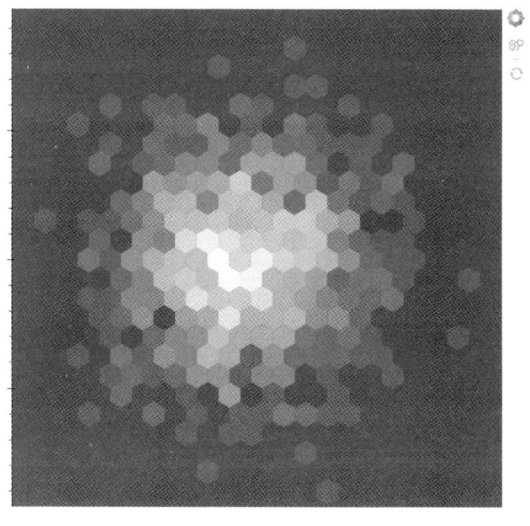

图 1.9 **Bokeh 蜂窝网格图**

例1.8　R软件编写绘制组合图函数。有时，读者需要自己编写可视化函数，以达到自己的个性化需求。下面通过一个例子讲解如何用R语言实现可视化函数的编写，以及如何通过R软件实现组合图的绘制。

#part1：编写可视化所需函数

graph1 = function(L,V,S,wisk){

#括号中包括的是必要参数

　　w = wisk/2

　　#变化幅度

　　segments(x0 = L,x1 = L,y0 = V,y1 = V + S)

　　#划线语句

　　segments(x0 = L - w,x1 = L + w,y0 = V + S,y1 = V + S)

　　#划线语句

}

graph2 = function(L,V,S,wisk){

　　w = wisk/2

　　segments(x0 = L,x1 = L,y0 = V - S,y1 = V + S)

　　segments(x0 = L - w,x1 = L + w,y0 = V + S,y1 = V + S)

　　segments(x0 = L - w,x1 = L + w,y0 = V - S,y1 = V - S)

}

#part2：输入数据

M < - c(42,51,55)

#输入数据

M.se < - c(5,5,3)

#输入数据

E < - c(0.23,0.14,0.13)

#输入数据

E.se < - c(0.022,0.021,0.021)

#输入数据

#part3：绘图

#part3-1：绘制上方的子图：带误差条的图形

par(cex.main=1.5,mar=c(5,6,4,5)+0.1,mgp=c(3.5,1,0))

#弹出满足一定规格的绘图窗口

x<-c(1,2,3,4)#赋值

plot(x,c(-10,-10,-10,-10),ylab=" ",xlab=" ",cex=1,ylim=c(0,80),xlim=c(1,4),axes=F)

#弹出空白绘图窗口

grid::grid.text("Y1",0.1,0.5)

#添加纵坐标轴名称 Y1

axis(1,at=c(1.5,2.5,3.5),labels=c("A","B","C"))

#添加横坐标轴刻度 A，B 和 C

mtext("X",side=1,line=3,cex=1,font=2)

#添加横坐标轴名称

axis(2,at=c(30,40,50,60,70))

#增加纵坐标轴刻度

x=c(1.5,2.5,3.5)

#赋值

points(x,M,cex=1.5,lwd=2,pch=19)

#在坐标轴中添加数据点

plo=graph2(x,M,M.se,0.1)

#利用编写的 graph2 函数在数据点上下添加误差条

lines(c(1.5,2.5,3.5),M,lwd=2,type="c")

#添加数据点间的连线

text(1.5,M[1]+16,"42",adj=0.5,cex=1.2)

#在适当的位置添加注释

text(2.5,M[2]+16,"51",adj=0.5,cex=1.2)

#在适当的位置添加注释

text(3.5,M[3]+16,"55",adj=0.5,cex=1.2)

#在适当的位置添加注释

#part3 -2：绘制下方的子图：方形图

par(new = TRUE)

#保证在绘制下方图形时，上方图形依然存在，最终形成组合图

x < -c(1,2,3,4)

#赋值

plot(x,c(-10,-10,-10,-10),type = "p",ylab = " ",xlab = " ",cex = 1.5,ylim = c(0,1),xlim = c(1,4),lwd = 2,axes = F)

#创建绘图窗口

axis(4,at = c(0,0.1,0.2,0.3,0.4),las = 1)

#添加右侧纵坐标轴刻度

grid::grid.text("Y2",0.95,0.5)

#添加右侧纵坐标轴名称

#下面绘制第一个方形

segments(1.5 -0.25,0,1.5 -0.25,E[1])

#划线语句

segments(1.5 -0.25,E[1],1.5 +0.25,E[1])

#划线语句

segments(1.5 +0.25,y1,1.5 +0.25,0)

#划线语句

segments(1.5 +0.25,0,1.5 -0.25,0)

#划线语句

#下面绘制第二个方形

segments(2.5 -0.25,0,2.5 -0.25,E[2])

#划线语句

segments(2.5 -0.25,E[2],2.5 +0.25,E[2])

#划线语句

segments(2.5 +0.25,E[2],2.5 +0.25,0)

#划线语句

segments(2.5 +0.25,0,2.5 -0.25,0)

#划线语句

#下面绘制第三个方形

segments(3.5-0.25,0,3.5-0.25,E[3])

#划线语句

segments(3.5-0.25,E[3],3.5+0.25,E[3])

#划线语句

segments(3.5+0.25,E[3],3.5+0.25,0)

#划线语句

segments(3.5+0.25,0,3.5-0.25,0)

#划线语句

#下面在3个方形上面分别添加误差条

loc<-c(1.5,2.5,3.5)

plo<-graph1(loc,E,E.se,0.2)

#利用编写的graph2函数在方形上方分别添加误差条

text(2.5,1,"Title",font=2,cex=1.5)

#添加图的标题

text(1.5,0.05,"0.23")

#在方形内添加注释

text(2.5,0.05,"0.14")

#在方形内添加注释

text(3.5,0.05,"0.13")

#在方形内添加注释

通过上述程序绘制的组合如图1.10所示。

例1.9 Python软件编写符合个性化需求的可视化函数的例子。

gimport numpy as np

import matplotlib.pyplot as plt

#下面定义组合直方图函数

def his(x1,x2,x3,a,b1,b2,b3):

    plt.hist(x1,a,density=True,facecolor='y',alpha=b1)

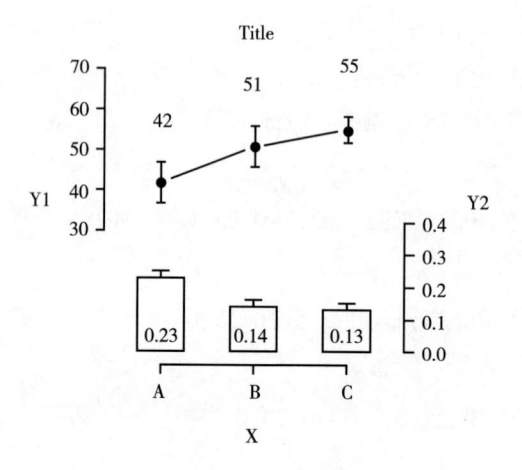

图 1.10 组合图

　　#facecolor 表示颜色

　　plt. hist(x2,a,density = True,facecolor = 'r',alpha = b2)

　　#alpha 表示透明度

　　plt. hist(x3,a,density = True,facecolor = 'b',alpha = b3)

　　#density 表示密度

#生成 3 组随机数

np. random. seed(20 000)

x1 = 10 + 2 * np. random. randn(10 000)

x2 = 5 + 1 * np. random. randn(10 000)

x3 = 0 + 0.5 * np. random. randn(10 000)

his(x1,x2,x3,50,1,0.2,0.5)

#将数据分成 50 组,1,0.2 和 0.5 表示透明度

plt. xlabel('X')

#添加横坐标轴名称

plt. ylabel('Y')

#添加纵坐标轴名称

plt. title('Title')

#添加标题

plt. text(8,.24,r'$\mu=10,\\sigma=2$')

#添加注释

plt. text(3,.42,r'$\mu=5,\\sigma=1$')

#添加注释

plt. text(-1.5,.85,r'$\mu=0,\\sigma=0.5$')

#添加注释

plt. axis([-2,18,0,0.9])

#设置x,y轴的具体取值范围

plt. grid(True)

plt. show()

通过上述程序绘制的组合直方图如图1.11所示。

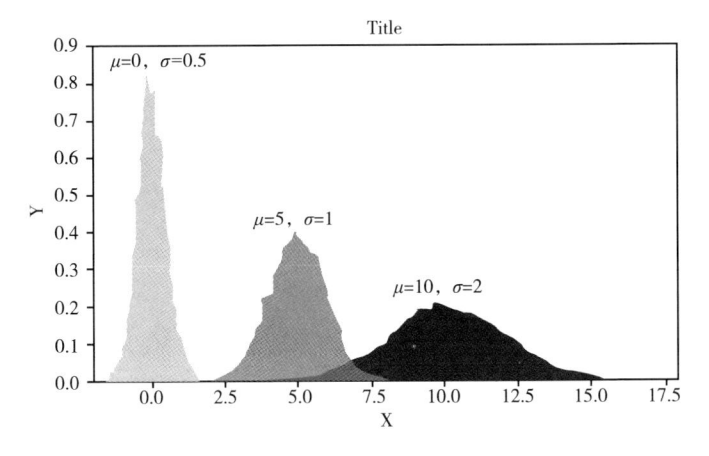

图 1.11 组合直方图

1.3 思考与练习

1. 指标间关系研究的意义是什么？
2. 指标间关系主要包括哪几种类型？分别用于哪种场景？
3. 两种常用编程软件R和Python有哪些异同？
4. 在编程过程中，R和Python分别有哪些注意事项？

5. 常见的数据问题有哪些?

6. 数据预处理一般包括哪几步?

7. 请梳理缺失数据类型、缺失机制、处理方法及相应的适用范围。

8. 根据本章第1.2.2小节给出的 R 和 Python 代码,练习对 R 自带海藻数据 algae 的预处理。

9. 对于 R 和 Python 来说,可视化的基本函数和工具有哪些?

10. 请在 R 界面中,逐条运行下列代码,对每行进行注释,并验证是否可以得到图 1.12。

library(plyr)

good.choices <- c(.3,.4,.5,.5,.5,.6,.6,.6,.6,.5,.7,.5,.5,.6,.6,.6)

yhigh <- 8

par(cex.main=1.5,mar=c(5,6,4,5)+0.1,mgp=c(3.5,1,0))

h <- hist(good.choices,freq=FALSE,main="",xlab="",ylab="",ylim=c(0,yhigh),xlim=c(.30,.80),axes=FALSE,col="grey")

axis(1,seq(.30,.80,by=.1))

axis(2,seq(.00,7,by=1))

rug(jitter(good.choices))

mtext("X",side=1,line=2.5,cex=1.5,font=2)

mtext("Y",side=2,line=3,cex=1.5,font=2,las=0)

lines(density(good.choices),lwd=2)

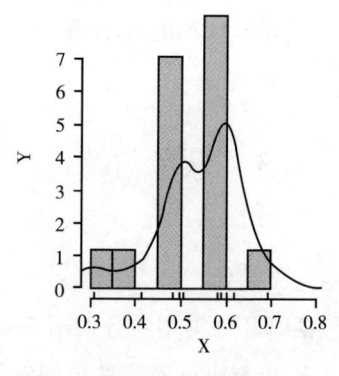

图 1.12　直方图

11. 请在 Python 界面中,逐条运行下列代码,对每行进行注释,并验证是否可以得到图1.13。

```
import numpy as np
import matplotlib.pyplot as plt
labels = 'A','B','C','D'
fracs = [10,20,30,40]
explode = [1,0.1,0,0.1]#0.1 凸出这部分,
plt.pie(x = fracs,labels = labels,explode = explode,autopct = '%2.0f%%')
```

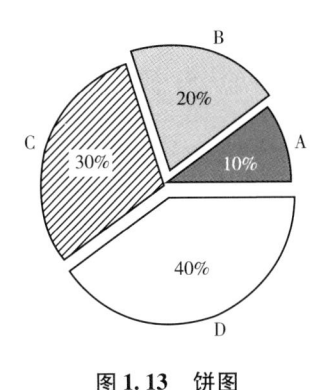

图 1.13 饼图

12. 请参照可视化函数编写一节或者下面给出的自定义函数范例,用 R 或者 Python 编写自定义函数,计算半径为 2 的圆的面积。

R 范例:
```
s = function(a,b,c){
a + b + c
}
s(1,2,3)
```

Python 范例:
```
def func(a, b, c):
    L = a + b + c
    print(L)
func(1,2,3)
```

1.4 延展性阅读

作为一种广泛使用的编程语言,Python 因其简单性和动态类型而广受欢

迎。集成开发环境（integrated development environment，IDE）是一个软件应用，提供了一种全面强大的工具集，为运行 Windows、Linux 或 Mac OS 操作系统的目标系统构建应用程序。

先介绍几种 Python 中常见的 IDE 工具：（1）IPython 提供了一种交互式得以强化的 Python shell，在数据分析和可视化方面存在本质上的交互性。（2）Plotly 是一种在线分析和数据可视化工具，包括多语言兼容的科学画图库，提供了在线画图、分析学和统计工具，通过 JavaScript 创建用户界面，并用 D3.js、HTML 和 CSS 创建可视化库。（3）PyCharm 是一种少数受欢迎且功能强大的 IDE，基于 Java Swing 的用户界面，且社区版是免费的。（4）PyDev 是 Eclipse IDE 的一个插件，基于 SWT 的用户界面，支持代码重构、图形化调试、交互式控制台、代码分析和代码折叠。（5）IEP 是 Python 的交互式编辑器，以交互性和内省力为目的的跨平台的 Python IDE，非常适合科学计算，包括编辑器和 shell 两种主要组件。（6）Canopy 以 PyQt 为基础，有一个编辑器、文件浏览器和 IPython 控制台。（7）Spyder 具备 Python 代码编辑器、交互式控制台、探索变量等组件的开发环境。（8）Anaconda 以 PyQt 为基础，是一组免费而强大的 Python 软件包，用以实现大规模数据管理、分析以及商业智能、科学分析、工程、机器学习等更多内容的可视化。

作为最常用的开源的 Python 发行版本之一，Anaconda 支持科学数据流程中的数据获取、操作处理、可视化和交流研究成果等各种处理过程。前面例 1.6 用到的 Matplotlib，就是 Anaconda 中常见的可视化绘图库。此外，Anaconda 中常见的可视化绘图库包括：（1）Plotly 是一个在浏览器上工作、绘图的分析平台。它支持用 IPython notebook 的交互式图表。图是可交互的，而且可以通过修改代码和交互地检查结果而被命名。（2）Veusz 是一个用 Python 和 PyQt 编写的 GPL – 科学绘图软件包。Veusz 也能够被嵌入其他 Python 程序中。（3）Mayavi 是一个三维绘图软件包，完全支持 Python 脚本。（4）NetworkX 是一种 Python 语言软件包，用来创建、操作和学习复杂图形网络的结构、动态和功能，以及复杂网络函数。（5）Pygooglechart 是一种有力的软件包，让你可以创建可视化方法，允许你与 Google 图表 API 接口。

与其他可视化图库不同的是，NetworkX 主要用于处理与网络相关的问题。NetworkX 提供了一系列样式参数，其中常用的参数包括：（1）node_size，指定节点的尺寸大小；（2）node_color，指定节点的颜色；（3）node_shape，指定节点的形状；（4）alpha，透明度；（5）width，边的宽度；（6）edge_color，边的颜色；（7）style，边的样式；（8）with_labels，节点是否带标签；（9）font_size，节点标签字体大小；（10）font_color，节点标签字体颜色。NetworkX 还提供了用于绘制网络图形时的布局功能，以指定节点排列的形式，常见的几种排列方式如下：（1）circular_layout，节点在一个圆环上均匀分布；（2）random_layout，节点随机分布；（3）shell_layout，节点在同心圆上分布。

第 2 章
指标相关关系研究

2.1 指标间相关关系的基本界定

2.1.1 相关关系问题

在生产生活中，一个变量往往与其他变量存在一定关系，或受到另一个变量的影响。但是，通常一个变量无法由另一个变量唯一确定，即不存在一一对应的函数关系。例如，某人的收入情况与消费水平间存在一定的关系，通常收入水平高的人群消费水平也相对较高，收入水平低的人群消费水平也相对较低，但是具有相同收入水平的人，由于消费观念、生活品质需求等方面的不同，实际消费水平也会存在很大差异。因此，变量间确实存在着一定的数量关系或客观规律。那么，这种关系应该如何界定呢？确定这类关系存在的方法或依据有哪些呢？关系的强弱应该如何测度呢？

相关关系分析就是对两个变量之间关系的描述和量化过程。可以进行相关关系分析的前提是：

（1）总体上，两个变量均为随机变量；

（2）两个变量间不存在一一对应的函数关系；

（3）两个变量是对等的，没有"因"和"果"之分。

在满足这些条件下，研究者可以开展相关关系分析工作。具体来说，进行相关关系分析的工具主要包括：

（1）通过散点图等可视化方式来判断变量之间是否存在线性相关关系以及强弱程度；

（2）通过相关系数计算变量之间的关系强弱；

（3）通过显著性检验，确定有限样本所反映的关系是否可以代表变量总体上的关系。

2.1.2 相关关系类型

两个变量间相关关系的类型可以概括为如下几类：（1）连续变量之间的相关关系，通常用皮尔森（Pearson）相关系数进行计算；（2）无序变量之间的相关系数，通常用卡方检验判断相关性是否显著；（3）有序变量之间的相关系数，通常用 Spearman 相关系数和 Kendall 等级相关系数进行计算；（4）连续变量和有序变量之间的相关系数，通常用 Spearman 相关系数进行计算；（5）连续变量和无序变量之间的相关系数，通常用方差检验判断相关性是否显著；（6）无序变量和有序变量之间的相关系数，通常用卡方检验判断相关性是否显著。

多个变量或由多个变量组成的两个向量间相关关系的类型可以概括为如下几类：（1）在消除其他变量影响下，两个服从正态分布的连续变量之间的相关关系，通常用偏相关系数进行计算；（2）一个服从正态分布的连续变量和一个服从正态分布的向量之间的相关系数，通常用复相关系数进行计算；（3）两个服从正态分布的向量之间的相关系数，通常用典型相关分析中的相关系数进行计算。具体如表 2.1 所示。由表 2.1 可知，不同类型的变量对应着不同的测度方法。这也说明了不同测度方法的适用范围。

表 2.1　　按变量类型划分的相关关系类型及常用测度方法

序号	变量个数	类型	常用测度方法
1	两个	连续变量和连续变量	Pearson 相关系数
2	两个	无序变量和无序变量	卡方检验
3	两个	有序变量和有序变量	Spearman 相关系数和 Kendall 相关系数

续表

序号	变量个数	类型	常用测度方法
4	两个	连续变量和有序变量	Spearman 相关系数
5	两个	连续变量和无序变量	方差检验
6	两个	无序变量和有序变量	卡方检验
7	多个	两个正态连续变量间	偏相关系数
8	多个	正态连续变量和向量	复相关系数
9	多个	两个正态向量间	典型相关分析中的相关系数

2.2 指标间相关关系的测度方法

2.2.1 两个指标间相关关系测度方法

相关系数是根据数据计算的度量两个变量之间关系强弱的统计量。取值范围是 [-1, 1]。这里的数据可以是样本数据，也可以是总体数据。实际中，我们讨论的是基于样本数据的相关系数。根据变量类型的不同，相关系数主要分为 Pearson 相关系数、Spearman 相关系数和 Kendall 相关系数三类。

假设随机变量 X 和 Y，那么它们之间的相关系数计算公式分别如下。

（1）Pearson 相关系数：对于连续变量 X 和 Y，

$$\rho_{Pearson} = \frac{cov(X,Y)}{\sqrt{var(X)}\sqrt{var(Y)}}$$

$$= \frac{\sum_{i=1}^{n}(x_i - E(X))(y_i - E(Y))}{\sqrt{\sum_{i=1}^{n}(x_i - E(X))^2}\sqrt{\sum_{i=1}^{n}(y_i - E(Y))^2}}$$

$$= \frac{n\sum_{i=1}^{n}x_i y_i - \sum_{i=1}^{n}x_i \sum_{i=1}^{n}y_i}{\sqrt{n\sum_{i=1}^{n}x_i^2 - (\sum_{i=1}^{n}x_i)^2}\sqrt{n\sum_{i=1}^{n}y_i^2 - (\sum_{i=1}^{n}y_i)^2}}$$

其中，cov（X，Y）是 X 和 Y 的协方差，E（*）是期望，var（*）是方差。

例 2.1　个税税收数据（gsss.csv）。该数据来自国家统计局统计数据中的各项税收年度数据和城镇居民家庭人均可支配收入年度数据（http://www.stats.gov.cn/tjsj/），时间为 1999~2018 年。用 gs 表示个人所得税（亿元），sr 表示城镇居民人均可支配收入（元）。考虑到 gs 和 sr 均为连续变量，因此可利用 Pearson 相关系数量化它们之间的相关关系。

下面用 R 实现 Pearson 相关系数（如图 2.1 所示）：

#语法：

cor(x,y = NULL,use = "everything",

method = c("pearson","kendall","spearman"))

#参数：

#x：表示数值型向量、矩阵或数据框。

#y：表示与 x 具有相同维度的向量、矩阵或数据框。也可以不写，表示默认 y = x，即所有变量两两之间的相关系数。

#use：表示缺失数据的处理方式，可选的方式有 all.obs（存在缺失数据时报错）、everything（存在缺失数据时，计算结果设置为 missing）、complete.obs（行删除）以及 pairwise.complete.obs（成对删除）。

#method：表示具体相关系数的计算方法，可选的方法有 Pearson、Kendall 和 Spearman。

#案例：

data < - read.csv("D:\\data\\gsss.csv")

#读入数据

cor(data[,2],data[,3],use = "everything",method = c("pearson"))

#gs 和 sr 的相关系数

cor(data,use = "everything",method = c("pearson"))

#data 中任意两个变量之间的相关系数

```
> data<-read.csv("D:\\data\\gsss.csv")
> cor(data[,2], data[,3], use = "everything", method = c("pearson"))
[1] 0.986283
> cor(data, use = "everything", method = c("pearson"))
          year       gs        sr
year  1.000000 0.954310 0.979558
gs    0.954310 1.000000 0.986283
sr    0.979558 0.986283 1.000000
```

图 2.1 用 R 计算 Pearson 相关系数

用 Python 实现 Pearson 相关系数的程序如下：

import pandas as pd

import numpy as np

w = pd. read_csv("D:\data\gsss. csv")

w. corr(method = 'pearson')

(2) Kendall 相关系数：对于有序变量 X 和 Y，需要先给出如下定义：$\forall i,j = 1,\cdots,n$，$x_i > x_j$ 且 $y_i > y_j$，或 $x_i < x_j$ 且 $y_i < y_j$ 被称为 (x_i, y_i) 和 (x_j, y_j) 是一致的；$x_i > x_j$ 且 $y_i < y_j$，或 $x_i < x_j$ 且 $y_i > y_j$ 被称为 (x_i, y_i) 和 (x_j, y_j) 是不一致的；$x_i = x_j$ 且 $y_i = y_j$ 被称为 (x_i, y_i) 和 (x_j, y_j) 既不是一致的也不是不一致的。具体地，Kendall 相关系数有三种计算公式。

公式一：假设随机变量 X 自身的每个元素取值都唯一，Y 自身的每个元素取值也唯一。即 X 中每个元素的取值都不同，Y 中每个元素的取值都不同。注意，这里说的并不是 X 和 Y 两者之间没有相同的元素。

$$\rho_{Kendall1} = \frac{2(C-D)}{n(n-1)}$$

其中，C 表示 X 和 Y 中拥有一致性的元素对数（两个元素为一对）；D 表示 X 和 Y 中拥有不一致性的元素对数。

公式二：假设随机变量 X 或 Y 中存在相同元素。

$$\rho_{Kendall2} = \frac{2(C-D)}{\sqrt{\left[n(n-1) - \sum_{i=1}^{s} U_i(U_i - 1)\right]\left[n(n-1) \sum_{i=1}^{t} V_i(V_i - 1)\right]}}$$

其中，C 表示 X 和 Y 中拥有一致性的元素对数（两个元素为一对）；D 表示 X 和 Y 中拥有不一致性的元素对数；s 表示 X 中重复出现的元素种数，也可以理解为将 X 中的相同元素分别组合成小集合后，X 中拥有的小集合数；t 表示 Y 中重复出现的元素种数，也可以理解为将 Y 中的相同元素分别组合成小集合后，Y 中拥有的小集合数；U_i 表示将 X 中的相同元素分别组合成小集合后，第 i 个小集合所包含的元素数；V_i 表示将 Y 中的相同元素分别组合成小集合后，第 i 个小集合所包含的元素数。例如，X = (1, 2, 3, 4, 3, 3, 2)，这里只有 2 和 3 出现相同元素，因此 s 为 2。

公式三：当随机变量 X 和 Y 通过表格表示时，采用该计算公式，且不用考虑 X 或 Y 中是否存在相同元素。

$$\rho_{Kendall3} = \frac{2M(C-D)}{n^2(M-1)}$$

其中，C 表示 X 和 Y 中拥有一致性的元素对数（两个元素为一对）；D 表示 X 和 Y 中拥有不一致性的元素对数；M 表示表格中行数与列数中较小的一个。需要说明的是：公式二也可以用于计算由表格形式表示的 X 和 Y 的 Kendall 相关系数，有研究者讨论到，公式二一般用来计算由正方形表格表示的 X 和 Y 的 Kendall 相关系数，公式三则只是用于计算由长方形表格表示的 X 和 Y 的 Kendall 相关系数。

例 2.2 mtcars 数据。该数据来自 R 自带 mtcars 数据。该数据包括 32 辆汽车的 11 项指标数据。其中，气缸数 "cyl"、前进档数量 "gear" 及化油器数量 "carb" 均为有序变量，因此可利用 Kendall 相关系数量化它们之间的相关关系。

下面用 R 实现有序变量间的 Kendall 相关系数（如图 2.2 所示）：

x < - mtcars[,c("cyl","gear","carb")]

#将 3 个有序变量赋给 x

y < - mtcars[,c("cyl","gear","carb")]

#将 3 个有序变量赋给 y

cor(x,y,method = "kendall")

#计算任意两个有序变量间的 Kendall 相关系数

```
> x<-mtcars[,c("cyl","gear","carb")]
> y<-mtcars[,c("cyl","gear","carb")]
> cor(x,y,method = "kendall")
            cyl         gear         carb
cyl    1.0000000  -0.51254349   0.46542994
gear  -0.5125435   1.00000000   0.09801487
carb   0.4654299   0.09801487   1.00000000
```

图 2.2　用 R 计算有序变量间的 Kendall 相关系数

用 Python 实现有序变量间的 Kendall 相关系数的程序如下：

import pandas as pd

import numpy as np

w = pd. read_csv("D：\data\mtcars. csv")

w. corr(method = 'kendall')

（3）Spearman 相关系数：对于有序变量 X 和 Y，或者其中一个是连续变量，另一个是有序变量，可以利用该相关系数，通常也被称为 Spearman 秩相关系数。由于该相关系数关注的是数据的"秩"，即根据原始数据的排序位置进行求解，因此，计算公式可以不用考虑 Pearson 相关系数的限制条件。因此，可以通过下式，简化计算过程：

$$\rho_{\text{Spearman}} = 1 - \frac{6 \sum_{i=1}^{n} d_i^2}{n(n^2 - 1)}$$

其中，d_i 表示x_i的秩和y_i的秩之差，n 表示样本量。例如，X =（5,2,3）和 Y =（4,8,7），对 X 和 Y 分别取秩，并将结果记为X′和Y′。则有X′=（3,1,2）和 Y′=（1,3,2），即d_1 = 3 - 1 = 2，d_2 = 1 - 3 = - 2，d_3 = 2 - 2 = 0。

本部分仍利用例 2.2 中的 mtcars 数据。先计算气缸数"cyl"、前进档数量"gear"及化油器数量"carb"三个有序变量任意两两之间的 Spearman 相关系数，然后再计算连续变量（发动机排量"disp"或总马力"hp"）与有序变量（气缸数"cyl"、前进档数量"gear"或化油器数量"carb"）之间的 Spearman 相关系数。

下面用 R 实现有序变量间的 Spearman 相关系数（如图 2.3 所示）：

x < - mtcars[,c("cyl","gear","carb")]

#将 3 个有序变量赋给 x

y < - mtcars[,c("cyl","gear","carb")]

#将 3 个有序变量赋给 y

cor(x,y,method = "spearman")

#计算任意两个有序变量间的 Spearman 相关系数

```
> x<-mtcars[,c("cyl","gear","carb")]
> y<-mtcars[,c("cyl","gear","carb")]
> cor(x,y,method = "spearman")
            cyl       gear        carb
cyl   1.0000000 -0.5643105   0.580068
gear -0.5643105  1.0000000   0.114887
carb  0.5800680  0.1148870   1.000000
```

图 2.3 用 R 计算有序变量间的 Spearman 相关系数

用 Python 实现有序变量间的 Spearman 相关系数的程序如下：

```
import pandas as pd
import numpy as np
w = pd.read_csv("D:\data\mtcars.csv")
w.corr(method = 'spearman')
```

下面用 R 实现连续变量与有序变量间的 Spearman 相关系数（如图 2.4 所示）：

x < - mtcars[,c("disp","hp")]

#将 2 个连续变量赋给 x

y < - mtcars[,c("cyl","gear","carb")]

#将 3 个有序变量赋给 y

cor(x,y,method = "spearman")

#计算任意两个变量间的 Spearman 相关系数

```
> x<-mtcars[,c("disp","hp")]
> y<-mtcars[,c("cyl","gear","carb")]
> cor(x,y,method = "spearman")
           cyl       gear      carb
disp 0.9276516 -0.5944703 0.5397781
hp   0.9017909 -0.3314016 0.7333794
```

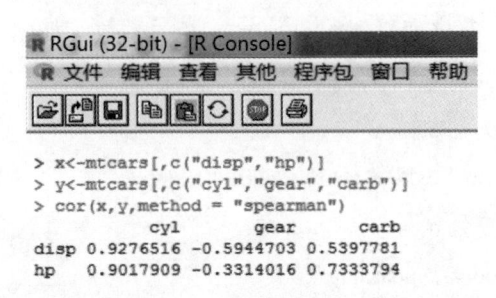

图 2.4　用 R 计算连续变量与有序变量间的 Spearman 相关系数

用 Python 实现连续变量与有序变量间的 Spearman 相关系数的程序与实现有序变量间 Spearman 相关系数的程序类似。

(4) 卡方检验：对于无序变量 X 和 Y，或者其中一个是有序变量，另一个是无序变量，采用卡方检验判断 X 和 Y 之间的相关关系是否显著。这里需要用到 χ^2 统计量，表达式如下：

$$\chi^2 = \sum_{i=1}^{k} \frac{(A_i - np_i)^2}{np_i}$$

其中，A_i 表示 i 水平的观察频数，n 表示样本量，p_i 表示 i 水平的期望频率。该统计量的自由度 d 为：(X 取值类别数 -1) × (Y 取值类别数 -1)。

在卡方检验中，原假设是 X 和 Y 相互独立，备择假设是 X 和 Y 不独立。通过计算，当 $\chi^2 > \chi_\alpha^2(d)$ 时（α 是显著性水平），拒绝原假设（X 和 Y 相互独立），接受备择假设（X 和 Y 不独立），即 X 和 Y 之间存在着一定的相关关系；当 $\chi^2 < \chi_\alpha^2(d)$ 时，无法拒绝原假设（X 和 Y 相互独立），即 X 和 Y 之间相互独立。这里，$\chi_\alpha^2(d)$ 可以通过查表获得。

例 2.3　Cars93 数据。该数据来自 R 中 MASS 自带 Cars93 数据。该数据包括 93 辆汽车的 27 项指标数据。其中，车出售类型"Type"和空气包装袋类型"AirBags"均为无序变量，气缸数"Cylinders"为有序变量，因此可利用卡方检验研究无序变量与无序变量之间以及有序变量与无序变量之间的相关关系。

下面用 R 实现无序变量与无序变量之间的卡方检验（如图 2.5 所示）：

```
library("MASS")
#调用程序包 MASS
data = table(Cars93$AirBags,Cars93$Type)
#构建交叉列联表
data
chisq. test (data) #卡方检验
```

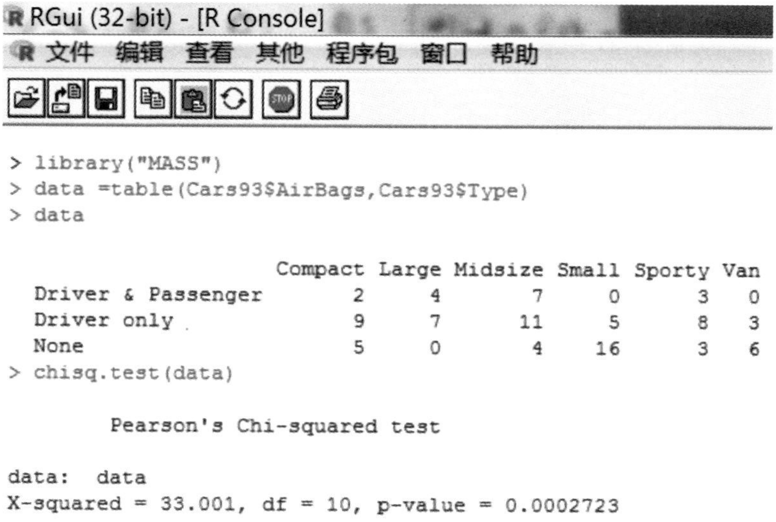
RGui (32-bit) - [R Console]
文件 编辑 查看 其他 程序包 窗口 帮助

```
> library("MASS")
> data =table(Cars93$AirBags,Cars93$Type)
> data

                     Compact Large Midsize Small Sporty Van
  Driver & Passenger       2     4       7     0      3   0
  Driver only              9     7      11     5      8   3
  None                     5     0       4    16      3   6
> chisq.test(data)

        Pearson's Chi-squared test

data:  data
X-squared = 33.001, df = 10, p-value = 0.0002723
```

图 2.5　用 R 实现无序变量与无序变量之间的卡方检验

用 Python 实现无序变量与无序变量之间的卡方检验的程序如下：

```
from scipy. stats import chi2_ contingency
import numpy as np
w = pd. read_csv("D:\data\Cars93. csv")
kf_data = np. array([Cars93['AirBags'],Cars93['Type']])
kf = chi2_contingency(kf_data)
print('chisq-statistic = %. 4f,p-value = %. 4f,df = %i expected_frep = %s'%
kf)
```

下面用 R 实现有序变量与无序变量之间的卡方检验（如图 2.6 所示）：

```
library (" MASS")
```

#调用程序包 MASS

data = table（Cars93$Cylinders，Cars93$Type）

#构建交叉列联表

data

chisq. test（data）#卡方检验

```
> library("MASS")
> data =table(Cars93$Cylinders,Cars93$Type)
> data

        Compact Large Midsize Small Sporty Van
3             0     0       0     3      0   0
4            15     0       7    18      8   1
5             0     0       1     0      0   1
6             1     7      12     0      4   7
8             0     4       2     0      1   0
rotary        0     0       0     0      1   0
> chisq.test(data)

        Pearson's Chi-squared test

data:  data
X-squared = 78.935, df = 25, p-value = 1.674e-07
```

图 2.6　用 R 实现有序变量与无序变量之间的卡方检验

　　用 Python 实现有序变量与无序变量之间的卡方检验的程序与实现无序变量间的长方检验的程序类似。

　　（5）方差检验：假设随机变量 X 和 Y 中，一个是连续变量（如 X），另一个是无序变量（如 Y）。在这种情况下，研究 X 和 Y 之间相关性可考虑用方差分析。方差分析需要满足三个基本的假设条件：①每种 Y 取值类别下，X 的观测值是来自正态分布总体的简单随机样本。例如，某一群受试群体，性别为男时，年龄取值服从正态分布。②每种 Y 取值类别下，X 的观测值来自方差相同的总体。例如，上面例子中，男性的年龄取值和女性的年龄取值来自的总体具有相同的方差。③X 的观测值是独立的，例如，每个受试者年龄的取值相关独立。基于这些假定，X 和 Y 之间是否存在关系，实际上转化为，在不同 Y 取值类别 $i(i=1,\cdots,K)$ 下，X 的均值 μ_i 是否相同。因此，原假设：$\mu_1 = \mu_2 = \cdots = \mu_K$，备择假设：$\mu_1, \mu_2, \cdots, \mu_K$ 不全相等。需要说明的是，这里我们讨论的是变量间关系的测度问题，因此，不展开阐述方差分析的分析步骤等内容。下面给出 X 和 Y 之间相关关系的测度方式：

$$R = \sqrt{\frac{SSA}{SST}} = \sqrt{\frac{\sum_{i=1}^{K} n_i (\bar{x}_i - \bar{\bar{x}})^2}{\sum_{i=1}^{K} \sum_{j=1}^{n_i} (x_{ij} - \bar{\bar{x}})^2}}$$

其中，R^2 被称为判定系数，SSA 被称为组间平方和，SST 被称为总平方和，n_i 表示第 i 组的样本数，$\bar{x}_i$ 表示第 i 组的均值，$\bar{\bar{x}}$ 表示所有观测值的均值。

在解释上，R 与前面的相关系数类似，不同的是 R 非负，取值范围是 [0, 1]。例如，R = 0.5 表示 X 和 Y 之间存在着中等程度的相关关系。

实际上，当讨论两个无序变量（Y_1 和 Y_2）和一个连续变量之间的关系时，同样可以利用相应的方差分析方法中的多重相关系数进行测度。需要说明的是，上面讨论过的方差分析特指单因素方差分析（只有一个无序变量），这里的方差分析是指双因素方差分析（两个无序变量），这里考虑的是两个无序变量间无交互作用的情况。在这种情况下，变量间关系强度的计算公式如下：

$$R = \sqrt{\frac{SSR + SSC}{SST}} = \sqrt{\frac{\sum_{i=1}^{K} \sum_{j=1}^{n_i} (\bar{x}_{i*} - \bar{\bar{x}})^2 + \sum_{i=1}^{K} \sum_{j=1}^{n_i} (\bar{x}_{*j} - \bar{\bar{x}})^2}{\sum_{i=1}^{K} \sum_{j=1}^{n_i} (x_{ij} - \bar{\bar{x}})^2}}$$

其中，R^2 被称为判定系数，SSR 和 SSC 分别被称为 Y_1 和 Y_2 的误差平方和，SST 被称为总平方和，n_i 表示第 i 组的样本数，$\bar{x}_{i*}$ 表示 Y_1 第 i 个水平下各观测值的平均值，$\bar{x}_{*j}$ 表示 Y_2 第 j 个水平下各观测值的平均值，$\bar{x}_i$ 表示第 i 组的均值，$\bar{\bar{x}}$ 表示所有观测值的均值。

例 2.4 PlantGrowth 数据。该数据来自 R 中自带 PlantGrowth 数据。该数据是施用不同肥料条件下植物的重量数据，包括组别变量"group"和植物重量数据"weight"。其中，组别变量"group"是一个无序变量，包括一个控制组（ctrl）和两个实验组（trt1 和 trt2），植物重量数据"weight"是一个连续变量。因此，可利用方差检验研究连续变量与无序变量之间的相关关系。

下面用 R 实现连续变量与无序变量之间的方差检验：

a < - aov(weight ~ group, data = PlantGrowth)

#单因子方差分析

a

#输出方差检验中组间、组内平方和等分析结果

summary（a）

#输出方差检验中组间、组内平方和等分析结果及检验结果

#sqrt(3.766/(3.766 + 10.492))计算相关系数

根据图 2.7 中的组间平方和（group 行，取值为 3.766）和组内平方和（Residuals 行，取值为 10.492）可计算相关系数，利用 R 语句 sqrt（3.766/(3.766 + 10.492)）计算可得：0.514。

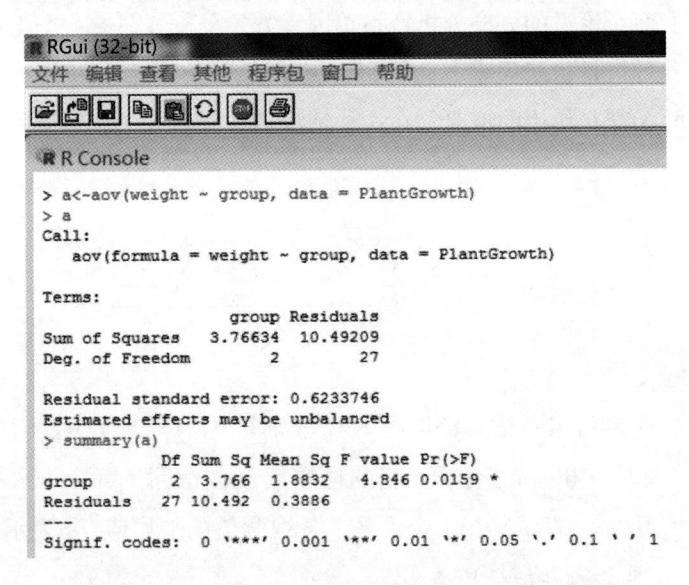

图 2.7　用 R 实现连续变量与无序变量之间的方差检验

实际上，根据方差分析和回归分析的相关理论知识，我们可以通过 R 中的 lm（）函数计算得到方差检验中的相关系数。R 程序如下：

b < - lm(weight ~ group, data = PlantGrowth)

#回归分析

b

#输出回归分析参数估计结果

summary（b）

#输出方差检验中参数估计等分析结果及检验结果

#sqrt（0.2641）计算相关系数

根据图 2.8，可以发现表示拟合优度的判定系数 Multiple R-squared 取值为 0.2641，因此通过 R 语句 sqrt（0.2641）可得到 0.514，与使用方差分析计算所得的相关系数结果相同。综上所述，在程序上进一步证明，方差检验中计算连续变量与无序变量间的相关系数实际上与回归分析中判定系数的平方根等价。

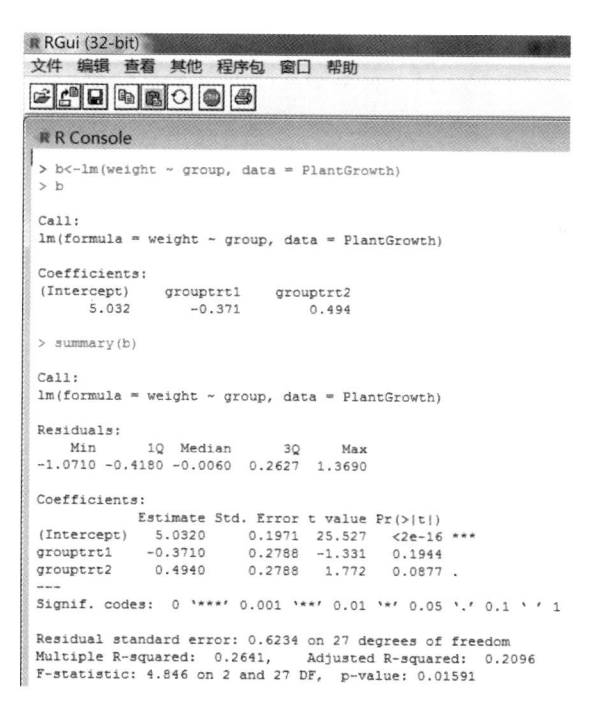

图 2.8　用 R 实现连续变量与无序变量之间的回归分析

下面考虑当存在一个连续变量和两个无序变量时，如何基于方差分析计算变量间的相关系数。

例2.5　ToothGrowth 数据。该数据来自 R 中自带 ToothGrowth 数据。该数据是 60 只豚鼠的牙齿生长数据，包括成牙质细胞的长度"len"、喂食方式"supp"（取值为橙汁 OJ 和维生素 C、VC）和抗坏血酸的剂量"dose"（取值为 0.5 毫克，1 毫克和 2 毫克）。其中，成牙质细胞的长度"len"是一个连续变量，喂食方式"supp"和抗坏血酸的剂量"dose"是无序变量。因此，可利用方差检验研究连续变量和两个无序变量之间的相关关系。

下面用 R 实现连续变量和无序变量之间的方差检验（如图 2.9 所示）：

c < - aov(len ~ supp + dose, data = ToothGrowth)

#方差分析

c

#输出方差检验分析结果

summary（c）

#输出方差检验分析结果及检验结果

#sqrt((205.4 + 2 224.3)/(205.4 + 2 224.3 + 1 022.6))计算相关系数

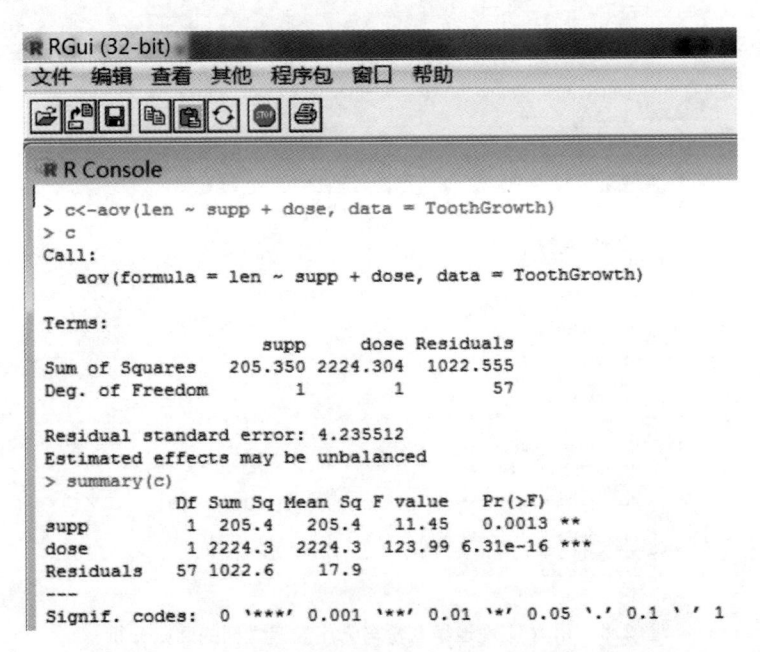

```
> c<-aov(len ~ supp + dose, data = ToothGrowth)
> c
Call:
   aov(formula = len ~ supp + dose, data = ToothGrowth)

Terms:
                  supp    dose  Residuals
Sum of Squares  205.350 2224.304 1022.555
Deg. of Freedom      1       1        57

Residual standard error: 4.235512
Estimated effects may be unbalanced
> summary(c)
            Df Sum Sq Mean Sq F value  Pr(>F)
supp         1  205.4   205.4   11.45  0.0013 **
dose         1 2224.3  2224.3  123.99 6.31e-16 ***
Residuals   57 1022.6    17.9
---
Signif. codes:  0 '***' 0.001 '**' 0.01 '*' 0.05 '.' 0.1 ' ' 1
```

图 2.9　用 R 实现连续变量和两个无序变量之间的方差检验

根据图 2.9 中的行平方和（supp 行，取值为 205.4）、列平方和（dose 行，取值为 2 224.3）和误差平方和（Residuals 行，取值为 1 022.6）可计算相关系数，利用 R 语句 sqrt((205.4 + 2 224.3)/(205.4 + 2 224.3 + 1 022.6)) 计算可得：0.839。

同样地，我们利用 R 中的 lm() 函数计算得到方差检验中的相关系数。R 程序如下：

d < - lm(len ~ supp + dose, data = ToothGrowth)
#回归分析
d
#输出回归分析参数估计结果
summary（d）
#输出方差检验中参数估计等分析结果及检验结果
#sqrt（0.7038）计算相关系数

根据图 2.10，可以发现表示拟合优度的判定系数 MultipleR-squared 取值

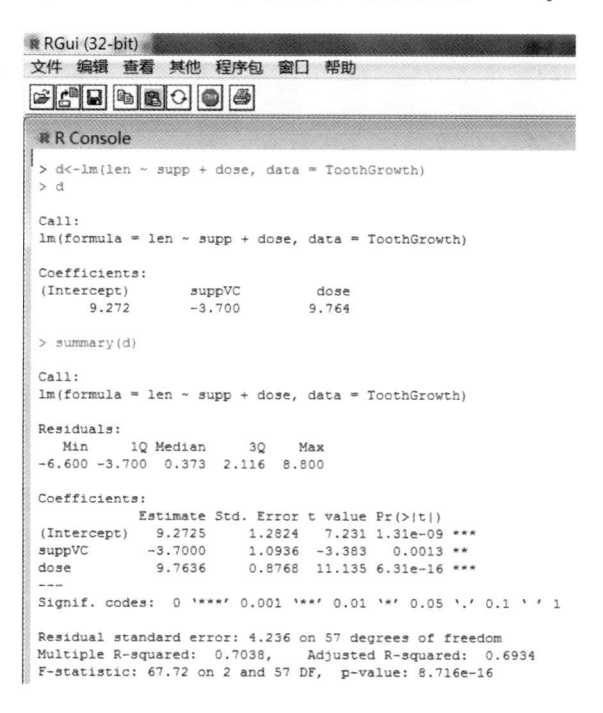

图 **2.10** 用 **R** 实现连续变量和两个无序变量之间的回归分析

为 0.7038，因此通过 R 语句 sqrt（0.7038）可得到 0.839，与使用方差分析计算所得的相关系数结果相同。综上所述，在程序上进一步证明，方差检验中计算连续变量和无序变量间的相关系数实际上与回归分析中判定系数的平方根等价。

下面给出用 Python 实现方差检验的核心程序：

import pandas as pd

from statsmodels. formula. api import ols

from statsmodels. stats. anova import anova_lm

d = pd. read_csv("D:\data\PlantGrowth. csv")

d

model = ols('weight ~ group',d). fit()

anovat = anova_lm(model)

print(anovat)

（6）偏相关系数：当存在多个变量，且要研究两个连续变量间关系时，可以考虑消除其他变量的影响，利用偏相关系数判断两个变量间的关系强弱。假设 $Y = (y_1, \cdots, y_q, y_{q+1}, \cdots, y_p)'$ 且服从 $N(\mu, \Sigma)$，$\Sigma > 0$，将 Y 分解为 $Y_1 = (y_1, \cdots, y_q)'$ 和 $Y_2 = (y_{q+1}, \cdots, y_p)'$ 两部分，那么：

$$\Sigma = \begin{pmatrix} \Sigma_{11} & \Sigma_{12} \\ \Sigma_{21} & \Sigma_{22} \end{pmatrix}$$

在给定 Y_2 条件下，$Y_1 \sim N_q(\mu_{1|2}, \Sigma_{1|2})$，其中，$\mu_{1|2} = \mu_1 + \Sigma_{12}\Sigma_{22}^{-1}(Y_2 - \mu_2)$，$\Sigma_{1|2} = \Sigma_{11} - \Sigma_{12}\Sigma_{22}^{-1}\Sigma_{21}$。记 $\Sigma_{1|2} = (\sigma_{ij|q+1,\cdots,p})_{i,j=1,\cdots,q}$，那么在给定 Y_2 条件下，y_i 和 y_j 的偏相关系数为：

$$\rho_{ij|q+1,\cdots,p} = \frac{\sigma_{ij|q+1,\cdots,p}}{\sqrt{\sigma_{ii|q+1,\cdots,p}} \sqrt{\sigma_{jj|q+1,\cdots,p}}}$$

例 2.6 states 数据。该数据是 R 中自带 state. x77 数据中的部分数据。该数据包括 1977 年美国 50 个州的人口"Population"、收入"Income"、文盲率"Illiteracy"、预期寿命"Life Exp"、谋杀率"Murder"和高中毕业率"HS Grad"。这里计算的是在控制了收入、文盲率和高中毕业率时,人口和谋杀率两个连续变量之间的偏相关系数。

下面用 R 实现连续变量之间的偏相关系数(如图 2.11 所示):

library(ggm)

#调用偏相关系数 pcor() 函数的软件包

states < - state. x77[,1:6]

#选择前6列,命名为新数据集 states

pcor(c(1,5,2,3,6),cov(states))

#c(1,5,2,3,6)依次是 states 数据中的人口、谋杀率、收入、文盲率和高中毕业率变量,cov(states) 表示 states 数据的协方差。

```
> library(ggm)
> states<-state.x77[,1:6]
> pcor(c(1,5,2,3,6),cov(states))
[1] 0.3462724
```

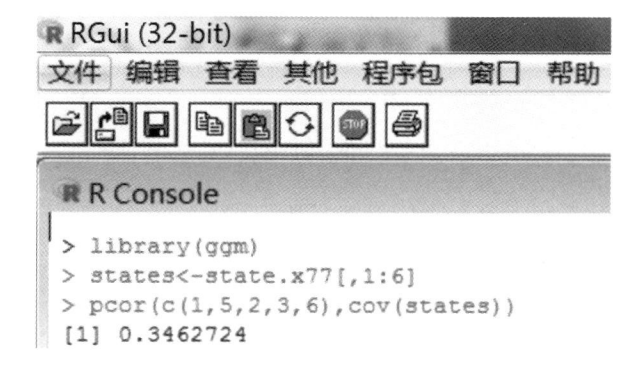

图 2.11 用 R 实现连续变量之间的偏相关系数

实际上,偏相关系数可以通过变量分别与其余变量建立回归关系,然后计算两个残差间的 Pearson 相关系数。R 语言实现该种计算方式的程序如下:

states < - state. x77[,c(1:3,5:6)]

#选择前6列,命名为新数据集 states

m1 = lm(states[,1] ~ states[,2] + states[,3] + states[,5])

summary(m1)

m2 = lm(states[,4] ~ states[,2] + states[,3] + states[,5])

summary(m2)

cor(summary(m1)$residuals,summary(m2)$residuals) #0.3462724

2.2.2 多个指标间相关关系测度方法

(1) 复相关系数：当需要测量一个变量y_1与其他向量变量Y_2之间的相关关系［且(y_1, Y_2)服从正态分布］时，无法直接进行计算，因此需要考虑构造一个关于Y_2的线性组合$\beta^T \times Y_2$。例如，用y_1对Y_2作回归即可得到Y_2的线性组合$\beta^T \times Y_2$。复相关系数的计算公式为：

$$\begin{aligned}
\rho_{y_1, Y_2} &= \sup \rho_{y_1, \beta^T \times Y_2} \\
&= \sup \frac{\text{cov}(y_1, \beta^T \times Y_2)}{\sqrt{\text{var}(y_1)}\sqrt{\text{var}(\beta^T \times Y_2)}} \\
&= \sup \frac{\text{cov}(y_1, Y_2)\beta}{\sqrt{\text{var}(y_1)}\sqrt{\beta^T \text{var}(Y_2)\beta}} \\
&= \frac{1}{\sqrt{\text{var}(y_1)}} \sup \frac{\text{cov}(y_1, Y_2)\beta}{\sqrt{\beta^T \text{var}(Y_2)\beta}} \\
&= \frac{1}{\sqrt{\text{var}(y_1)}} \sup \sqrt{\frac{(\text{cov}(y_1, Y_2)\beta)^2}{\beta^T \text{var}(Y_2)\beta}} \\
&= \sqrt{\frac{\text{cov}(y_1, Y_2)\text{var}(Y_2)^{-1}\text{cov}(Y_2, y_1)}{\text{var}(y_1)}}
\end{aligned}$$

这里，$\beta = \text{var}(Y_2)^{-1}\text{cov}(Y_2, y_1)$时取最大值。显然，复相关系数取值范围是[0, 1]。

本部分仍然使用例2.6的数据，研究以谋杀率为变量，人口、收入、文盲率、预期寿命为向量的复相关系数。下面用R加以实现（如图2.12所示）：

library（ggm）

#调用偏相关系数pcor（）函数的软件包

states < - state. x77[,1∶6]

#选择前6列，命名为新数据集states

v1 < - cov(states[,5],states[,5]);v1

#计算谋杀率变量自身的协方差

v2 <- cov(states[,5],states[,-5]);v2
#计算谋杀率变量与向量的协方差
v3 <- cov(states[,-5],states[,5]);v3
#计算向量与谋杀率变量的协方差
v4 <- cov(states[,-5],states[,-5]);v4
#计算向量自身的协方差
sqrt(v2%*%solve(v4)%*%v3/v1)
#计算复相关系数

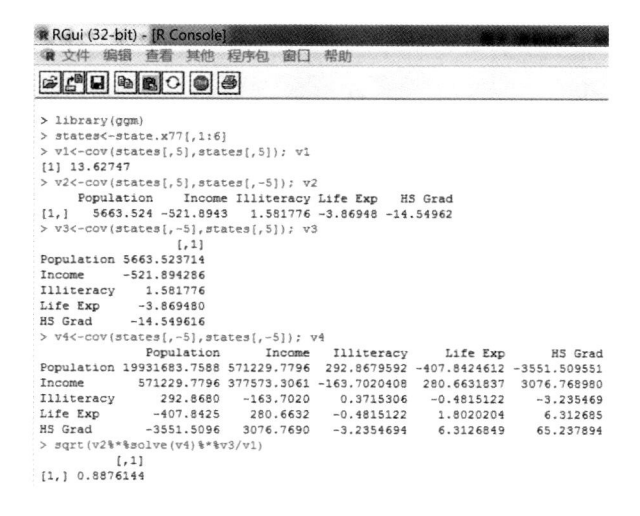

```
> library(ggm)
> states<-state.x77[,1:6]
> v1<-cov(states[,5],states[,5]); v1
[1] 13.62747
> v2<-cov(states[,5],states[,-5]); v2
     Population   Income Illiteracy  Life Exp   HS Grad
[1,]   5663.524 -521.8943   1.581776  -3.86948 -14.54962
> v3<-cov(states[,-5],states[,5]); v3
                [,1]
Population  5663.523714
Income      -521.894286
Illiteracy     1.581776
Life Exp      -3.869480
HS Grad      -14.549616
> v4<-cov(states[,-5],states[,-5]); v4
            Population     Income Illiteracy   Life Exp    HS Grad
Population 19931683.7588 571229.7796 292.8679592 -407.8424612 -3551.509551
Income       571229.7796 377573.3061 -163.7020408  280.6631837  3076.768980
Illiteracy      292.8680   -163.7020    0.3715306   -0.4815122    -3.235469
Life Exp       -407.8425    280.6632   -0.4815122    1.8020204     6.312685
HS Grad       -3551.5096   3076.7690   -3.2354694    6.3126849    65.237894
> sqrt(v2%*%solve(v4)%*%v3/v1)
           [,1]
[1,] 0.8876144
```

图 2.12　用 R 实现复相关系数

（2）典型相关分析中的相关系数：当需要测量两个服从正态分布的向量 X 和 Y 之间的相关关系时，可借鉴与复相关系数类似的方法，分别构造 X 和 Y 的线性组合：$\alpha^T \times X$ 和 $\beta^T \times Y$。向量 X 和 Y 之间的相关关系可以用 $\alpha^T \times X$ 和 $\beta^T \times Y$ 的相关系数的最大值来描述，计算公式如下：

$$\begin{aligned} \rho_{X,Y} &= \sup \rho_{\alpha^T \times X, \beta^T \times Y} \\ &= \sup \frac{\mathrm{cov}(\alpha^T \times X, \beta^T \times Y)}{\sqrt{\mathrm{var}(\alpha^T \times X)}\sqrt{\mathrm{var}(\beta^T \times Y)}} \\ &= \sup \frac{\alpha^T \mathrm{cov}(X,Y)\beta}{\sqrt{\alpha^T \mathrm{var}(X)\alpha}\sqrt{\beta^T \mathrm{var}(Y)\beta}} \end{aligned}$$

显然，该相关系数取值范围是 [0, 1]。

本部分仍然使用例 2.6 的数据，对由收入、预期寿命组成的向量和由文盲率、高中毕业率组成的向量进行典型相关分析，计算相关系数。下面用 R 加以实现（如图 2.13 所示）：

states < - state.x77[,c(2,4,3,6)]

#选择第 2, 4, 3, 6 列，分别表示收入、预期寿命、文盲率和高中毕业率，命名为新数据集 states

ca < - cancor(states[,1:2],states[,3:4]);ca

#计算典型相关分析中的相关系数

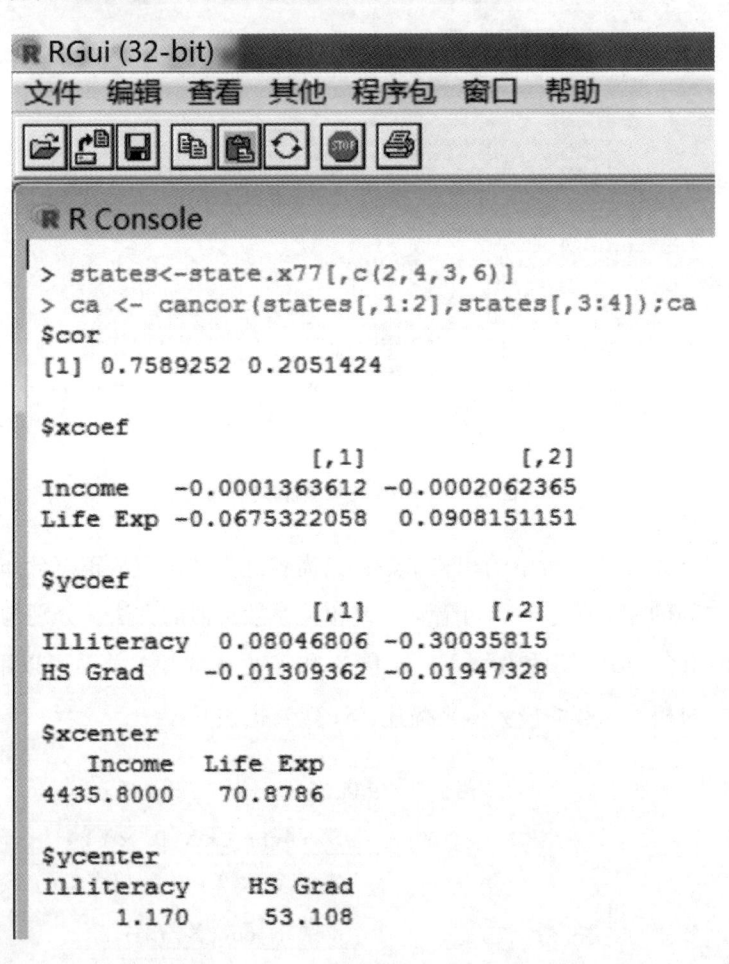

```
R RGui (32-bit)
文件 编辑 查看 其他 程序包 窗口 帮助

R R Console
> states<-state.x77[,c(2,4,3,6)]
> ca <- cancor(states[,1:2],states[,3:4]);ca
$cor
[1] 0.7589252 0.2051424

$xcoef
                  [,1]          [,2]
Income    -0.0001363612 -0.0002062365
Life Exp  -0.0675322058  0.0908151151

$ycoef
                  [,1]          [,2]
Illiteracy  0.08046806 -0.30035815
HS Grad    -0.01309362 -0.01947328

$xcenter
   Income   Life Exp
  4435.8000   70.8786

$ycenter
Illiteracy   HS Grad
    1.170     53.108
```

图 2.13 用 R 计算典型相关分析中的相关系数

2.3 实战案例：统计年鉴指标相关关系研究

2.3.1 研究背景与指标解释

科学技术工作者（以下简称科技工作者）是经济社会高质量发展的人才资源，是实施创新驱动发展的动力源泉，更是科协组织履行服务职能的主要对象。自1958年《关于建立"中华人民共和国科学技术协会"的决议》中首次出现"科学技术工作者"这个具有中国特色的名词后，科协章程、制度、文件乃至《中华人民共和国科学技术进步法》和《中华人民共和国科学技术普及法》均不同程度地出现"科技工作者"相关表述。2022年1月1日起实行的《中华人民共和国科学技术进步法》第一章总则第十八条"每年5月30日为全国科技工作者日"，第六章标题是"科学技术人员"。《中华人民共和国科学技术普及法》中也两次出现"科学技术工作者"。

服务科技工作者是中国科学技术协会（以下简称中国科协）的重要职能。自2006年中国科协第七次全国代表大会将"为科技工作者服务"写入中国科协章程时起，服务科技工作者就成为对科协职责定位的一项重要内容。在10年左右的时间里，"为经济社会发展服务，为提高全民科学素质服务，为科学技术工作者服务"组成科协"三服务"的重要内容。2016年5月底召开的中国科协第九次全国代表大会将"三服务"扩展为"四服务"，它们是"为科学技术工作者服务，为创新驱动发展服务，为提高全民科学素质服务，为党和政府科学决策服务"[1]。在内容上保留了"为科学技术工作者服务"和"为提高全民科学素质服务"，去掉的是"为经济社会发展服务"，与时俱进地增加了"为创新驱动发展服务"和"为党和政府科学决策服务"。在顺序上，"为科学技术工作者服务"由"三服务"中的第三个上升为"四服务"中

---

[1] 全国科技创新大会 两院院士大会 中国科协第九次全国代表大会在京召开 [EB/OL]. 中国人民网，https：//www.gov.cn/xinwen/2016-05/30/content_ 5078085.htm#l 2016-5-30.

的第一个，在一定程度上反映出"为科学技术工作者服务"的重要性。

为科技工作者服务是中国科协统计事业发展的一项重要内容。中国科协2020年度事业发展统计公报数据显示，为科技工作者服务的情况主要反映在思想政治教育及能力提升、表彰举荐、媒体宣传和志愿服务共四个方面。这些方面又通过不同的具体指标加以反映。例如，思想政治教育及能力提升是通过开展科学道德与学风建设宣讲活动次数、宣讲活动受众人次、举办干部教育培训班期数等加以具体体现。在综合上述四个方面不同指标时，如何构建出面向服务科技工作者的科协统计事业发展指数，并用于综合反映为科技工作者服务状况，具有很大的研究意义和应用价值。

下面给出反映科技工作者服务状况的几个主要指标进行解释。

（1）向省部级（含）以上科技奖项、人才计划（工程）举荐获奖人才数是指本年度本单位向省部级（含）以上科技奖项、人才计划（工程）举荐并获得奖励、支持的人才数。

（2）向省部级（含）以上科技奖项推荐获奖项目数是指本年度本单位向省部级（含）以上科技奖项（成果奖）举荐的项目数，以及获得奖励的项目数。

（3）科技人才信息库是指截至本年12月31日，本单位或者本单位牵头或参与建设、运行维护、开发利用的，为充分发挥科协联系科技工作者的桥梁纽带作用，进一步推进科技决策的科学化和民主化水平，推动科技领域专家发挥在科技管理和决策中的咨询和参谋作用，建设主要以自然科学领域各主要学科与行业的高层次科技人才专家为主体的信息库，包括科技人才库、科技工作者信息库、学会会员信息库等。

（4）科技奖项名称是指截至本年12月31日，本单位设立的奖项名称，涵盖了人物奖和成果奖，科技奖和科普类奖项等，不包括一般的表扬鼓励和专门针对本单位工作人员的表彰奖励。注意事项：由本单位设立的奖项，包括本年度暂未开展表彰活动但奖项实际存在的奖项；不包括本单位或单位人员在其他单位获得的奖项。

（5）表彰奖励科技工作者是指本年度本单位正式行文表彰（含命名）的，在科技工作中有特殊贡献的科技人员，不包括一般的表扬鼓励和专门针对本单位工作人员的表彰奖励。

（6）通过媒体宣传科技工作者人次是指本年度本单位从宣传党和政府对科技事业的重视和支持、展示我国科技事业的重大进展和成就、推出优秀科技工作者和团队典型、弘扬科学精神和科学思想以及传播科学知识和科学方法五个重点宣传内容方面宣传的科技工作者。

（7）科技志愿服务活动是指本年度本单位或本单位牵头组织科技志愿者、科技志愿服务组织为服务科技工作者、服务创新驱动发展、服务全民科学素质提高、服务党和政府科学决策，在科技攻关、成果转化、人才培养、智库咨询、为提高全民科学素质服务等方面自愿、无偿向社会或者他人提供的公益性科技类服务活动。

（8）科技志愿服务组织是指截至本年12月31日，各级科协、学会和相关机构成立的科技志愿者协会、科技志愿者队伍、科技志愿服务团（队）等。

（9）科技志愿者人数是指截至本年12月31日，本单位登记注册的科技志愿者人数，包括原科普志愿者。科技志愿者是指不以物质报酬为目的，利用自己的时间、科技技能、科技成果、社会影响力等，自愿为社会或他人提供公益性科技类服务的科技工作者、科技爱好者和热心科技传播的人士等。

2.3.2 指标间逻辑关系梳理

在《中国科学技术协会统计年鉴2021》中关于服务科技工作者的指标基础上，本书根据指标间逻辑关系和具体内涵，对服务科技工作者相关指标间逻辑关系进行梳理，形成指标体系。在坚持指标体系表意不重复基本原则的基础上，公布的年鉴中并非所有指标均被纳入表2.2的指标体系中，主要表现在三个方面：（1）表彰举荐方面。仅将设立科技奖项个数作为三级标题，而其中具体包括的人物类奖项数、成果类奖项数不纳入指标体系。仅将表彰奖励科技工作者人次作为三级标题，而其中具体包括的表彰奖励女性科技工作者、表彰奖励45岁及以下科技工作者不纳入指标体系。（2）媒体宣传方面。仅将通过媒体宣传科技工作者人次作为三级标题，而其中具体包括的按照媒体级别分类和按照媒体介质分类的具体情况不纳入指标体系。

(3) 科技志愿服务方面。未纳入专职科普人员和兼职科普人员。

表 2.2　　　　　　　　服务科技工作者指标体系

一级标题	二级标题	三级标题	符号
思想政治教育能力提升①	思想政治教育举办情况	举办科学道德与学风建设宣讲活动次数②	q1
	思想政治教育参与情况	科学道德与学风建设宣讲活动受众人次	q2
干部教育培训能力提升	干部教育培训情况	举办干部教育培训班期数	q3
		干部教育培训班参训人次	q4
	继续教育培训情况	举办继续教育培训班期数	q5
		继续教育培训班参训人次	q6
科技志愿服务	科技志愿服务活动情况③	举办科技志愿服务活动次数	q7
		参与科技志愿服务活动人次	q8
	科技志愿服务规模	科技志愿服务组织个数	q9
		科技志愿者人数	q10
表彰举荐	省部级以上举荐或推荐情况	向省部级（含）以上科技奖项、人才计划（工程）举荐的人才数④	q11
		向省部级（含）以上科技奖项推荐获奖的项目数⑤	q12
	表彰奖励情况	表彰奖励科技工作者人次	q13
媒体宣传	媒体宣传科技工作者情况	通过媒体宣传科技工作者人次⑥	q14

---

① 思想政治教育是指以传播党的政治理论观点、路线方针政策、科学学风道德为主要内容，增强科技工作者对党的政治认同、思想认同、理论认同和情感认同。

② 科学道德与学风建设是指宣讲科学精神、科学道德、科学伦理和科学规范。

③ 科技志愿服务活动是指以本年度本单位或本单位牵头组织科技志愿者、科技志愿服务组织为服务科技工作者、服务创新驱动发展、服务全民科学素质提高、服务党和政府科学决策，在科技攻关、成果转化、人才培养、智库咨询、科学普及等方面自愿、无偿向社会或他人提供的公益性科技类服务活动。

④ 向省部级（含）以上科技奖项、人才计划（工程）举荐获奖人才数是指本年度本单位向省部级（含）以上科技奖项（人物奖）、人才计划（工程）举荐并获得奖励、支持的人才数。

⑤ 向省部级（含）以上科技奖项推荐获奖项目数是指本年度本单位向省部级（含）以上科技奖项（成果奖）举荐的项目数，以及获得奖励的项目数。

⑥ 通过媒体宣传科技工作者人次是指本年度本单位从宣传党和政府对科技事业的重视和支持、展示我国科技事业的重大进展和成就、推出优秀科技工作者和团队典型、弘扬科学精神和科学思想及传播科学知识和科学方法五个重点宣传内容方面宣传的科技工作者。

2.3.3 相关系数计算与展示

下面对2020年各省级科协服务科技工作者指标的Pearson相关系数进行计算,并给出检验结果,结果如表2.3所示。不难发现,所有P值的取值为0.00,说明所有指标之间均呈现出显著相关性。此外,本书还得出了各市级科协服务科技工作者指标相关系数及检验结果,所有指标之间相关关系均通过了显著性检验。

表2.3　2020年各省级科协服务科技工作者指标相关系数及检验结果

项目		q1	q2	q3	q4	q5	q6	q7	q8	q9	q10	q11	q12	q13	q14
q1	系数	1.00	0.91	0.85	0.84	0.84	0.84	0.79	0.66	0.77	0.78	0.86	0.67	0.88	0.86
	P值	—	0.00	0.00	0.00	0.00	0.00	0.00	0.00	0.00	0.00	0.00	0.00	0.00	0.00
q2	系数	0.91	1.00	0.89	0.91	0.92	0.91	0.85	0.71	0.87	0.85	0.95	0.74	0.94	0.92
	P值	0.00	—	0.00	0.00	0.00	0.00	0.00	0.00	0.00	0.00	0.00	0.00	0.00	0.00
q3	系数	0.85	0.89	1.00	0.98	0.88	0.89	0.86	0.70	0.83	0.84	0.93	0.72	0.93	0.89
	P值	0.00	0.00	—	0.00	0.00	0.00	0.00	0.00	0.00	0.00	0.00	0.00	0.00	0.00
q4	系数	0.84	0.91	0.98	1.00	0.90	0.92	0.88	0.71	0.85	0.86	0.96	0.73	0.95	0.91
	P值	0.00	0.00	0.00	—	0.00	0.00	0.00	0.00	0.00	0.00	0.00	0.00	0.00	0.00
q5	系数	0.84	0.92	0.88	0.90	1.00	0.99	0.85	0.70	0.82	0.83	0.92	0.82	0.94	0.91
	P值	0.00	0.00	0.00	0.00	—	0.00	0.00	0.00	0.00	0.00	0.00	0.00	0.00	0.00
q6	系数	0.84	0.91	0.89	0.92	0.99	1.00	0.84	0.70	0.81	0.83	0.93	0.79	0.94	0.90
	P值	0.00	0.00	0.00	0.00	0.00	—	0.00	0.00	0.00	0.00	0.00	0.00	0.00	0.00
q7	系数	0.79	0.85	0.86	0.88	0.85	0.84	1.00	0.80	0.87	0.98	0.90	0.69	0.88	0.85
	P值	0.00	0.00	0.00	0.00	0.00	0.00	—	0.00	0.00	0.00	0.00	0.00	0.00	0.00
q8	系数	0.66	0.71	0.70	0.71	0.70	0.70	0.80	1.00	0.71	0.84	0.75	0.59	0.76	0.72
	P值	0.00	0.00	0.00	0.00	0.00	0.00	0.00	—	0.00	0.00	0.00	0.00	0.00	0.00
q9	系数	0.77	0.87	0.83	0.85	0.82	0.81	0.87	0.71	1.00	0.87	0.88	0.67	0.87	0.88
	P值	0.00	0.00	0.00	0.00	0.00	0.00	0.00	0.00	—	0.00	0.00	0.00	0.00	0.00
q10	系数	0.78	0.85	0.84	0.86	0.83	0.83	0.98	0.84	0.87	1.00	0.91	0.69	0.88	0.85
	P值	0.00	0.00	0.00	0.00	0.00	0.00	0.00	0.00	0.00	—	0.00	0.00	0.00	0.00

续表

项目		q1	q2	q3	q4	q5	q6	q7	q8	q9	q10	q11	q12	q13	q14
q11	系数	0.86	0.95	0.93	0.96	0.92	0.93	0.90	0.75	0.88	0.91	1.00	0.78	0.97	0.95
	P值	0.00	0.00	0.00	0.00	0.00	0.00	0.00	0.00	0.00	0.00	—	0.00	0.00	0.00
q12	系数	0.67	0.74	0.72	0.73	0.82	0.79	0.69	0.59	0.67	0.69	0.78	1.00	0.76	0.76
	P值	0.00	0.00	0.00	0.00	0.00	0.00	0.00	0.00	0.00	0.00	0.00	—	0.00	0.00
q13	系数	0.88	0.94	0.93	0.95	0.94	0.94	0.88	0.76	0.87	0.88	0.97	0.76	1.00	0.95
	P值	0.00	0.00	0.00	0.00	0.00	0.00	0.00	0.00	0.00	0.00	0.00	0.00	—	0.00
q14	系数	0.86	0.92	0.89	0.91	0.91	0.90	0.85	0.72	0.88	0.85	0.95	0.76	0.95	1.00
	P值	0.00	0.00	0.00	0.00	0.00	0.00	0.00	0.00	0.00	0.00	0.00	0.00	0.00	—

2.4 思考与练习

1. 请归纳不同变量类型下，适用的相关关系计算方法（可以不局限于本书的内容）。

2. 常用的相关关系计算方法有哪些？请任选其中一种，对自己手头的实际数据进行应用研究，形成书面小报告。

3. 请思考相关关系的研究还有哪些重要作用，与本书后面要讲述的回归关系存在何种联系和区别。

4. 利用 R 自带的鸢尾花数据，逐行运行下列程序，并比较选择参数 method 的不同指定值时，这几种相关系数的可视化结果。

library(psych)

#加载软件包

library(corrplot)

#加载软件包

data(iris)

#鸢尾花数据集

head(iris)

#查看数据集前五行

irisnew < - iris[, -5]

#去除第五列

cormat < - corr. test(irisnew)

#相关系数分析及显著性检验

#最简单的相关系数矩阵可视化

corrplot(cormat$r,method = " ")

#参数 method 的选项有：square，number，shade，ellipse，pie 等

5. 下面给出几个相关系数可视化的例子，供读者练习。

(1) R 可视化：方格热力相关关系图（如图 2.14 所示）。

cor = cor （mtcars）

#计算 mtcars 数据中所有变量两两之间的相关系数

colors = head(colors( ),11)

#利用 colors( ) 选择前 11 种颜色（变量个数为 11）

image(1 : 11,1 : 11,cor,axes = F,ann = F,col = colors)

#绘制图形

#image (1 : 11，1 : 11，cor，col = colors) 保证基本的相关系数方格图，其中，"1 : 11，1 : 11" 表示指定排列 11 行 11 列，cor 表示待排列的内容，col 表示指定的颜色

#axes = F 表示不要坐标轴及坐标

#ann = F 表示不要坐标轴名称

text(rep(1 : 11,11),rep(1 : 11,each = 11),round(100 * cor))

#添加注释，内容为相关系数，为保证展示效果，相关系数乘以 100

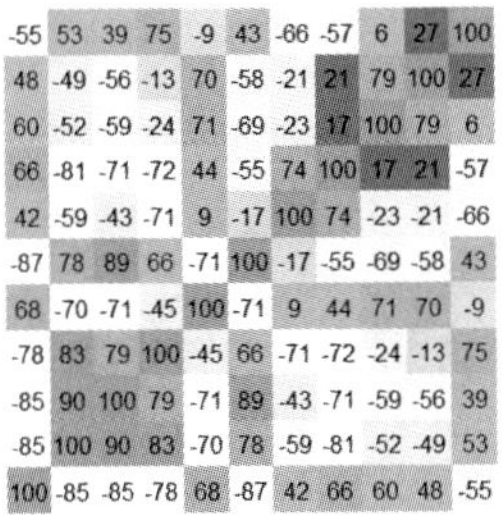

图 2.14　方格热力相关关系图

(2) R 可视化：圆形相关关系图（如图 2.15 所示）。

install. packages("ellipse")

#安装 ellipse 软件包

library(ellipse)

#调用 ellipse 软件包

cor = cor(mtcars)

#计算 mtcars 数据中所有变量两两之间的相关系数

col = colors[as. vector(apply(cor,2 ,rank))]

#确定颜色，根据相关系数 cor 的值，按列取秩

plotcorr(cor,col = col)

#绘制图形

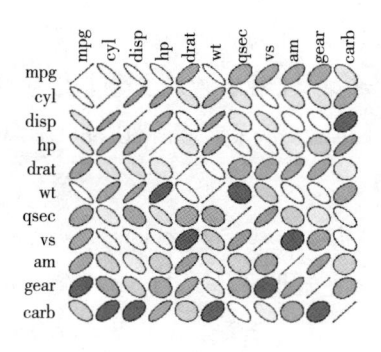

图 2.15　圆形相关关系图

(3) R 可视化：黑白圆形相关关系图（如图 2.16 所示）。

cor = cor （mtcars)

#计算 mtcars 数据中所有变量两两之间的相关系数

circle. cor = function(cor)

{

　　n = nrow(cor)

　　plot(c(0,n + 1) ,c(0,n + 1) ,axes = F,xlab = '',ylab = '')

　　segments(rep(0. 5,n + 1) ,0. 5 + 0： n,rep(n + 0. 5,n + 1) ,0. 5 + 0：

n,col = 'gray')

　　segments(0. 5 + 0： n,rep(0. 5,n + 1) ,0. 5 + 0： n,rep(n + 0. 5,n) ,col

```
        = 'gray')
    for(i in 1 : n)
    {
      for(j in 1 : n)
      {
        c = cor[i,j]
        bg = switch(as.integer(c > 0) + 1,'white','black')
        symbols(i,j,circles = sqrt(abs(c))/2.5,add = T,inches = F,bg = 
        bg)
      }
    }
}
circle.cor(cor)
```

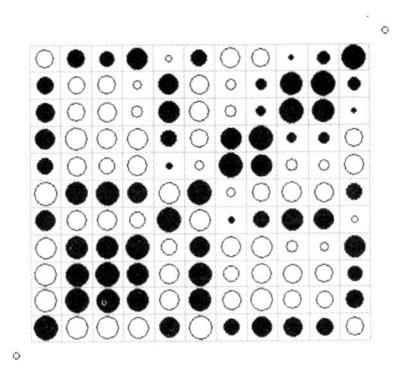

图 2.16　圆形相关关系图

(4) Python 可视化：彩色热力相关关系图（如图 2.17 所示）。

```python
import seaborn as sns
import numpy as np
import pandas as pd


a = np.random.rand(3,3)
#生成3行3列的矩阵，元素为随机数
```

```
fig,ax = plt. subplots(figsize = (5,3))
#规定图的尺寸
sns. heatmap( pd. DataFrame( np. round( a,2) , columns = [ 'A', 'B', 'C'] ,
index = range(1,4)) , annot = True) #,cmap = "Y1GnBu" )
#绘图
ax. set_title( 'Title', fontsize = 10)
#添加标题
ax. set_ylabel( 'Y', fontsize = 10)
#添加纵坐标轴名称
ax. set_xlabel( 'X', fontsize = 10)
#添加横坐标轴名称
```

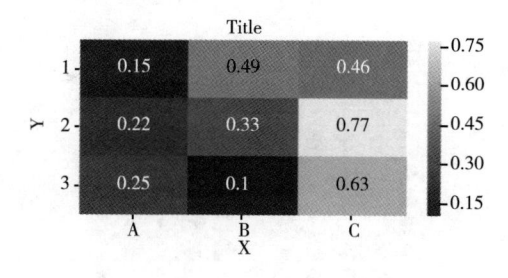

图 2.17 彩色热力相关关系图

(5) Python 可视化:黑白热力相关关系图(如图 2.18 所示)。

```
import pandas as pd
import seaborn as sns
import numpy as np
import os
import matplotlib. pyplot as plt

names = [ 'A', 'B', 'C', 'D', 'E', 'F']
#设置变量名
data = pd. read_csv( "D:\states. csv" )
#输入数据
```

```
correlations = data. corr( )
#求解相关系数
fig = plt. figure( )
#开始画图
ax = fig. add_subplot( figsize = (10,10))
#设置图片尺寸
ax = sns. heatmap( correction, cmap = plt. cm. Greys, annot = True)
#黑白热力图
plt. xticks( np. arange(6) + 0.5, names)
#横坐标标注点
plt. yticks( np. arange(6) + 0.5, names)
#纵坐标标注点
ax. set_title( 'Title')
#标题设置
plt. show( )
```

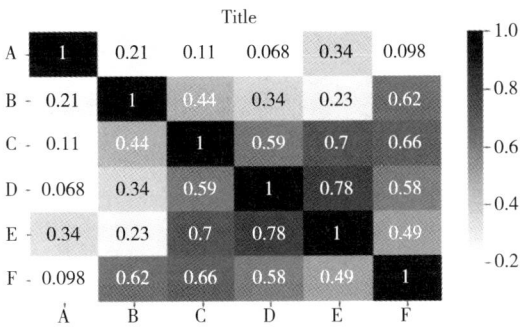

图 2.18 黑白热力相关关系图

2.5 延展性阅读

函数性典型相关分析突破了传统典型相关分析无法处理面板数据中函数

性变量间关系的研究问题（靳刘蕊，2010）。两种方法的差异主要体现在算法方面。

假设对两个函数 X，Y 在时间 t 的某个有限区间 T 内进行 N 次观测，得到 N 对观测曲线 (X_i, Y_i)，$i=1,2,\cdots,N$。设 ξ 和 η 表示典型变量权重函数。假设总体均值曲线已知，并已经在观测数据曲线中减去了均值曲线，则样本方差和协方差曲线可记为 ν_{11}、ν_{22}、ν_{12}，f 表示一个 t 的函数，$\nu_{11}f$ 表示为：$V_{11}f(s) = \int \nu_{11}(s,t)f(t)dt$，相应地定义 V_{11}、V_{12}。典型变量 (ξ, X_i) 与 (η, Y_i) 的样本相关系数的平方用 ccorsq (ξ, η) 表示。对于第一对典型变量的求解，即简单地寻找函数 ξ^1 和 η^1 使 ccorsq(ξ, η) 最大化。但是，从理论结果和实例来看，最大化求解并不能得到关于数据或模型的任何有意义的信息。假设 $z_1,\cdots,z_n$ 是任意的实数向量。在函数典型相关分析中，为了克服由函数型数据的高维引起的计算崩溃、无限维数据中不存在相应的自协方差算子及其逆矩阵等问题，必须施加正则化。因此，不仅可以找到使 ccorsq$(\xi, \eta)=1$ 的 ξ 和 η ［因为 (ξ, X_i) 与 (η, Y_i) 完全相关］，而且可以将典型变量 z_i 取包括常数在内的任何值。为了得到有意义的结果，典型变量权重函数的求解过程必须施加正则化，主要方法是粗糙惩罚法——用二阶导数积分的平方 $\|D^2f\|$ 来量化粗糙程度，并在适当的情况下施加周期性边界条件。典型相关分析中，平滑方式是在约束项中加入粗糙惩罚项，在评估特定的候选典型变量时，不仅要考虑其方差，还要考虑其粗糙性，因此，对惩罚样本相关系数平方的最大化问题可表达为：

$$\text{ccorsq}_{(\lambda_1,\lambda_2)}(\xi,\eta) = \frac{(\xi^1, V_{12}\eta^1)^2}{((\xi^1, V_{11}\xi^1)+\lambda_1\|D^2\xi^1\|^2)((\eta^1, V_{22}\eta^1)+\lambda_2\|D^2\eta^1\|^2)}$$

平滑参数 λ_1 和 λ_2 的值越大，表明对粗糙惩罚越重视，而对平滑典型相关分析得到的典型变量的真实相关性重视得越少。要得到既具有适当平滑的权重函数又具有合理的相关系数的这样一对典型变量，必须选择合适的平滑参数。一般地，仅考虑 $\lambda_1 = \lambda_2 = \lambda$ 的特殊情况对解决一般问题就足够充分。平滑参数可以主观地选取，也可以采用自动化过程选取，例如交叉确认法。若第一对典型变量不足以代表两个原始函数 X 和 Y，则可求其次要的典型变量。可采用与计算第一对典型变量时相同的平滑参数，计算次要典型变量相关系数。

随着财政支出的逐年增加,国内生产总值(GDP)呈现不断增长的态势。这是因为财政支出拉动了内需,带动了 GDP 的增长。作为探索变量间关系的一种重要研究方法,函数型数据分析通过平滑技术,将离散的原始数据转化为连续函数。这有助于同时处理更多的数据信息,实现函数及其各阶导数的可视化,更直观地探索曲线之间的差异及曲线内部的动态变化,从而挖掘出数据中蕴含的更多有意义的连续变化模式(严明义,2007)。因此,以函数型数据分析方法为工具,深入探索两者间的函数关系,成为一项必要而鲜有人研究的课题。

利用函数型典型相关分析方法,完成对 1996~2011 年我国 31 个省份 GDP 和财政支出间关系的研究。研究表明,31 个省份的 GDP 和财政支出都呈增长趋势,但增速差异明显,各省份间的差异越来越大。由财政支出和 GDP 的平均曲线可知 GDP 高于财政支出,它们保持持续增长,由一阶导数曲线可知 GDP 的增长速度始终快于财政支出的增长速度,随着时间的推移增速差异逐渐变大,由二阶导数曲线可知 GDP 的增速波动较大,财政支出的增速保持相对平稳增长,并在 2009~2010 年增速明显加快。由图 2.19 可以看出,GDP 与当期的财政支出相关性最高,与前期的财政支出也存在高度的相关性。

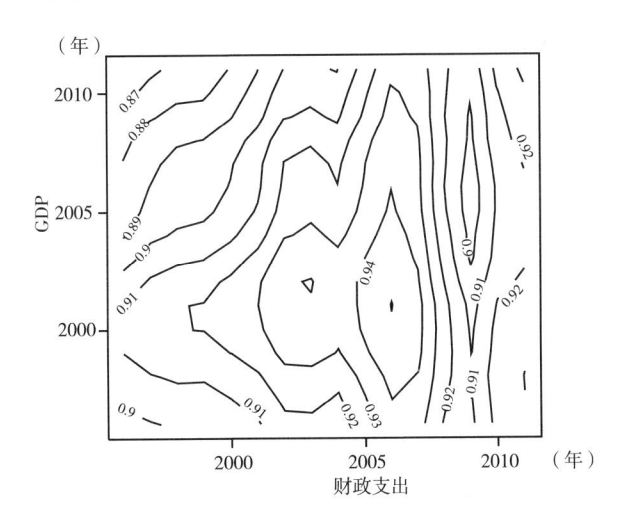

图 2.19 GDP 与财政相关函数等高图

在图 2.20 中,对于第一对典型变量权值函数,可以看出两条曲线非常相似，其中财政支出典型变量权重函数的变化先于 GDP，这表明在此期间出现财政支出偏离平均水平的高度变动之后出现了 GDP 偏离平均水平的高度变动。图 2.20 中第二对典型变量权重函数表明出现 GDP 偏离平均水平的高度变动之后出现了财政支出偏离平均水平的高度变动，第一对典型变量的相关系数平方为 0.963，第二对典型变量的相关系数平方为 0.723，说明这两个变量间的两种变化模式都具有很高的相关性。

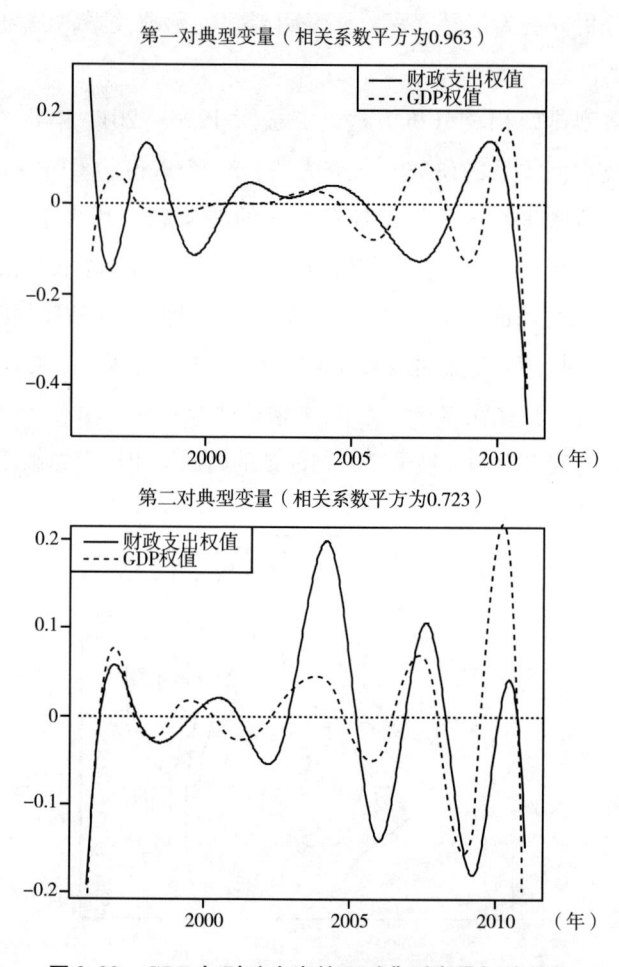

图 2.20　GDP 与财政支出的两对典型变量权值函数

从图 2.21 中可以看到，西藏、海南、宁夏、甘肃、贵州、内蒙古等地得分较高，表明在 GDP 和财政支出较低的地区，两者之间随时间的变化主要遵循第一对典型变量的变化模式，出现财政支出偏离平均水平的高度变动后很快出现 GDP 的高度变动。浙江、广东、上海、北京等 GDP 和财政支出较高的地区，财政支出和 GDP 主要遵循第二对典型变量的变化模式，即财政支出的变动滞后于 GDP 的变动。从中看出在不同经济发展程度的地区，财政支出与 GDP 的相关形式存在差异。在经济发展程度较高的地区，当地政府会依据当年的 GDP 水平调整财政支出，保持健康的财政状况，而在经济发展程度较低的地区，需要依托国家的财政投入拉动促进当地 GDP 的发展。

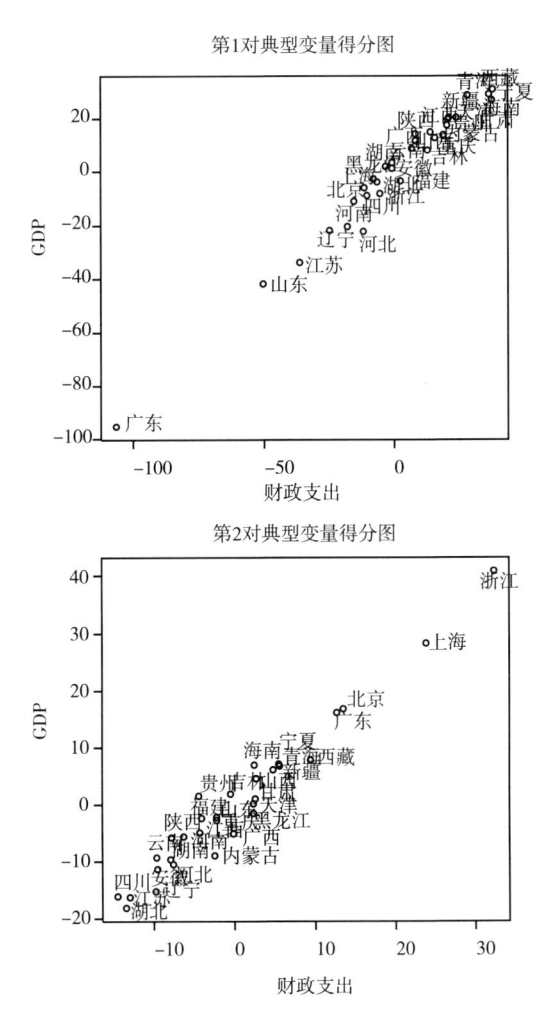

图 2.21　两对典型变量得分图

第 3 章
指标关联关系研究

3.1 指标间关联关系的基本界定

3.1.1 关联关系背景

除相关关系外，变量之间还有一种不确定的非函数关系广泛存在于生产生活中。下面用一则生动真实的故事来描述这种关系："尿布与啤酒"。美国沃尔玛拥有世界上最大的数据仓库系统，为了能够准确了解顾客在其门店的购买习惯，沃尔玛对其顾客的购物行为进行分析，想知道顾客经常一起购买的商品有哪些。研究发现，购物交易记录中，跟尿布最常同时出现的商品竟是啤酒。经过大量实际调查和分析，揭示了隐藏在"尿布与啤酒"背后的美国人的一种行为模式：在美国，一些年轻的父亲下班后经常要到超市去买婴儿尿布，而他们中有 30%~40% 的人同时也为自己买一些啤酒。产生这一现象的原因是：美国的太太们常叮嘱她们的丈夫下班后为小孩买尿布，而丈夫们在买尿布后又随手带回了他们喜欢的啤酒。

通过这则故事，我们发现变量间还存在着具有先后时间顺序的相关关系。显然，与上述相关关系分析不同的是，这里的变量更适合于表述为事件或行为。例如，当一个事件（行为）发生时，另一个事件（行为）也会发生，但又不一定发生。我们将这种反映一个事物与其他事物之间的相互依存性和关联性的分析过程称为关联分析。实际上,关联分析就是为了挖掘出由于某些事件的发生而引起另外一些事件的发生的相关规律。显然,通过挖掘购物篮中各商品间关系并分析顾客购买习惯的购物篮分析是关联分析的典型案例。

3.1.2 关联关系概念

当某事件发生时,其他事件也会发生,这种关系被称为关联。关联关系挖掘的过程实际上就是指挖掘对象间规律的过程。那么,在关联分析中如何量化这种关系及其强弱呢?有何方法或技术可用以实现这种关系的挖掘过程呢?要想研究清楚关联分析过程,需要先熟悉下面的一些概念。

(1) 将经常出现在一块儿的物品的集合称为频繁项集(frequent item sets),即符合最小支持度的项集。

(2) 常用的频繁项集的评估标准:支持度(support)、置信度(confidence)和提升度(lift)。在界定这三个评估标准前,先定义左边规则(在一条关联规则中,规则内左边的商品或商品集合,LHS)和右边规则(在一条关联规则中,规则内右边的商品或商品集合,RHS)。

支持度(support)指的是左边规则和右边规则所包括的商品同时出现的概率。某关联规则的支持度较高,那么说明该关联规则内购买左边商品后再购买右边商品的交易行为非常多。计算表达式为:

$$\text{support}\{\text{LHS}\rightarrow\text{RHS}\} = P(\text{LHS}\cup\text{RHS})$$

置信度(confidence)是指在所有购买了左边商品的交易中,同时购买右边商品的概率,即包含规则两边商品的交易次数/包含规则左边商品的交易次数。该评估标准用于衡量关联规则的可靠程度,若置信度非常高,则说明客户只要购买了左边商品就很有可能购买右边商品;反之,则说明客户在购买左边商品后,再购买右边商品的概率不高。计算表达式为:

$$\text{confidence}(\text{LHS}\rightarrow\text{RHS}) = \frac{P(\text{LHS}\cup\text{RHS})}{P(\text{LHS})}$$

提升度(lift)指的是两种可能性的比较,一种可能性是在已知购买了左边商品情况下购买右边商品的可能性，另一种可能性是任意情况下购买右边商品的可能性。两种可能性的比较方式可以定义为两种可能性的概率之比。计算表达式为：

$$\text{lift}(\text{LHS}\rightarrow\text{RHS}) = \frac{\text{confidence}(\text{LHS}\rightarrow\text{RHS})}{\text{support}\{\text{RHS}\}} = \frac{P(\text{LHS}\cup\text{RHS})}{P(\text{LHS})P(\text{RHS})}$$

（3）通常，对于每个评估标准，研究者可以人为设定一个阈值，大于该阈值的规则被认为是有实际意义的，相应地被称为最小支持度、最小置信度和最小提升度。

基于上述概念，关联分析过程的实现需要完成满足一定评估标准的频繁项集的挖掘过程。作为最常见的关联分析算法，Apriori 算法的目标在于找到数据集中所有符合最小支持度与最小置信度的项集。该算法利用频繁项集性质的先验知识，通过逐层搜索的迭代方法，将 k – 项集用于探查（k + 1） – 项集，以穷尽数据集中的所有频繁项集。但是，由于任何频繁项集的非空子集也是频繁项集（具体证明过程略），该算法大大减少了搜索次数，提高了搜索效率。这也是 Apriori 算法被广泛应用于关联分析的原因。

3.2　指标间关联关系的测度方法

3.2.1　指标间关联关系测度方法

Apriori 是一种发现频繁项集的方法。那么，如何发现频繁项集呢？它依据的原理是频繁项集的所有子集都是频繁项集，包含非频繁项集的项集都不是频繁项集。具体来说，Apriori 的算法过程如下。

第一步：给定最小支持度（如20%），将所有单独的项都确定为候选项[例如，超市某日营业账单，每位顾客购买清单（如苹果＋香蕉）作为一条记录，其中每个被购买的商品（如苹果）即为单独项，也是候选项]，并将这些候选项称为集合 C1（其中，每个商品为一条记录，需要统计的是被多少顾客购买过)。剔除 C1 中比最小支持度小的候选项(假定一共有 100 位顾客消费,该商品被不到 20 位顾客购买过,就被剔除),形成频繁项集 S1(包括所有被大于等于 20 位顾客购买过的商品)。

第二步:也被称为连接步。两个频繁项集 S1 通过自连接形成具有 2 个项的候选项集合 C2(S1 中的元素都是单个商品,而 C2 中的元素是 S1 中每两个商品的组合)。

第三步:也被称为剪枝步。通过搜索 C2 中小于最小支持度的元素并剔除,形成频繁项集 S2(例如,S1 中某两个商品可能不会同时出现在某位顾客购买清单里)。

第四步:形成含有 3 个项的候选项集 C3,重复上述步骤,直到发现所有的频繁项集为止。

综上所述,Apriori 算法利用频繁项集的两点原理,过滤了很多无关的集合,效率提高不少。但通过具体过程不难发现,Apriori 算法是一个候选消除算法,每一次消除都需要搜索一次所有数据记录,造成整个算法在面临大数据集时显得无能为力。每次生成频繁项集时都需要遍历所有数据。

下面用 R 语言实现对某便民超市的部分日营业数据(market. csv 数据)的关联规则挖掘。

例 3.1　amarket. csv 数据。该数据为某家便民超市的部分日营业数据,一共 18 037 行(每一行是一个商品)、两列(流水号和商品名称,如图 3.1 所示)。下面通过 R 语言对该数据进行初步探索性分析,并实现 Apriori 算法。

data < - read. csv("D:\\market. csv")
summary(data)

```
    流水号              物品
 Min.   :1000141   APPLE :3073
 1st Qu.:1125830   BREAD :3197
 Median :1253037   CAFE  :1316
 Mean   :1252478   CAKE  : 594
 3rd Qu.:1381496   MILK  : 843
 Max.   :1500064   OIL   :2159
                   ORANGE:6855
```

图 3.1　变量描述性统计

library（arules）

#加载软件包

tr < - read. transactions（"D:\\market. csv", format = "single", cols = c（1,2）, sep = ","）

#read. transaction 函数是 arules 包中特有的载入关联规则数据的读取函数。其中，format 参数表示设定的数据类型（这里为 single），cols 参数表示数据的流水号所在列和商品所在列，sep = "," 表示用逗号将两列数据分开

inspect（tr）

#查看读取的数据

rules = apriori（tr, parameter = list（supp = 0.1, conf = 0.1, minlen = 2, maxlen = 10））

#关联规则建模。其中，supp 表示最小支持度，conf 表示最小置信度，minlen 表示规则中物品的最小个数，maxlen 表示规则中物品的最大个数

inspect（rules）

#查看运行规则

rulesData = as（rules, "data. frame"）

#将上述运行出的规则转换为数据框形式

rules = rules[which（rules@ quality$lift > 1）]

#设置最小提升度为1

inspect（rules）

#查看运行规则

rules. st = sort（rules, by = "support", decreasing = T）

#以提升度为标准，按降序排列

inspect（rules. st）

#查看运行规则

Apriori 算法运行结果如图 3.2 所示。

下面给出实现 Apriori 算法的 Python 程序：

class apriori_algorithm：

  def __init__（sf, minS, daS）：

```
         lhs               rhs        support   confidence lift     count
[1]  {APPLE}           => {ORANGE}    0.3842679 0.9410999  1.033219 2892
[2]  {ORANGE}          => {APPLE}     0.3842679 0.4218818  1.033219 2892
[3]  {CAFE}            => {ORANGE}    0.1748605 1.0000000  1.097885 1316
[4]  {ORANGE}          => {CAFE}      0.1748605 0.1919767  1.097885 1316
[5]  {OIL}             => {BREAD}     0.1377890 0.5328880  1.398366 1037
[6]  {BREAD}           => {OIL}       0.1377890 0.3615760  1.398366 1037
[7]  {BREAD,OIL}       => {ORANGE}    0.1330056 0.9652845  1.059771 1001
[8]  {OIL,ORANGE}      => {BREAD}     0.1330056 0.5652174  1.483203 1001
[9]  {BREAD,ORANGE}    => {OIL}       0.1330056 0.3939394  1.523529 1001
[10] {APPLE,BREAD}     => {ORANGE}    0.1136062 0.9760274  1.071566  855
```

图 3.2　Apriori 算法运行结果

```
#算法初始化
    sf.minS = minS
    #最小支持度
    sf.daS = daS
    #数据集
def loaddata(sf):
#加载数据集
    return[[1,3,4],[2,3,5],[1,2,3,5],[2,5]]
def generateC1(sf,daS):
#生成单个物品的项集列表
    C1 = []
    #用于存放生成的单个物品的项集列表
    #下面遍历数据集
    for data in daS:
        for item in data:
            if[item]not in C1:
                C1.append([item])
    C1.sort()
    return C1
def generateLk_by_Ck(sf,daS,Ck,minS,su_da):
#遍历数据集。
#其中，daS 表示数据集,
```

```
#Ck 表示包含所有频繁项集的集合,
#minS 表示最小支持度,
#su_da 表示频繁项集字典
        D = map(set,daS)
        C = map(frozenset,Ck)
        C1 = list(C)
#关于 map 对象的遍历,在内循环中遍历完最后一个元素后,
#再次访问时会放回空列表,所以外循环第二次进入时是空的,
#需要将其转为 list 处理
countData = dict()
for d in D:#set 遍历
    for c in C1:
        if c.issubset(d):
            #子集判断,并非元素判断
            if c not in countData.keys():
                countData[c] = 1
            else:
                countData[c] += 1
numItems = float(len(list(daS)))
returnList = []
supportData = dict()
#下面遍历前面得到的计数字典
for key in countData:
    support = countData[key]/ numItems
    if support >= minS:
        returnList.insert(0,key)
        #insert() 将指定对象插入列表的指定位置
        su_da[key] = support
return returnList
```

```
def generate_L(sf,daS,k,min_s):
    su_da = {}
    C1 = sf.generateC1(daS)
    L1 = sf.generateLk_by_Ck(daS,C1,min_s,su_da)
    Lksub1 = L1.copy()
    L = []
    L.append(Lksub1)
    for i in range(2,k + 1):
        Ci = sf.generateCK(Lksub1,i)
        Li = sf.generateLk_by_Ck(daS,Ci,min_s,su_da)
        Lksub1 = Li.copy()
        L.append(Lksub1)
    return L,su_da
def generateCK(sf,Lk,k):
    #产生候选频繁项集,Lk 表示频繁项集,k 表示项集元素个数
    Ck = set()
    len_Lk = len(list(Lk))
    list_Lk = list(Lk)
    for i in range(len_Lk):
        for j in range(1,len_Lk):
            l1 = list(list_Lk[i])
            l2 = list(list_Lk[j])
            l1.sort()
            l2.sort()
            if l1[0:k-2] == l2[0:k-2]:
                Ck_item = list_Lk[i] | list_Lk[j]
                if sf.isCk(Ck_item,list_Lk):
                    Ck.add(Ck_item)#Ck.add(Ck_item)
    return Ck
```

```python
def isCk(sf,Ck_i,li_L):
    #频繁项集判断
    for item in Ck_i:
        sub_Ck = Ck_i-frozenset([item])
        if sub_Ck not in li_L:
            return False
    return True
def generate_big_rules(sf,L,su_da,min_cf):
    #生成关联规则。
    #其中,L 表示所有频繁项集的列表,
    #su_da 表示每个频繁项集对应的支持度,
    #min_cf 表示最小可信度
    big_r_l = []
    s_s_l = []
    for i in range(0,len(L)):
        for f_s in L[i]:
            for s_s in s_s_l:
                if s_s.issubset(f_s):
                    conf = su_da[f_s]/su_da[f_s-s_s]
                    big_rule = (f_s-s_s,s_s,conf)
                    if conf >= min_cf and big_rule not in big_r_l:
                        print(f_s-s_s," => ",s_s,"conf:",conf)
                        big_r_l.append(big_rule)
            s_s_l.append(f_s)
    return big_r_l
if __name__ == '__main__':
    minS = 0.3
    daS = [[1,2,3,4,5],[2,3,5],[1,3,5],[2,4,5]]
```

apriori = apriori_algorithm(minS = minS,daS = daS)

L,su_da = apriori. generate_L(daS,3,minS)

big_r_l = apriori. generate_big_rules(L,su_da,0.7)

Apriori 算法的 Python 实现如图 3.3 所示。

```
frozenset({1}) => frozenset({3}) conf: 1.0
frozenset({3}) => frozenset({5}) conf: 1.0
frozenset({5}) => frozenset({3}) conf: 0.75
frozenset({1}) => frozenset({5}) conf: 1.0
frozenset({4}) => frozenset({2}) conf: 1.0
frozenset({2}) => frozenset({5}) conf: 1.0
frozenset({5}) => frozenset({2}) conf: 0.75
frozenset({4}) => frozenset({5}) conf: 1.0
frozenset({2, 4}) => frozenset({5}) conf: 1.0
frozenset({4, 5}) => frozenset({2}) conf: 1.0
frozenset({4}) => frozenset({2, 5}) conf: 1.0
frozenset({2, 3}) => frozenset({5}) conf: 1.0
frozenset({1, 3}) => frozenset({5}) conf: 1.0
frozenset({1, 5}) => frozenset({3}) conf: 1.0
frozenset({1}) => frozenset({3, 5}) conf: 1.0
```

图 3.3　Apriori 算法的 Python 实现

3.2.2　指标间关联关系可视化

下面通过 R 语言对 Apriori 算法运行的结果进行可视化，程序如下：

library(arulesViz)

#加载程序包

plot(rules,shading = "lift")

#以支持度为横坐标、置信度为纵坐标，提升度通过颜色深浅来表示，

#如图 3.4 所示

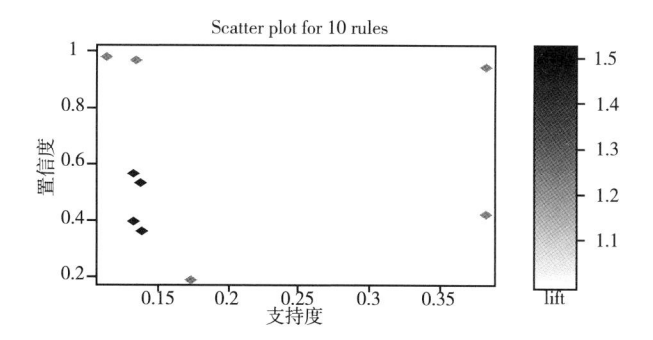

图 3.4　Apriori 散点图

plot(rules,method = "grouped")

#以左边规则为横坐标，右边规则为纵坐标，用大小表示支持度，

#用颜色表示提升度的气泡图，如图 3.5 所示

Grouped Matrix for 10 Rules

Size: suppor
Color: ilft

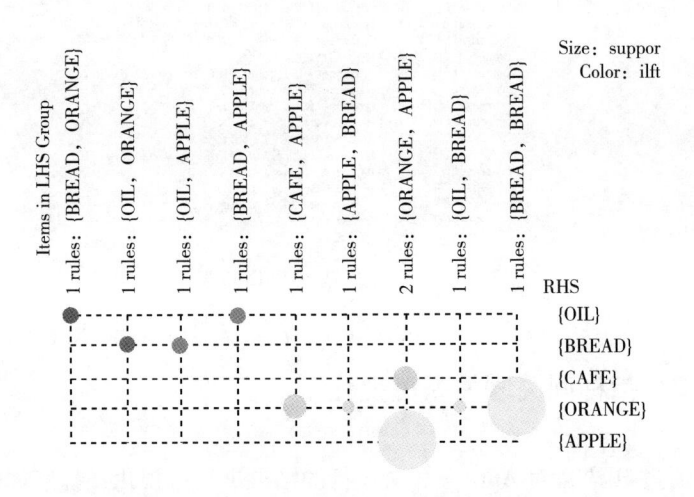

Items in LHS Group

1 rules: {BREAD, ORANGE}
1 rules: {OIL, ORANGE}
1 rules: {OIL, APPLE}
1 rules: {BREAD, APPLE}
1 rules: {CAFE, APPLE}
1 rules: {APPLE, BREAD}
2 rules: {ORANGE, APPLE}
1 rules: {OIL, BREAD}
1 rules: {BREAD, BREAD}

RHS
{OIL}
{BREAD}
{CAFE}
{ORANGE}
{APPLE}

图 3.5　Apriori 气泡图

下面采用 R 中的图像保存程序，将可视化结果保存为 pdf 格式文件。之所以要采用这种方式，一方面是向读者介绍 R 图像的保存操作，另一方面是根据实践经验，有时可能出于系统或版本的原因，关联规则图中各节点的连线在 R 窗口是无法显示的，在这种情况下，可以采用先保存的方式获得完整图像。

setwd("D:\\")

#定位

graph1 = paste("graph1" ,". pdf")

#命名图像名称

pdf(file = graph1 ,width = 5 ,height = 5)

#定义图像保存格式及尺寸

plot(rules,method = "graph" ,control = list(layout = igraph::with_fr( )))

#以大小圆表示支持度，以颜色表示提升度的关联规则图，圆之间存在

有向连线，如图 3.6 所示

dev. off( )

#保存

Graph for 10 rules
size：support（0.114–0.384）
color：lift（1.033–1.524）

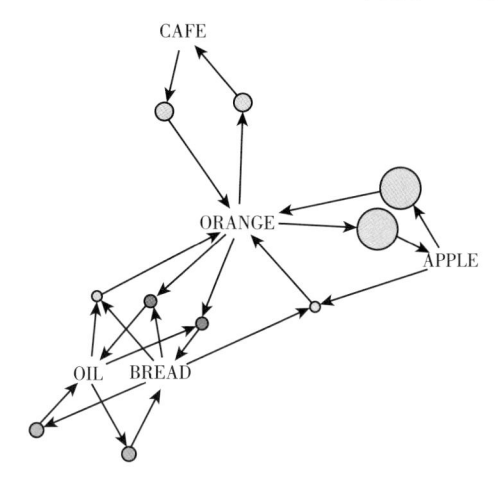

图 3.6　关联规则图

graph2 = paste("graph2" ,". pdf")

#命名图像名称

pdf(file = graph2 ,width = 5 ,height = 5)

#定义图像保存格式及尺寸

plot(rules ,method = " graph" ,control = list(layout = igraph∷in_circle( )))

#将图 3.6 中的所有圆排列为一个圆圈，如图 3.7 所示

dev. off( )

#保存

graph3 = paste("graph3" ,". pdf")

#命名图像名称

pdf(file = graph3 ,width = 5 ,height = 5)

#定义图像保存格式及尺寸

plot(rules ,method = " paracoord" ,control = list(reorder = T))

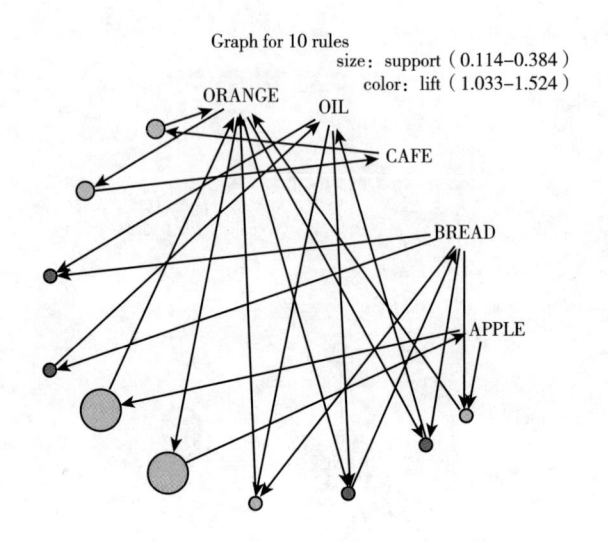

图 3.7 圆形关联规则图

#折现图展示方式，如图 3.8 所示
dev.off( )#保存

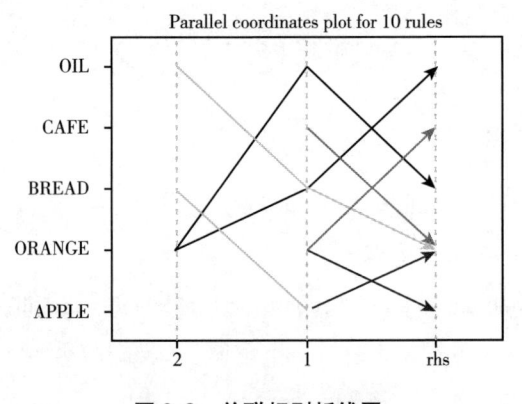

图 3.8 关联规则折线图

3.3 实战案例：医院信息系统指标关联关系研究

医院信息系统（hospital information system，HIS）数据库中，使用灯盏

细辛注射液的共有21 498例患者，本案例先分析使用灯盏细辛注射液患者的人口学分布特征（如年龄、性别、入院/出院病情等），再分析患者的并发症、合并用药，从而通过对真实世界数据库的分析，掌握服用灯盏细辛注射液的患者特征、疾病情况以及药物的使用剂量、合并用药的使用情况等，对药物的临床使用和深入分析具有指导意义。

3.3.1 基本信息

基本信息表中包含来自18家医院的共21 498位患者的年龄、性别、入院科室、住院时间等基本信息，下面对患者的这些基本信息进行统计分析，主要采用的分析方法为频数分析。

使用灯盏细辛注射液患者的年龄缺失6 509例，有效例数为14 989例，其分布情况如表3.1所示。患者年龄分布直方图如图3.9所示。

表3.1　　　　　　　　　患者年龄分布

总计（例）	缺失（例）	有效（例）	均值±标准差	最小值	最大值	中位数	95% CI 下界	95% CI 上界
21 498	6 509	14 989	58.86±16.54	4	102	60	58.59	59.12

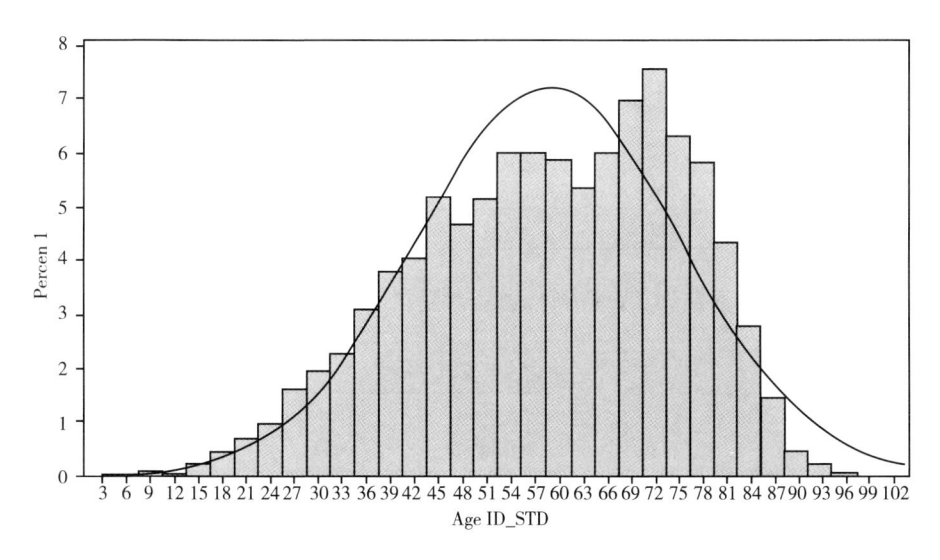

图3.9　患者年龄分布直方图

进一步将年龄分段：小于18岁、18～45岁、46～65岁、66～80岁、大于80岁。患者年龄分段分布如表3.2所示。

表3.2　　　　　　　　　各年龄段患者分布

年龄分段	频数	百分比（%）
小于18岁	94	0.63
18～45岁	3 331	22.22
46～65岁	5 526	36.87
66～80岁	4 839	32.28
大于80岁	1 199	8.00

患者性别缺失7 325例，有效例数为14 173例。患者性别分布如表3.3所示。

表3.3　　　　　　　　　患者性别分布

性别	频数	百分比（%）	累积频数
男	7 867	55.51	7 867
女	6 230	43.96	14 097
未知	76	0.54	14 173
总数	21 498		
频数缺失	7 325		

患者入院病情缺失5 973例。患者入院病情分布如表3.4所示。

表3.4　　　　　　　　　患者入院病情分布

入院病情	频数	百分比（%）	累积频数	累积百分比（%）
一般	19 483	82.00	19 483	82.00
急	2 796	11.77	22 279	93.76
危	1 482	6.24	23 761	100.00

患者入院科室缺失3 680例。患者入院科室分布如表3.5所示。

表3.5　　　　　　　　　患者入院科室分布

入院科室	频数	百分比（%）	累计频数	累积百分比（%）
神经科	3 114	17.48	3 114	17.48
骨科	2 650	14.87	5 764	32.35
内分泌科	2 318	13.01	8 082	45.36
肾脏病科	2 254	12.65	10 336	58.01

续表

入院科室	频数	百分比（%）	累计频数	累积百分比（%）
其他科室	2 179	12.23	12 515	70.24
老年病科	764	4.29	13 279	74.53
理疗科	724	4.06	14 003	78.59
外科	592	3.32	14 595	81.91
眼科	518	2.91	15 113	84.82
血液病科	458	2.57	15 571	87.39
中医科	449	2.52	16 020	89.91
干部病房	429	2.41	16 449	92.32
针灸科	296	1.66	16 745	93.98
心血管内科	170	0.95	16 915	94.93
肿瘤科	168	0.94	17 083	95.87
消化内科	142	0.80	17 225	96.67
呼吸内科	140	0.79	17 365	97.46
风湿病科	134	0.75	17 499	98.21
综合科	107	0.60	17 606	98.81
频数缺失	3 680			

患者住院天数缺失 3 例，有效例数为 21 495 例。患者病危天数的有效例数为 293 例，可认为无病危。只考虑余下的 1 961 例患者的分布情况。患者病重天数的有效例数为 884 例。上述四个指标的分布如表 3.6 所示。

表 3.6　　　　　　　　　患者住院天数和住院费用分布

变量	缺失（例）	有效（例）	均值 ± 标准差	最小值	最大值	中位数	95% CI 下界	95% CI 上界
住院天数	3	1 495	20.41 ± 23.91	1	1 074	15	20.09	20.73
病危天数	0	293	6.24 ± 11.38	1.0	140.00	4.00	4.93	7.55
病重天数	0	884	9.89 ± 15.23	1.0	258.00	5.00	8.89	10.90

3.3.2　合并疾病

西医诊断表包含 21 498 患者的共 118 649 条西医诊断记录，下面对诊断类型和主要诊断的疾病分布做频数分析。患者诊断类型的分布情况如表 3.7 所示。

表 3.7　　　　　　　　　　患者诊断类型分布

主要诊断疾病	频数	百分比（%）	累积频数	累积百分比（%）
糖尿病	4 850	10.85	4 850	10.85
高血压病	4 560	10.2	9 410	21.05
脑梗死	2 521	5.64	11 931	26.68
肾功能不全	1 623	3.63	13 554	30.31
冠心病	1 449	3.24	15 003	33.55
肾炎	1 153	2.58	16 156	36.13
颈椎病	1 070	2.39	17 226	38.53
高脂血症	1 061	2.37	18 287	40.9
腰椎间盘突出症	1 036	2.32	19 323	43.22

通过关联规则，患者合并疾病的情况如表 3.8 所示。

表 3.8　　　　　　　　　　患者合并疾病的情况

合并疾病数量	后继	先导	支持度	置信度	提升度
合并一种疾病	糖尿病	高血压病	24.294	34.684	1.892
	脑梗死	高血压病	24.294	29.735	2.141
	冠心病	高血压病	24.294	21.105	2.457
	高血压病	糖尿病	18.328	45.973	1.892
	高血压病	脑梗死	13.889	52.013	2.141
	糖尿病	脑梗死	13.889	25.081	1.368
	高血压病	肾功能不全	9.008	52.39	2.156
	贫血	肾功能不全	9.008	40.099	9.266
	肾炎	肾功能不全	9.008	26.009	4.538
	高血压病	冠心病	8.588	59.701	2.457
	糖尿病	冠心病	8.588	32.031	1.748
	脑梗死	冠心病	8.588	30.534	2.198
	高血压病	高脂血症	5.927	51.132	2.105
	糖尿病	高脂血症	5.927	36.321	1.982
	脑梗死	高脂血症	5.927	32.642	2.35
	肾功能不全	肾炎	5.731	40.878	4.538
	高血压病	肾炎	5.731	39.22	1.614
	贫血	肾炎	5.731	31.317	7.237

续表

合并疾病数量	后继	先导	支持度	置信度	提升度
合并两种疾病	脑梗死	糖尿病、高血压病	8.426	30.591	2.203
	冠心病	糖尿病、高血压病	8.426	22.561	2.627
	糖尿病	脑梗死、高血压病	7.224	35.681	1.947
	冠心病	脑梗死、高血压病	7.224	25.851	3.01
	糖尿病	冠心病、高血压病	5.127	37.077	2.023
	脑梗死	冠心病、高血压病	5.127	36.423	2.622

3.3.3 合并用药

医嘱表包括使用了灯盏细辛注射液的 21 498 例患者的医嘱记录，医嘱中使用灯盏细辛注射液的记录数为 98 168 条。下面对所有医嘱记录进行合并用药（合并一种药物、合并两种药物）分析，如表 3.9 所示。

表 3.9　　　　　　　　　　　患者合并用药情况

合并疾病数量	后继	先导	支持度	置信度	提升度
合并一种药物	灯盏细辛注射液	阿司匹林	23.618	100	1
	灯盏细辛注射液	胰岛素	23.237	100	1
	灯盏细辛注射液	氯化钾	15.882	100	1
	灯盏细辛注射液	硝酸异山梨酯	12.855	100	1
	灯盏细辛注射液	前列地尔	12.767	100	1
	灯盏细辛注射液	硝苯地平	12.516	100	1
	灯盏细辛注射液	肝素	11.46	100	1
	灯盏细辛注射液	维生素 C	11.014	100	1
	灯盏细辛注射液	果糖	10.702	100	1
	灯盏细辛注射液	桂哌齐特	9.814	100	1
	灯盏细辛注射液	利多卡因	9.67	100	1
	灯盏细辛注射液	美托洛尔	9.447	100	1
	灯盏细辛注射液	维生素 B6	9.308	100	1
	灯盏细辛注射液	地塞米松	8.759	100	1
	灯盏细辛注射液	舒血宁注射液	8.369	100	1

续表

合并疾病数量	后继	先导	支持度	置信度	提升度
合并一种药物	灯盏细辛注射液	甲钴胺	8.336	100	1
	灯盏细辛注射液	阿法骨化醇	7.676	100	1
	灯盏细辛注射液	维生素	7.541	100	1
	灯盏细辛注射液	罂粟碱	7.15	100	1
	灯盏细辛注射液	阿托伐他汀	7.15	100	1
	灯盏细辛注射液	泮托拉唑	7.044	100	1
合并两种药物	灯盏细辛注射液	氯化钾、胰岛素	7.527	100	1
	灯盏细辛注射液	硝酸异山梨酯、阿司匹林	7.239	100	1
	灯盏细辛注射液	阿司匹林、胰岛素	9.219	100	1

下面对诊断类型为主要诊断、诊断疾病有"冠心病"、给药方式为静注的6 032例患者的合并用药情况（合并一种药物、合并两种药物、合并三种药物）分布进行关联规则挖掘，如表3.10～表3.12所示。

表3.10　给药方式为静注的冠心病患者合并一种药物情况

后继	先导	支持度	置信度	提升度
灯盏细辛注射液	阿司匹林	41.983	99.832	0.999
灯盏细辛注射液	硝酸异山梨酯	41.772	100	1.001
灯盏细辛注射液	前列地尔	21.941	100	1.001
灯盏细辛注射液	美托洛尔	17.089	100	1.001
灯盏细辛注射液	果糖	16.456	100	1.001
灯盏细辛注射液	硝苯地平	16.034	100	1.001
灯盏细辛注射液	贝那普利	13.361	100	1.001
灯盏细辛注射液	氨溴索	12.025	99.415	0.995
灯盏细辛注射液	阿托伐他汀	11.814	100	1.001
灯盏细辛注射液	氨氯地平	11.744	100	1.001
灯盏细辛注射液	地西泮	11.744	100	1.001
灯盏细辛注射液	桂哌齐特	11.603	100	1.001
灯盏细辛注射液	呋塞米	11.603	100	1.001
灯盏细辛注射液	银杏叶提取物	10.97	100	1.001
灯盏细辛注射液	硝酸甘油	10.9	100	1.001

表 3.11　　给药方式为静注的冠心病患者合并两种药物情况

后继	先导	支持度	置信度	提升度
灯盏细辛注射液	阿司匹林、硝酸异山梨酯	23.558	100	1.001
灯盏细辛注射液	前列地尔、硝酸异山梨酯	11.322	100	1.001
灯盏细辛注射液	美托洛尔、硝酸异山梨酯	11.252	100	1.001
灯盏细辛注射液	前列地尔、阿司匹林	10.759	100	1.001
灯盏细辛注射液	美托洛尔、阿司匹林	9.705	100	1.001
灯盏细辛注射液	硝苯地平、阿司匹林	8.72	100	1.001
灯盏细辛注射液	果糖、硝酸异山梨酯	8.439	100	1.001
灯盏细辛注射液	硝酸甘油、硝酸异山梨酯	8.368	100	1.001
灯盏细辛注射液	阿托伐他汀、阿司匹林	7.947	100	1.001
灯盏细辛注射液	硝苯地平、硝酸异山梨酯	7.876	100	1.001
灯盏细辛注射液	地西泮、硝酸异山梨酯	7.665	100	1.001
灯盏细辛注射液	贝那普利、阿司匹林	7.665	100	1.001
灯盏细辛注射液	呋塞米、硝酸异山梨酯	7.665	100	1.001
灯盏细辛注射液	贝那普利、硝酸异山梨酯	7.173	100	1.001
灯盏细辛注射液	果糖、阿司匹林	7.103	100	1.001
灯盏细辛注射液	曲美他嗪、硝酸异山梨酯	6.821	100	1.001
灯盏细辛注射液	氨氯地平、阿司匹林	6.821	100	1.001

表 3.12　　给药方式为静注的冠心病患者合并三种药物情况

后继	先导	支持度	置信度	提升度
灯盏细辛注射液	美托洛尔、阿司匹林、硝酸异山梨酯	6.962	100	1.001
灯盏细辛注射液	前列地尔、阿司匹林、硝酸异山梨酯	6.259	100	1.001
灯盏细辛注射液	硝酸甘油、阿司匹林、硝酸异山梨酯	5.485	100	1.001
灯盏细辛注射液	地西泮、阿司匹林、硝酸异山梨酯	4.993	100	1.001
灯盏细辛注射液	贝那普利、阿司匹林、硝酸异山梨酯	4.712	100	1.001
灯盏细辛注射液	果糖、阿司匹林、硝酸异山梨酯	4.571	100	1.001
灯盏细辛注射液	醒脑静注射液、前列地尔、硝酸异山梨酯	4.43	100	1.001
灯盏细辛注射液	氨氯地平、阿司匹林、硝酸异山梨酯	4.43	100	1.001
灯盏细辛注射液	硝苯地平、阿司匹林、硝酸异山梨酯	4.43	100	1.001
灯盏细辛注射液	曲美他嗪、阿司匹林、硝酸异山梨酯	4.29	100	1.001
灯盏细辛注射液	呋塞米、阿司匹林、硝酸异山梨酯	4.29	100	1.001

续表

后继	先导	支持度	置信度	提升度
灯盏细辛注射液	醒脑静注射液、前列地尔、阿司匹林	4.149	100	1.001
灯盏细辛注射液	醒脑静注射液、阿司匹林、硝酸异山梨酯	4.149	100	1.001
灯盏细辛注射液	阿托伐他汀、阿司匹林、硝酸异山梨酯	4.149	100	1.001
灯盏细辛注射液	氢氯吡格雷、阿司匹林、硝酸异山梨酯	4.079	100	1.001
灯盏细辛注射液	蚓激酶肠、阿司匹林、硝酸异山梨酯	4.008	100	1.001
灯盏细辛注射液	螺内酯片、呋塞米、硝酸异山梨酯	4.008	100	1.001
灯盏细辛注射液	硝酸甘油、地西泮、硝酸异山梨酯	3.938	100	1.001
灯盏细辛注射液	阿卡波糖、阿司匹林、硝酸异山梨酯	3.868	100	1.001
灯盏细辛注射液	螺内酯片、阿司匹林、硝酸异山梨酯	3.868	100	1.001
灯盏细辛注射液	蚓激酶肠、醒脑静注射液、前列地尔	3.657	100	1.001
灯盏细辛注射液	银杏叶提取物、阿司匹林、硝酸异山梨酯	3.657	100	1.001

可见，灯盏细辛注射液的主要联合用药有阿司匹林、硝酸异山梨酯、前列地尔、美托洛尔、果糖、硝苯地平、贝那普利、氨溴索等。

3.4 思考与练习

1. 请总结归纳相关和关联之间的异同。

2. 讨论关联规则的适用范围，以及具体解决哪类问题。并总结在哪种情况下，需要用到相关关系挖掘；在哪种情况下，需要用到关联规则。

3. 常用的关联规则算法有哪些？各有什么优势和不足？

4. 请选择一个实际数据，用任意一种算法和编程语言，对自己手头的实际数据进行应用研究，形成书面报告。

3.5 延展性阅读

FP-growth 算法是另外一种发现频繁项集的关联规则方法。与 Apriori 算法相比，FP-growth 算法不需要遍历整个数据集，而是直接将各频繁项集统计出来，并且把它们之间的关系以树结构进行存储，从而只通过遍历两次数据集就找出所有的频繁项。两次遍历第一次是建立头指针，第二次是建立 FP 树，此后，数据量就会大大减少，只需要不停重复建树过程来查找频繁项集即可。具体来说，FP-growth 算法的具体过程如下。

第一步：设定最小支持度（例如，设置最小支持度绝对值为2），搜索数据中的每条记录［参考前面讲述 Apriori 算法举的一个例子，即超市某日营业账单，每位顾客购买清单（例如，苹果＋香蕉）作为一条记录］，将大于最小支持度的项组成频繁项集 S1 并根据频数高低进行降序排列（这里 S1 是所有商品以及对应的频数，频数均大于最小支持度）。

第二步：新建一个根节点 node0，再次搜索数据中的每条记录，以第一步统计出的每个商品的频数为标准，从高到低，调整数据中每条记录中各项（即购物清单中商品）的顺序。调整后，将数据第一条记录中的第一项 I11 作为子节点 node1 连接到根节点 node0 下面，第一条记录中其他项按照顺序依次连接到 node1 后面，在每项后面增加表示出现次数的变量 V。

第三步：根据排序后的第二条记录中的第一项 I21，如果与 I11 相同，则不用新建节点，只需更新 I11 后面的变量 V 取值加 1，反之，将 I21 直接连在根节点后，后面操作与第二步相同。

第四步：参考第二步和第三步，遍历数据中的所有记录，形成树状结构。根据该结构，从距离根节点最远一端的节点 nodeX 开始，发现频繁项集。具体来说，根据 nodeX 在树状结构中的路径以及频数统计结果，梳理出包括 nodeX 的所有路径，每条路径即为一个项集，将每个项集去掉 nodeX，形成新项集。同时，按照前面的方式，形成 nodeX 的条件树状结构。

第五步：对条件树状结构进行递归挖掘（实际上，按照最小支持度的绝对值，剔除频数小于最小值的节点），当条件树只有一条路径时，路径上所有项的组合即为条件频繁项集，加上节点 nodeX 即为它的频繁项集（例如，如果只有节点 nodeY 频数大于最小支持度，那么最后发现的频繁项集为 {nodeX} 和 {nodeX，nodeY}）。

第六步：由远及近，按照上述方式，遍历根节点下面的所有节点。

综上所述，不难发现，FP-growth 算法没有反复搜索全部数据，规则清晰稳定，在一定程度上提高了运算效率。但是，也有研究表明，FP-growth 算法在个性化推荐上略有不足，且面对稀疏数据的挖掘效果有待改进。

| 第 4 章 |
指标回归关系研究

4.1 指标间回归关系的基本界定

4.1.1 回归关系问题

相关关系测度的是变量之间的关系强弱。在相关关系中,变量双方地位等价,不存在主次、因果之分。有时,我们不仅需要知道研究对象两者是否有关系以及存在多大强度的关系,还希望明确两者在这种关系中的不同角色,挖掘研究对象之间的因果关系,即谁影响谁、影响程度又有多大等问题。因此,在回归关系中,存在表示影响因素的自变量和表示研究目标或结局的因变量之分。

因变量与自变量之间的回归关系在一定程度上是基于相关关系的,一般存在相关关系的变量才考虑构建回归模型。而刻画回归关系的数学表达式进一步确定了一个变量或几个变量(自变量)对某个目标变量(因变量)的影响程度,实现自变量和因变量之间关系的数量化。在此基础上,可以根据现有的一个或几个自变量的取值,代入数学表达式,计算因变量的取值,实现对未来发展趋势的预测。相关关系通常是对现有数据的关系强弱的测度,而不讨论预测相关问题。

如上所述,表达回归关系的数学表达式中,可能存在一个或多个自变量。为了对存在不同数量自变量的回归模型加以区分，引入"元"的概念。在回归模型中，只有一个自变量的情况称为"一元"，存在两个及以上自变量的情况被称为"多元"。例如，一元线性回归和多元线性回归。

在经典回归模型中，存在参数估计、显著性检验等问题，这些工作的完成需要建立在一定的假设条件基础上，例如，一般线性回归模型中的误差项需要满足高斯-马尔科夫（Gauss-Markov）假定等条件（均值为零、方差齐性、相互独立等）。而相关关系通常没有假设条件的束缚，具体的相关关系测度方法只需要满足适用条件即可。而且，支撑回归关系的理论和方法要比相关关系的内容更复杂更深刻，在实际问题方面也应用得更为广泛。

综上所述，回归关系与相关关系存在以下不同点：

（1）回归关系中存在自变量和因变量之分，而相关关系中变量角色等价。

（2）回归关系的测度需要通过含等号的数学表达式，变量在表达式中的位置不可互换，而相关关系中变量在计算表达式中的位置可以互换。

（3）在回归关系中，引入"元"的概念，以表达自变量的个数。而相关关系中不存在"元"的说法。

（4）回归关系可以用于预测问题，而相关关系可以用于客观数据和客观变量的测度。

（5）回归模型理论更为复杂，经典回归模型通常需要满足一定的假定条件。而相关关系相对较为简单，通常不需要任何假定条件。

下面就回归关系中的线性回归诊断问题和无假定条件的模型检验问题分别展开讨论。

关于线性回归诊断问题，本部分定位于对数据存在假设条件的经典线性回归模型。通常需要注意的问题包括：

（1）是否通过显著性检验的问题。显著性检验包括参数显著性检验和模型显著性检验两部分内容。当显著性没有通过时，需要考虑数学表达式是否正确（如自变量与因变量之间是否存在线性关系）、是否满足必要的假定条件（误差项的高斯-马尔科夫假定条件）、是否缺少重要变量等问题。

（2）残差问题。残差需满足与自变量独立、独立同分布、方差齐性。如果残差出现问题，需要通过一定的方式加以修正，例如，在模型中引入自变量的高次幂形式等非线性部分、对因变量取自然对数可以解决方差不齐的问题、加入遗漏变量等。

（3）异常值问题。通常会发现明显区别于绝大多数数据的个别数据，这些点可能是错误数据，也可能是非常重要的代表个别研究对象诉求的强影响数据。这部分数据对回归模型的构建影响或干扰强烈，需要通过散点图、残差图进一步识别异常值。如果发现是错误数据，则要予以剔除。

（4）多重共线性问题。在回归模型中，自变量之间不能有多重共线性，否则会影响参数估计效果。多重共线性问题可以通过方差膨胀因子等方法进行判断（一般地，方差膨胀因子大于10时存在严重的多重共线性）。当存在多重共线性问题时，可以通过筛选并剔除自变量、逐步回归和最优子集等子集选择法、岭回归和Lasso回归等正则化方法予以解决。

关于无假定条件的模型检验问题，上述内容是基于存在一定假定条件的具有显式表达的经典回归模型。在很多情况下，我们无法对真实世界的数据进行假定，如果一味选择默认满足假定条件可能会导致分析结论或研究结论存在偏差，甚至错误。

在经典回归模型中，我们尚可通过模型和参数的显著性检验、模型拟合优度等来判断回归关系的测度是否准确。在不存在任何假定条件或者无法满足假定条件的情况下，我们需要考虑采用交叉验证等方法来判断回归关系的刻画效果。通常，在数据挖掘和机器学习领域中用到的回归模型会借助交叉验证的方法对模型进行检验，同时评判模型估计或预测效果。

4.1.2 回归关系形式

根据自变量的数量，线性回归可分为一元线性回归和多元线性回归两类。一元线性回归模型的表达式为：$Y = \beta_0 + \beta_1 X_1 + \varepsilon$。其中，Y表示因变量，$\beta_0$表示截距，$\beta_1$表示回归系数，$X_1$表示自变量，$\varepsilon$表示误差项。误差项$\varepsilon$服从均值为0、方差为$\delta^2$且相互独立的正态分布。类似地，多元线性回归模型的表达式为：$Y = \beta_0 + \beta_1 X_1 + \beta_2 X_2 + \cdots + \beta_k X_k + \varepsilon$。其中，Y表示因变量，$\beta_0$，$\beta_1$，…，$\beta_k$ 表示自回归系数，X_1，X_2，…，X_k 表示自变量，ε 示误差项且满足相同的假定条件。

无论是一元线性回归，还是多元线性回归，其原理是拟合一条直线，使实际值与预测值之差（残差）的平方和最小。这就是最小二乘法，即求 $\min \sum (y_i - \hat{y}_i)^2$，$\hat{y}_i$ 表示线性回归的预测值，y_i 表示实际值。通过对该平方和求导数，并令其等于0，以求出系数估计值：

$$\hat{\beta}_1 = \frac{\sum_{i=1}^{n}(x_i - \overline{x})(y_i - \overline{y})/(n-1)}{\sum_{i=1}^{n}(x_i - \overline{x})^2/(n-1)} = \frac{\sum_{i=1}^{n}\sum_{i=1}^{n}(x_i - \overline{x})(y_i - \overline{y})}{\sum_{i=1}^{n}(x_i - \overline{x})^2}$$

$$\hat{\beta}_0 = \overline{y} - \hat{\beta}_1 \overline{x}$$

评价线性回归模型的拟合效果指标（记为 R^2）定义为：R^2 = 可解释的平方和/总平方和 = $\sum_{i=1}^{n}(\hat{y}_i - \overline{y})/\sum_{i=1}^{n}(y_i - \overline{y})$。$R^2$ 越大，说明模型拟合效果越好。一般来说，如果 R^2 大于0.8则说明拟合效果非常好。

4.2 指标间回归关系的测度方法

4.2.1 传统统计学中回归关系测度方法

4.2.1.1 线性回归

在多元线性回归中，有时会存在自变量个数过多或者回归系数没有通过参数显著性检验的情况，此时就需要借助具有变量筛选功能的回归模型。

本部分主要介绍逐步回归法，具体包括向前逐步回归、向后逐步回归和向前向后逐步回归三种方法。

（1）向前逐步回归是指每次添加一个预测变量到模型中，直到添加变量不会使模型有所改进为止。具体来说，先将第一个变量加入回归方程，建立一元线性回归方程,计算残差平方和(记为S_1),如果通过检验,则保留该变量。然后引入第二个变量,重新构建一个新的估计方程,计算残差平方和(记为S_2)。用S_1-S_2表示第二个变量的偏回归平方和,如果该值明显偏大,那么说明第二个变量对因变量有显著影响,予以保留,反之则不保留。

(2)向后逐步回归是指从模型包含所有预测变量开始,一次删除一个变量直到会降低模型质量为止。具体来说,先将所有的X变量一次性放入模型,建立包括所有自变量的多元线性回归模型,然后根据自变量偏回归平方和的大小,逐个考虑是保留还是删掉相应的自变量。即保留偏回归平方和很大的自变量,删除偏回归平方和很小的自变量。

(3)向前向后逐步回归是指将向前选择和向后剔除两种方法结合起来筛选自变量。在增加一个自变量后,它会对模型中所有的变量进行考察,看看有没有可能剔除某个自变量;如果在增加了一个自变量后,前面增加的某个自变量对模型的贡献变得不显著,这个变量就会被剔除;按照该方法不停地增加变量并考虑剔除以前增加的变量的可能性,直至增加变量已经不能导致误差平方和显著减少;在前面步骤中增加的自变量在后面的步骤中有可能被剔除,而在前面步骤中剔除的自变量在后面的步骤中也可能重新进入模型中。

上述三种方法筛选自变量的准则之一是AIC准则(akaike information criterion),计算表达式为:$2p+n(\log(RSS/n))$。其中,p表示进入回归模型的自变量个数,n表示观测数,RSS表示残差平方和。AIC值越小说明模型效果越好。除AIC外,读者还可以选择BIC准则、P值等,这里不做详细介绍。

例4.1 work.csv数据。该数据来自某企业500位员工工作满意度的调查数据。该项调查一共包括16道题目,分别测度的是工作总体满意度、收入、社会声望、工作条件、职称/职务晋升、稳定性、自主性、发挥优势、成就感、发展空间、工作气氛、社会保障、人际关系、领导水平、进修培训机会和受重视程度。下面的程序是利用多元线性回归和三种逐步回归,构建以工作总体满意度为因变量、其余变量为自变量的回归模型。

da < - read.csv('D:/work.csv')

lg < - lm(da[,1]~da[,2]+da[,3]+da[,4]+da[,5]+da[,6]+da[,7]+da[,8]+da[,9]+da[,10]+da[,11]+da[,12]+da[,13]+da[,14]+da[,15]+da[,16])

#多元线性回归

summary（lg）

#如图 4.1 所示

```
Call:
lm(formula = da[, 1] ~ da[, 2] + da[, 3] + da[, 4] + da[, 5] +
    da[, 6] + da[, 7] + da[, 8] + da[, 9] + da[, 10] + da[, 11] +
    da[, 12] + da[, 13] + da[, 14] + da[, 15] + da[, 16])

Residuals:
    Min      1Q  Median      3Q     Max
-2.4947 -0.3856 -0.0084  0.2972  3.7987

Coefficients:
             Estimate Std. Error t value Pr(>|t|)
(Intercept)   0.43681    0.12884   3.390 0.000756 ***
da[, 2]       0.10015    0.05128   1.953 0.051371 .
da[, 3]       0.06756    0.06301   1.072 0.284195
da[, 4]      -0.05678    0.06241  -0.910 0.363335
da[, 5]       0.01012    0.05360   0.189 0.850322
da[, 6]       0.08976    0.06111   1.469 0.142513
da[, 7]       0.04332    0.06206   0.698 0.485522
da[, 8]       0.04355    0.06666   0.653 0.513878
da[, 9]       0.11719    0.08542   1.372 0.170727
da[, 10]      0.03035    0.07309   0.415 0.678131
da[, 11]      0.01572    0.06216   0.253 0.800417
da[, 12]     -0.02841    0.06498  -0.437 0.662183
da[, 13]      0.12887    0.06216   2.073 0.038696 *
da[, 14]      0.16610    0.06407   2.593 0.009812 **
da[, 15]      0.01658    0.06305   0.263 0.792712
da[, 16]      0.02040    0.06559   0.311 0.755906
---
Signif. codes:  0 '***' 0.001 '**' 0.01 '*' 0.05 '.' 0.1 ' ' 1

Residual standard error: 0.7363 on 484 degrees of freedom
Multiple R-squared:  0.3691,    Adjusted R-squared:  0.3496
F-statistic: 18.88 on 15 and 484 DF,  p-value: < 2.2e-16
```

图 4.1　一般线性回归模型估计结果

下面是运行向前逐步回归的 R 程序：

lg_ms2 < - step(lg,direction = "forward")

#向前逐步回归

summary(lg_ms2)

#结果同图 4.1

运行向后逐步回归的 R 程序如下:

lg_ms3 < - step(lg,direction = "backward")

#向后逐步回归

summary(lg_ms3)

lg_ms1 < - step(lg,direction = "both")

#向前向后逐步回归

summary(lg_ms1)

#结果如图 4.2 所示

```
Call:
lm(formula = da[, 1] ~ da[, 2] + da[, 6] + da[, 9] + da[, 13] +
    da[, 14])

Residuals:
    Min      1Q  Median      3Q     Max
-2.4996 -0.4057  0.0151  0.2797  3.7732

Coefficients:
            Estimate Std. Error t value Pr(>|t|)
(Intercept)  0.46918    0.12215   3.841 0.000139 ***
da[, 2]      0.12468    0.04076   3.059 0.002341 **
da[, 6]      0.09707    0.05300   1.831 0.067642 .
da[, 9]      0.20608    0.05282   3.901 0.000109 ***
da[, 13]     0.13622    0.05831   2.336 0.019878 *
da[, 14]     0.19355    0.04917   3.936 9.46e-05 ***
---
Signif. codes:  0 '***' 0.001 '**' 0.01 '*' 0.05 '.' 0.1 ' ' 1

Residual standard error: 0.7316 on 494 degrees of freedom
Multiple R-squared:  0.3643,    Adjusted R-squared:  0.3579
F-statistic: 56.62 on 5 and 494 DF,  p-value: < 2.2e-16
```

图 4.2　向后逐步回归估计结果

下面给出用 Python 实现多元线性回归的程序:

import numpy as np

import pandas as pd

from sklearn import datasets,linear_model

data = pd.read_csv('D:\work.csv')

data = data.values.copy()

```
#将数据转换为数组形式，否则后面会报错
X = data[:,2:16]
Y = data[:,1]
regr = linear_model.LinearRegression()
regr.fit(X,Y)
print('coef:',regr.coef_)
print('intercept:',regr.intercept_)
```
#结果为:coef:[0.40125834   0.13962608   0.24890276   0.03414447
0.09931372 -0.10917758   0.003246   0.0925757   0.04573935   0.03556816
-0.06460671   0.0403492   0.18684345   -0.15495709]

intercept:0.18308735614033989

下面给出用Python实现向前向后逐步回归的程序：

```
import numpy as np
import pandas as pd
data = pd.read_csv('D:\work.csv')
#读取数据
data = data.values.copy()
#将数据转换为数组形式，否则后面会报错
def get_coef(X,Y):
#定义回归系数计算函数
    S_xy = 0
    S_xx = 0
    S_yy = 0
    X_mean = np.mean(X)
    #计算自变量均值
    Y_mean = np.mean(Y)
    #计算因变量均值
    for i in range(len(X)):
        S_xy += (X[i]-X_mean)*(Y[i]-Y_mean)
```

```
            S_xx += pow(X[i] - X_mean,2)
            S_yy += pow(Y[i] - Y_mean,2)
        return S_xy/pow(S_xx * S_yy,0.5)
def get_mat():
#构建增广矩阵
    col = data.shape[1]
    r = np.ones((col,col))
    #np.ones 参数为一个元组（tuple）
    for i in range(col):
        for j in range(col):
            r[i,j] = get_coef(data[:,i],data[:,j])
    return r
def get_cont(r):
#创建方差贡献值矩阵
    col = data.shape[1]
    v = np.ones((1,col-1))
    # print(v)
    for i in range(col-1):
        # v[0,i] = pow(r[i,col-1],2)/r[i,i]
        v[0,i] = pow(r[i,col-1],2) / r[i,i]
    return v
def sel_fa(r,v,k,p):
#选择函数。其中，r 为增广矩阵，v 为方差贡献值，k 为方差贡献值最大的自变量下标，p 为当前进入方程的自变量数
    row = data.shape[0]
    #样本容量
    col = data.shape[1] - 1
    #预报因子数
    f = (row - p - 2) * v[0,k-1]/(r[col,col] - v[0,k-1])
```

```
    #计算方差比
    return f
r = get_mat( )
#计算增广矩阵
v = get_cont( r)
#计算方差贡献值
f = sel_fa( r,v,4,0)
print( f)
def convert_matrix( r,k) :
#通过矩阵转换公式来计算各部分增广矩阵的元素值
    col = data. shape[ 1 ]
    k = k - 1
    #从第零行开始计数
    r1 = np. ones( ( col,col) )
    #np. ones 参数为一个元组（tuple）
    for i in range( col) :
        for j in range( col) :
            if ( i == k and j! = k) :
                r1[ i,j] = r[ k,j]/r[ k,k]
            elif ( i! = k and j! = k) :
                r1[ i,j] = r[ i,j] - r[ i,k] * r[ k,j]/r[ k,k]
            elif ( i! = k and j == k) :
                r1[ i,j] = - r[ i,k]/r[ k,k]
            else:
                r1[ i,j] = 1/r[ k,k]
    return r1
r = convert_matrix( r,4)
#矩阵转换
v = get_cont( r)
```

```
#计算第一步方差贡献值
f = sel_fa(r,v,1,1)
f = sel_fa(r,v,2,2)
print(f)
def dele_fa(r,v,k,t):
    #提出自变量
    row = data.shape[0]
    #样本容量
    col = data.shape[1] - 1
    #预报因子数
    f = (row - t - 1) * v[0,k-1]/ r[col,col]
    #计算方差比
    return f
f = sel_fa(r,v,3,3)
f = dele_fa(r,v,4,3)
f = sel_fa(r,v,4,2)
f = dele_fa(r,v,1,2)
X = data[:,2:3]
Y = data[:,1]
X = np.mat(np.c_[np.ones(X.shape[0]),X])
#为系数矩阵增加常数项系数
Y = np.mat(Y)
#数组转化为矩阵
B = np.linalg.inv(X.T * X) * (X.T) * (Y.T)
print(B.T)
#结果为:[[0.77889471 0.80181039]]
```

下面通过可视化的方法,对残差分析、异常点检验问题进行讨论。R程序如下:

```
data <- read.csv("D:\\work.csv")
```

lm1 < - lm(Y ~ X1 + X2 + X3 + X4,data = data)

#假定模型已通过显著性检验,

#下面用可视化方法进行残差分析和异常点识别

plot(lm1)

在图 4.3 中，左上图的横坐标是拟合值，纵坐标是残差，数据点基本上呈现均匀分布的状态，趋势线呈现出从左到右略微上升的趋势。右上图是 QQ 图，数据基本沿对角线排列，说明标准化残差服从正态分布。左下图的横坐标是拟合值，纵坐标是标准化残差平方根，数据点呈现出一定形状的排列，可能是由于自变量取值范围所致，红色直线仍然呈现出从左到右略微上升的趋势。在右下图中，我们发现了一条红色虚线，数据可能存在异常点。

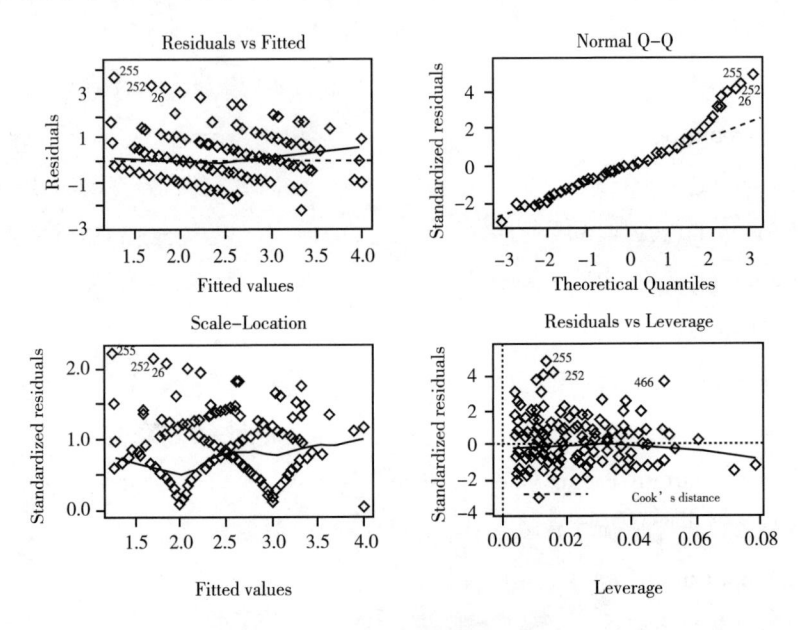

图 4.3　残差分析和异常值检验

还可以通过下面可视化的方法进行残差分析，R 程序如下所示：

data$pred < - predict(lm1)

#生成预测值

data$res < - resid(lm1)

#生成残差

plot(data$pred ~ data$res)

#绘制散点图

abline(v = 0)

#添加纵向趋势线

预测值与残差散点图如图 4.4 所示，随着预测值增大，残差分布呈现出一定的方向性和规律，说明线性模型存在方差不齐的问题。

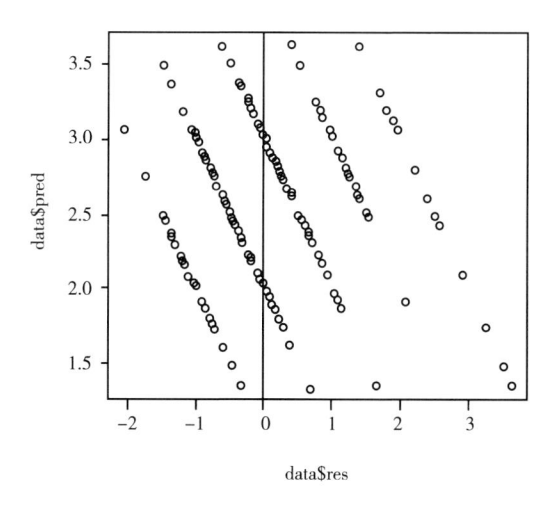

图 4.4　预测值与残差散点图

4.2.1.2　分位回归

一直以来，线性回归及最小二乘估计理论在统计学及其交叉领域中应用广泛。虽然此类回归能展示数据的平均变化趋势，但需要满足较为严苛的高斯假设条件，无法全面刻画给定条件下因变量的各分位点随自变量的变化情况。20 世纪 70 年代，莫斯特勒（Mosteller，1977）曾指出：回归不应仅仅反映数据分布的平均水平，而应根据数据分布的"百分比"，反映出不同水平下的数据分布规律，完整地展示数据信息。这里的"百分比"与"分位数"同义，即一组数据排序后，可以找出处在某个位置上的数据，这些位置上的数据就是相应的分位数，如处于中间位置的中分位数、处于 25% 位置的下四分位数和处于 75% 位置的上四分位数。

对于经典的分位回归模型，不妨假设随机变量 Y 的累积分布函数为 $F_Y(y) = P(Y \leqslant y)$。则 Y 的 τ 分位数可表示为 $Q_\tau(Y) = \inf\{y: F_Y(y) \geqslant \tau\}$，其中，分位水平 $\tau \in (0, 1)$。线性分位回归模型的表达形式为：

$$Q_Y(\tau|x) = x^T \beta(\tau), \tau \in (0,1)$$

其中，$\beta(\tau)$ 表示与分位水平 τ 相关的分位回归系数，$\beta(\tau) = (\beta_1(\tau), \cdots, \beta_p(\tau))^T$。因此，$Q_Y(\tau|x) = \beta_1(\tau) + x_2\beta_2(\tau) + \cdots + x_p\beta_p(\tau)$。不难发现，对于任何的 x，$Q_Y(\tau|x)$ 是 τ 的非减函数。

众所周知，每种模型都有其需要满足的前提条件及适用范围。通常，在研究对象满足同质性，且数据分布服从正态等条件下，研究人员往往采用线性回归建模，探讨变量间关系。然而，当研究对象存在异质性，即调查对象源自不同地域阶层、具有不同属性特征等，线性回归模型将不再适用，或效果不佳。这是因为一般的回归模型都基于"平均数思想"，研究总体的平均水平或一般趋势。但若研究对象的异质性足够明显，继续利用"总体平均"的思想往往难以得到预期的分析效果。相比之下，分位回归（Koenker & Bassett, 1978、2005）在异质性问题方面表现出明显的优势。

分位回归体现了"分位数思想"，而非一般回归模型的"平均数思想"。事实上，分位回归的优势不仅局限于研究对象异质性问题的处理上，还体现在如下几个方面：

第一，分位回归可以研究不同分位数下自变量与因变量间的关系，展示数据全貌。分位回归可以被看作众多分位数过程的集合。例如，以北大西洋热带旋风的最大风速为因变量，以 1978~2009 年为自变量，分别建立一般线性回归和分位回归。研究表明，一般线性回归的参数检验 P 值为 0.569，没有通过显著性检验，因此，北大西洋热带旋风最大风速的变化规律不趋于平均水平。对于分位回归，研究者可以得到不同分位数水平下的回归模型。当分位数为 0.95 时，参数检验的 P 值为 0.009，通过显著性检验。可见，北大西洋热带旋风最大风速与年份间的回归关系并不能通过一般线性回归的参数显著性检验，而在高分位数水平（0.95）时，通过参数显著性检验，说明北大西洋热带旋风最大风速的高分位数分位回归模型可以反映北大西洋热带旋风最大风速与年份间的回归关系。

第二，当异常点存在时，分位回归有较好的稳健性。众所周知，平均数易受到异常值的影响，而中位数反映的是中间位置数的大小，不受极端值和异常值的影响。同理，分位回归关注的是不同分位水平下自变量与因变量间的关系规律，异常值的存在并不会引起这种关系的变化，因此，具有很好的稳健性。

第三，分位回归的估计和推断不要求分布形式。对于一般线性回归的矩阵表达形式：$Y = X\beta + U$，则误差项 U 需要满足 Gauss-Markov 假定。其中，$U \sim N(0, \sigma^2 I)$ 是模型检验的需要，中心极限定理保证了这一假定的合理性。对于分位回归，例如线性分位回归模型：$Q_Y(\tau | x) = x^T \beta(\tau)$，$\tau \in (0, 1)$，在参数估计和推断时不要求数据的分布形式。由此可以看出，对于线性回归模型，回归系数由因变量取值、自变量取值及模型表达式决定。对于分位回归模型，回归系数还与分位数有关。

本部分用例 2.1 的个税税收数据（gsss.csv），将因变量［个人所得税（亿元），用 gs 表示］和自变量［城镇居民人均可支配收入（元），用 sr 表示］纳入分位回归模型。R 程序如下所示：

library(quantreg)

da < - read.csv('D:/gsss.csv')

fit1 < - rq(log(da[,2],10) ~ log(da[,3],10),tau = 0.25)

#分位水平 0.25 时

fit2 < - rq(log(da[,2],10) ~ log(da[,3],10),tau = 0.5)

#分位水平 0.5 时

fit3 < - rq(log(da[,2],10) ~ log(da[,3],10),tau = 0.75)

#分位水平 0.75 时

#可以通过下面程序一步完成三个分位水平下的参数估计

fit < - rq(log(da[,2],10) ~ log(da[,3],10),tau = c(0.25,0.5,0.75))

#因数据取值较大，这里采用取对数的方法，对数据进行转换

summary(fit)

#输出结果

图 4.5 展示出分位数水平为 0.25、0.50 和 0.75 的回归估计结果。当分

位数水平（tau）为 0.25 时，模型中的截距项为 -3.30448，回归系数为 1.61310，在截距项和回归系数后面的两列是 95% 置信区间的下限（lower bd）和上限（upper bd）。当分位数水平（tau）为 0.50 时，模型中的截距项为 -2.55969，回归系数为 1.45529，在截距项和回归系数后面的两列是 95% 置信区间的下限（lower bd）和上限（upper bd）。当分位数水平（tau）为 0.75 时，模型中的截距项为 -2.39521，回归系数为 1.42307，在截距项和回归系数后面的两列是 95% 置信区间的下限（lower bd）和上限（upper bd）。

```
Call: rq(formula = log(da[, 2], 10) ~ log(da[, 3], 10), tau = c(0.25,
    0.5, 0.75))

tau: [1] 0.25

Coefficients:
               coefficients lower bd  upper bd
(Intercept)    -3.30448     -4.28202  -2.21694
log(da[, 3], 10) 1.61310     1.36463   1.83184

Call: rq(formula = log(da[, 2], 10) ~ log(da[, 3], 10), tau = c(0.25,
    0.5, 0.75))

tau: [1] 0.5

Coefficients:
               coefficients lower bd  upper bd
(Intercept)    -2.55969     -2.78213  -1.93034
log(da[, 3], 10) 1.45529     1.32387   1.51024

Call: rq(formula = log(da[, 2], 10) ~ log(da[, 3], 10), tau = c(0.25,
    0.5, 0.75))

tau: [1] 0.75

Coefficients:
               coefficients lower bd  upper bd
(Intercept)    -2.39521     -3.03888  -2.17148
log(da[, 3], 10) 1.42307     1.37448   1.67416
```

图 4.5 分位回归估计结果（R）

下面给出相应的 Python 代码：

```python
from __future__ import print_function
import numpy as np
import pandas as pd
import statsmodels.api as sm
import statsmodels.formula.api as smf
import matplotlib.pyplot as plt


data = pd.read_csv('D:\gsss.csv')
```

```
data = np.log10(data)
mod = smf.quantreg('gs ~ sr',data)
res = mod.fit(q=.25)
print(res.summary())

data = pd.read_csv('D:\gsss.csv')
data = np.log10(data)
mod = smf.quantreg('gs ~ sr',data)
res = mod.fit(q=.5)
print(res.summary())

data = pd.read_csv('D:\gsss.csv')
data = np.log10(data)
mod = smf.quantreg('gs ~ sr',data)
res = mod.fit(q=.75)
print(res.summary())

#可以通过下面程序一步完成三个分位水平下的参数估计
quantiles = np.arange(0.25,1,0.25)
def fit_model(q):
    res = mod.fit(q=q)
    return[q,res.params['Intercept'],res.params['sr']] + \
        res.conf_int().loc['sr'].tolist()

models = [fit_model(x) for x in quantiles]
models = pd.DataFrame(models,columns = ['q','a','b','lb','ub'])

ols = smf.ols('gs ~ sr',data).fit()
ols_ci = ols.conf_int().loc['sr'].tolist()
```

```
ols = dict(a = ols.params['Intercept'],
           b = ols.params['sr'],
           lb = ols_ci[0],
           ub = ols_ci[1])
```

print(models)

print(ols)

估计结果如图4.6所示。

```
     q         a         b        lb        ub
0  0.25 -3.304457  1.613098  1.249363  1.976834
1  0.50 -2.559693  1.455290  1.287027  1.623553
2  0.75 -2.395217  1.423066  1.265368  1.580763
{'a': -2.972711626367362, 'b': 1.5481032753178918, 'lb': 1.4079979420754007, 'ub': 1.688208608560383}
```

图4.6 分位回归估计结果（Python）

下面通过可视化进一步研究因变量［个人所得税（亿元），用gs表示］和自变量［城镇居民人均可支配收入（元），用sr表示］在不同模型、不同分位水平下的变化规律。

首先绘制线性回归和分位回归线图（如图4.7所示），R程序如下：

library(quantreg)

da < - read.csv('D:/gsss.csv')

attach(da)

#attach()操作后，后面调用变量时无须再说明数据源

plot(sr,gs,cex = .25,type = "n",xlab = "sr",ylab = "gs")

points(sr,gs,cex = .5,col = "blue")

#蓝色圆圈表示数据点

abline(lm(gs ~ sr),lty = 2,col = "red")

#红色实线表示线性回归线

taus < - c(.25,.50,.75)

#灰色实线表示分位回归线

```
for( i in 1:length(taus)){
abline(rq(gs ~ sr,tau = taus[i]),col = "gray")
}
```

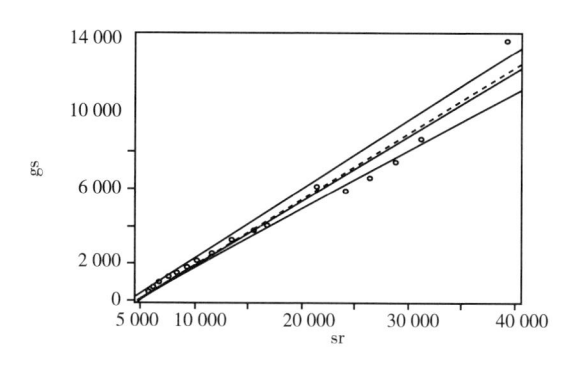

图 4.7 线性回归和分位回归线

相应的 Python 程序如下:

```
x = data['sr']
get_y = lambda a,b:a + b * x


fig,ax = plt.subplots(figsize = (6,6))
for i in range(models.shape[0]):
    y = get_y(models.a[i],models.b[i])
    ax.plot(x,y,linestyle = 'dotted',color = 'grey')
y = get_y(ols['a'],ols['b'])

ax.plot(x,y,color = 'red',label = 'OLS')
ax.scatter(data.sr,data.gs,alpha =.2)
ax.set_xlim((3.7,4.7))
ax.set_ylim((2.5,4.5))
#legend = ax.legend()
ax.set_xlabel('sr')
ax.set_ylabel('gs')
```

还可以绘制出带95%置信区间的线性回归线和分位回归线（见图4.8），R程序如下：

xx < - sr-mean(sr)

fit1 < - summary(rq(gs ~ xx,tau = c(0.25,0.5,0.75)))

fit2 < - summary(rq(gs ~ xx,tau = c(0.25,0.5,0.75)))

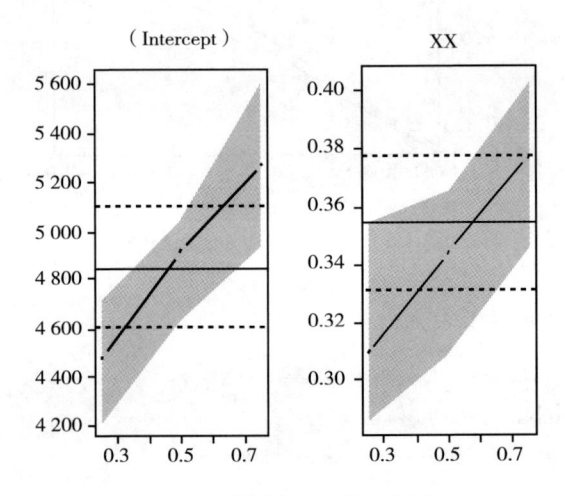

plot(fit1,mfrow = c(1,2))

图 4.8　带置信区间的回归线

相应的 Python 程序如下：

n = models.shape[0]

print(models.q)

p1 = plt.plot(models.q,models.b,color = 'black')

p2 = plt.plot(models.q,models.ub,linestyle = 'dotted',color = 'black')

p3 = plt.plot(models.q,models.lb,linestyle = 'dotted',color = 'black')

p4 = plt.plot(models.q,[ols['b']] * n,color = 'red')

p5 = plt.plot(models.q,[ols['lb']] * n,linestyle = 'dotted',color = 'red')

p6 = plt.plot(models.q,[ols['ub']] * n,linestyle = 'dotted',color = 'red')

plt.ylabel(r'β_{sr}')

plt.xlabel('Quantiles of gs distribution')

plt.show()

4.2.1.3 岭回归

本章在前面讨论过线性回归中可能会存在多重共线性问题。具体来说，不妨假定 β 是未知的回归系数，$\hat{\beta}$ 是 β 的估计值，因变量 Y 和自变量 X 都是实际数据，通过令 $\partial (Y - X\hat{\beta})^T (Y - X\hat{\beta}) / \partial \hat{\beta} = 0$，可以求得 $\hat{\beta} = (X^TX)^{-1} (X^TY)$。需要注意的是，该式成立的前提是 X^TX 不为 0。岭回归正是为了解决这个问题产生的。

本质上来看，岭回归是将 X^TX 变为 $X^TX + kI$，即回归系数的估计值 $\hat{\beta} = (X^TX + kI)^{-1} (X^TY)$。当多重共线性严重的时候，岭回归的回归系数估计比最小二乘估计稳定得多。而且当 k=0 时，$\hat{\beta} = (X^TX + kI)^{-1} (X^TY)$ 就是普通的最小二乘估计。

在岭回归中引入 kI 项，必然会对回归系数估计量的统计性质产生一定的影响。例如，回归系数估计量的期望 $E(\hat{\beta}) = E[(X^TX + kI)^{-1} (X^TY)] = (X^TX + kI)^{-1} (X^TE(Y)) = (X^TX + kI)^{-1} (X^TX\beta) \neq \beta$。因此，岭回归估计量是有偏的。另外，岭回归估计量的均方误差小于普通的最小二乘估计量。具体证明过程参见王松桂等编写的《线性统计模型：线性回归与方差分析》。

例 4.2　da. csv 数据。使用岭回归的前提是存在模型中的自变量多重共线性问题，为了满足这种应用场景，我们用下面 R 程序生成数据，记为 da. csv。该数据一共包括一个因变量（y）和两个自变量（x1，x2）。三个变量服从的分布以及生成机制请见下面程序的具体内容。经计算，x1 和 x2 的相关系数为 0.7816447，说明存在较强的相关性。

library(glmnet)

y = round(runif(1 000,min=50,max=100))

#用 runif 函数产生 1 000 个随机数（随机数是小数），该结果是均匀分布，用 round 函数对其取整

x1 = round(rnorm(1 000,mean=50,sd=3))

#用 rnorm 函数产生 1 000 个正态分布数字，再用 round 函数取整

x2 = exp(x1/3) + 2 * x1

#取平方作为第二个自变量的取值

cor(x1,x2)

#计算相关系数

write.csv(cbind(y,x1,x2),"D:\\da.csv")

#读出并保存数据

下面给出实现岭回归估计的 R 程序：

da <- read.csv('D:/da.csv')

attach(da)

r1 <- cv.glmnet(y=y,x=cbind(x1,x2),family="gaussian",alpha=0,nfolds=5)

alpha=0 表示岭回归，nfolds=5 表示 5 折交叉验证，默认是 10 折

r1$lambda.min

r1$lambda.1se

经计算，模型误差最小的 λ 值 （lambda.min） 为 75.92856，最小误差一倍标准差范围的 λ 值 （lambda.1se） 为 936.0828，因此，λ 值的取值范围是 [75.92856, 936.0828]。接下来，需要借助可视化分析，在该取值范围内确定最优的 λ 值。

相应的 Python 程序如下：

from sklearn.preprocessing import StandardScaler

from sklearn.linear_model import RidgeCV

import pandas as pd

import numpy as np

data = pd.read_csv('D:\da.csv')

data = data.values.copy()

X = data[:,2:4]

y = data[:,1]

#下面进行交叉验证

alphas = np.logspace(-3,3,100,base=10)

#生成取值范围为 [-0.001, 1 000] 的 100 个数字

rcv = RidgeCV(alphas = alphas, store_cv_values = True)
#将 store_cv_values 设置为 True，可以保留每次交叉验证的结果
rcv.fit(X,y)
#输出最佳 alpha 值
print('best{}'.format(rcv.alpha_))
#最佳值为 1 000

如上面程序所示，alphas 是自动生成的取值范围为 [-0.001, 1 000] 的 100 个数字，并构建交叉验证模型，store_cv_values = True，可以保留每次交叉验证的结果。

在前面 R 程序运行结束，找到 λ 值的取值范围后，需要运行下面的程序，找到最优 λ 值。

plot(r1, xvar = "lambda")

由图 4.9 可知，log(λ) = 4 时，均方误差达到最小，因此，最优的 λ 值为 54.59815。需要说明的是，图 4.9 横轴上方出现很多个数字 2，表示在不同的 log(λ) 情况下，自变量个数始终为 2。因此，可以在前面岭回归估计基础上，加入 λ 值，运行下面 R 程序：

r2 <- glmnet(y = y, lambda = 54.59815, x = cbind(x1,x2), family = "gaussian", alpha = 0)

coef(r2)

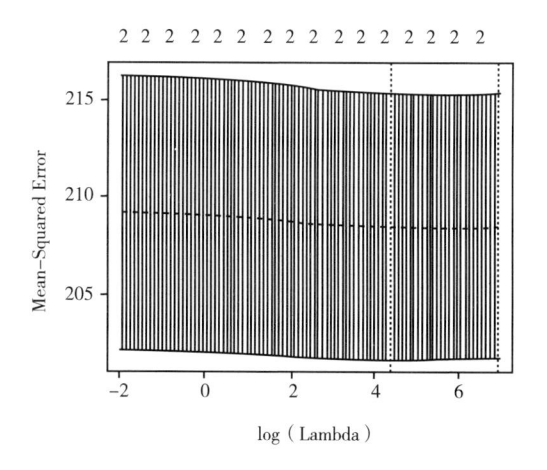

图 4.9　λ 值变化图

得到最终的岭回归参数估计结果见图 4.10。

```
3 x 1 sparse Matrix of class "dgCMatrix"
                    s0
(Intercept) 7.222555e+01
x1          5.902446e-02
x2          1.964255e-09
```

图 4.10　岭回归参数估计结果

下面给出相应的 Python 程序：

cv_values = rcv. cv_values_

n_fold, n_alphas = cv_values. shape

cv_mean = cv_values. mean(axis = 0)

cv_std = cv_values. std(axis = 0)

ub = cv_mean + cv_std / np. sqrt(n_fold)

lb = cv_mean - cv_std / np. sqrt(n_fold)

plt. semilogx(alphas, cv_mean, label = 'mean_score')

plt. fill_between(alphas, lb, ub, alpha = 0.2)

plt. xlabel("$\\alpha$")

plt. ylabel("mean square errors")

plt. legend(loc = "best")

plt. show()

下面用最佳 alpha 值计算回归系数：

from sklearn. linear_model import Ridge

ridge = Ridge()

coefs = [ ]

for alpha in alphas:

　　ridge. set_params(alpha = 1 000)

　　ridge. fit(X, y)

　　coefs. append(ridge. coef_)

ridge. coef_

4.2.1.4 Logistic 回归

前面讨论的线性回归、分位回归和岭回归都是基于连续变量的。当因变量是分类型变量时，则需要考虑 Logistic 回归。通常情况下，Logistic 回归的因变量以二分类最为常见，自变量可以是分类型变量，也可以是连续型变量。Logistic 回归通过构建 logit 变换，从而进行概率的预测。

以因变量为二分类变量为例，Logistic 回归模型的表达式为：

$$\mathrm{logit}(P_i) = \ln\left[\frac{P_i}{(1-P_i)}\right] = \beta_0 + \beta_1 X_1 + \cdots + \beta_k X_k$$

其中，P_i 表示事件发生的概率，$\mathrm{logit}(P_i)$ 表示对事件发生或不发生的概率进行 logit 变换，β_0 表示截距项，β_k 表示第 k 个自变量的参数。

Logistic 回归模型的参数估计使用的是极大似然估计法。下面用 R 生成因变量为二分类变量、自变量为连续变量的数据。

value = rnorm(1 000, mean = 0, sd = 1)
y = observed = 1 * (runif(1 000) < value)
x = round(rnorm(1 000, mean = 50, sd = 3))
write.csv(cbind(y, x), "D:\\ata.csv")

对 Logistic 回归模型进行参数估计的 R 程序如下：

ata = read.csv("D:\\ata.csv")
lg < - glm(ata$y ~ ata$x, family = binomial(link = 'logit'))
#其中，参数 famliy 表示 Logistic 回归
summary(lg)

运行结果如图 4.11 所示。

由图 4.11 可知，参数估计没有通过显著性检验。这里用到的模拟数据没有实际含义，因此不作深入讨论。基于目前的估计结果，Logistic 回归方程可写为：

$$\ln\left(\frac{P}{1-P}\right) = 0.253 - 0.019 \times X$$

```
Call:
glm(formula = ata$y ~ ata$x, family = binomial(link = "logit"))

Deviance Residuals:
    Min      1Q   Median      3Q      Max
-0.9657  -0.8999  -0.8786   1.4744   1.5528

Coefficients:
             Estimate Std. Error z value Pr(>|z|)
(Intercept)  0.25328    1.10640   0.229    0.819
ata$x       -0.01935    0.02213  -0.874    0.382

(Dispersion parameter for binomial family taken to be 1)

    Null deviance: 1266.9  on 999  degrees of freedom
Residual deviance: 1266.2  on 998  degrees of freedom
AIC: 1270.2

Number of Fisher Scoring iterations: 4
```

图 4.11　参数估计结果

下面给出相应的 Python 程序：

import pandas as pd

import numpy as np

import statsmodels. formula. api as f

import statsmodels. api as s

data = pd. read_csv('D:\data. csv')

log = f. glm ('y ~ x', data = data, family = s. families. Binomial (s. families. links. logit)). fit( )

log. summary( )

例 4.3　daL. csv 数据。该数据来自某次社区体检获得的部分数据，包括年龄、出生日期、体重、身高和性别变量。下面以性别为因变量，年龄、体重和身高为自变量，构建 Logistic 回归。数据录入的程序如下：

data = pd. read_csv('D:\data. csv')

age < - c(24,38,34,45,26,57,31,37,36,38,39,40,60,77,58,60,38, 53,26,40,38,22,49,40)

height < - c(84,88,74,75,76,87,71,77,76,78,69,90,80,77,78,90,78,

83,86,90,88,92,89,90)

weight < - c(54,69,64,78,88,67,90,83,86,90,88,92,89,90,80,77,71,77,76,78,69,78,90,78)

sex < - gl(2,12,labels = c("M","F"))

par(mfrow = c(1,2))
plot(age,weight,col = as.numeric(sex),pch = 3 * as.numeric(sex),
main = "age & weight")
lines(lowess(age[sex == 'M'],weight[sex == 'M']),col = 1)
lines(lowess(age[sex == 'F'],weight[sex == 'F']),col = 2)
legend("topright",levels(sex),col = 1:2,pch = 3 * (1:2),lty = 1,bty = "n")

plot(age,height,col = as.numeric(sex),pch = 3 * as.numeric(sex),
main = "age&height")
lines(lowess(age[sex == 'M'],height[sex == 'M']),col = 1)
lines(lowess(age[sex == 'F'],height[sex == 'F']),col = 2)
legend("topright",levels(sex),col = 1:2,pch = 3 * (1:2),lty = 1,bty = "n")

下面用 R 程序绘制折线图，如图 4.12 所示。

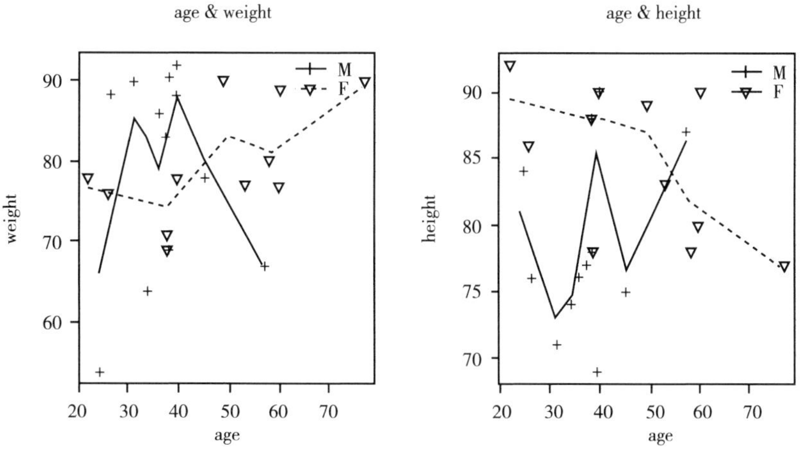

图 4.12　折线图

基于例 4.3 数据，可以通过下面程序构建多元 Logistic 回归模型。

R 程序为：

lg < - glm(sex ~ age + weight + height, family = binomial(link ='logit'))

Python 程序为：

log = f. glm('sex ~ age + weight + height', data = data,

family = s. families. Binomial(s. families. links. logit)). fit( )

4.2.2 数据挖掘中的回归关系测度方法

4.2.2.1 Lasso 回归

Lasso（least absolute shrinkage and selection operator）是在一般线性回归模型基础上增加惩罚项，因此，参数估计的形式为：$\hat{\beta} = \text{argmin}(\sum_{i=1}^{n}(y_i - \hat{y}_i)^2 + \lambda \sum_{j=1}^{k}|\beta_j|)$。增加 $\lambda \sum_{j=1}^{k}|\beta_j|$ 的作用在于：对系数进行约束，使得模型的系数值收缩，甚至会收缩为 0。当系数为 0 时，对应的变量就从模型中剔除，因此起到变量选择的效果。这也是区别于岭回归的地方，岭回归只能使系数无限逼近于 0，而 Lasso 可以直接压缩为 0。

下面给出 Lasso 的一个著名的图，可以解释为何 Lasso 能够进行变量选择。以二元线性回归为例，存在两个回归系数 β_1 和 β_2，以这两个回归系数为坐标轴，正则化项的 β_1 和 β_2 的等高线形成四边形。相应地，岭回归的正则化项 β_1 和 β_2 的等高线形成椭圆形，将残差平方和相等的点连起来形成距离坐标轴较远的椭圆线。如图 4.13 所示，图 4.13（a）表示 Lasso 回归，图 4.13（b）表示岭回归。

由图 4.13 可以看出，Lasso 回归中，残差平方和相等的点连起来形成的椭圆线与四边形的交点在坐标轴上，而岭回归中通常很难与椭圆形相交于坐标轴，所以 Lasso 具有变量选择的功能。

例 4.4 diabetes. csv 数据。该数据来自 R 的软件包 lars 自带的 diabetes 数据，包括了糖尿病的一些理化指标。下面先用 R 实现 Lasso 回归的估计

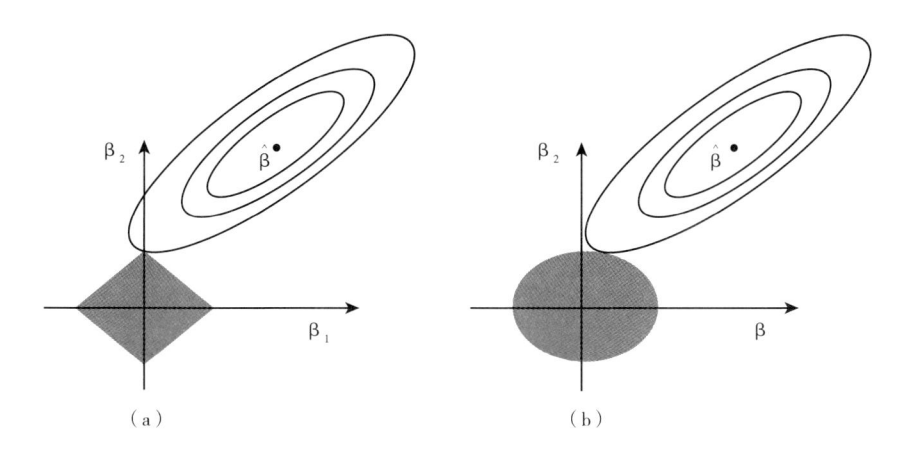

图 4.13 Lasso 进行变量选择的原理

过程：

library(glmnet)

library(lars)

data(diabetes)

diabetes = as.matrix(diabetes)

x = as.matrix(diabetes[,1:10])

y = as.matrix(diabetes[,11])

r1 <- cv.glmnet(y = y, x = x, family = "gaussian", alpha = 1, nfolds = 3)

r1$lambda.min

#0.6863923

r1$lambda.1se

#3.663069

r2 <- glmnet(y = y, x = x, family = "gaussian", alpha = 1, lambda = r2$lambda.min)

coef(r2)

参数估计结果如图 4.14 所示。

```
11 x 1 sparse Matrix of class "dgCMatrix"
                        s0
(Intercept)    152.133484
x.age           -9.125116
x.sex         -238.954544
x.bmi          520.445282
x.map          323.488922
x.tc          -706.889762
x.ldl          410.727533
x.hdl           61.221964
x.tch          163.435547
```

图 4.14　Lasso 回归参数估计结果

下面给出相应的 Python 程序：

```
import pandas as pd
import numpy as np
import statsmodels.formula.api as f
import statsmodels.api as s
from sklearn.linear_model import LassoCV

data = pd.read_csv('D:\diabetes.csv')
data = data.values.copy()
X = data[:,1:10]
y = data[:,11]

lasso_alphas = np.logspace(-3,0,100,base=10)
lcv = LassoCV(alphas=lasso_alphas,cv=3)
lcv.fit(X,y)

print('best {}'.format(lcv.alpha_))
#最优 alpha 值为 0.01232846

from sklearn.linear_model import Lasso
lasso = Lasso()
```

```
lasso_coefs = [ ]
for alpha in lasso_alphas:
    lasso. set_params( alpha = alpha)
    lasso. fit( X,y)
    lasso_coefs. append( lasso. coef_)
lcv. coef_
```

接下来通过可视化分析,进一步完成 Lasso 在 diabetes 数据的应用研究。R 程序如下:

```
library( glmnet)
library( lars)

data( diabetes)
diabetes = as. matrix( diabetes)
x = as. matrix( diabetes[ ,1 : 10])
y = as. matrix( diabetes[ ,11])

par( mfrow = c( 1,2))
r1 < - glmnet( y = y,x = x,family = "gaussian",alpha = 1)
plot( r1,xvar = "lambda")
set. seed( 1234)
r2 < - cv. glmnet( y = y,x = x,family = "gaussian",alpha = 1,nfolds = 3)
plot( r2)
```

结果如图 4.15 所示。

由图 4.15(左)可知,随着 λ 对数值增大,越来越多的线逐步趋近于 0,表示变量系数趋于稳定。由图 4.15(右)可知,随着 log(λ) = 2.1 的增加,均方误差也逐渐增加,从图中无法直接得到最优的 λ 值。因此,利用前面的程序设置 lambda = r2$lambda. min,求得最终的参数估计结果。

下面给出对应于图 4.15(左)的 Python 程序:

```
ax = plt. gca()
```

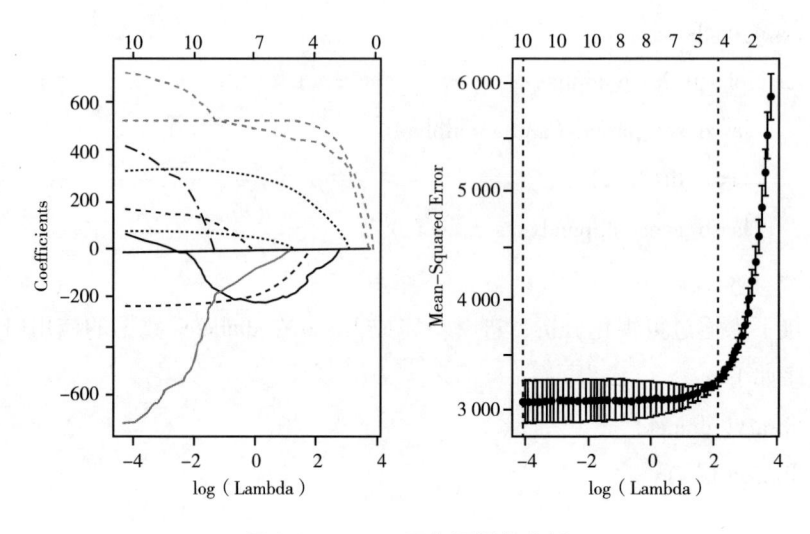

图 4.15 Lasso 回归可视化分析

ax. plot(lasso_alphas,lasso_coefs)

ax. set_xscale('log')

plt. xlabel('X')

plt. ylabel('Y')

plt. title('Title')

plt. show()

4.2.2.2 决策树回归

决策树是依托决策自上而下生成的树状结构。因为每个决策或事件都可能引出两个或多个事件,导致不同的结果,所以把这种决策分支画成图形很像一棵树的枝干,故称决策树。整个过程如图 4.16 所示。

不难发现,决策树是一棵二叉树或者多叉树,每次选择的都是最优的属性进行分裂,通过训练数据构建决策树。决策树具有两大优点:(1)可读性好,便于分析;(2)效率高,只需构建一次,每一次预测的最大计算次数不超过决策树的深度。实际上,决策树可以用于回归问题,也可以用于分类问题。在这里,我们仅讨论决策树回归,即给定的训练数据输入和标签都是连续的。

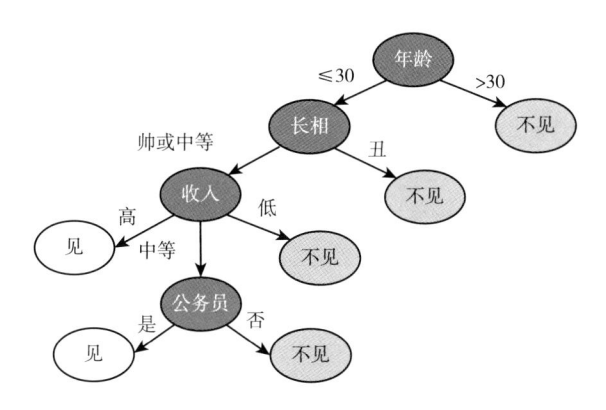

图 4.16　相亲决策树

例 4.5　gs. csv 数据。该数据共包括 1 个因变量和 3 个自变量的 1 000 条观测。下面先用 R 代码实现决策树回归：

library(rpart. plot)

data = read. csv("D:\\gs. csv")

attach(data)

a = rpart(y ~ x1 + x2 + x3)

summary(a)

相应的 Python 代码如下：

import numpy as np

import matplotlib. pyplot as plt

from sklearn. tree import DecisionTreeRegressor

from sklearn import linear_model

data = pd. read_csv('D:\gs. csv')

data = data. values. copy( )

x = data[:,1:3]

y = data[:,0]

x = np. array(x). reshape(-1,1)

```
y = np.array(y).ravel()
Model = DecisionTreeRegressor(criterion = 'mse', max_depth = 2)
Model.fit(x,y)
y_pred = Model.predict(x)
```

基于上面的决策树回归估计结果，可以进一步利用下面 R 代码，构建如图 4.17 所示的决策树。

```
rpart.plot(a, type = 2, faclen = T)
```

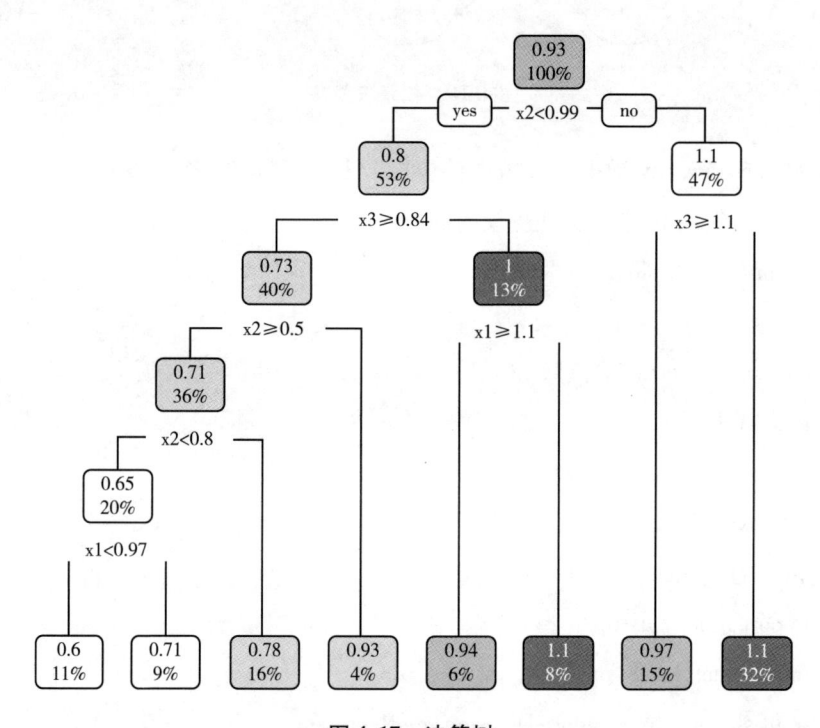

图 4.17　决策树

下面给出用 Python 绘制折线图的主要代码，读者可以根据自己的需求进行调试。

```
plt.figure()
plt.plot(x, y, label = 'Title1')
plt.plot(x, y_pred, label = 'Title2', linestyle = '--')
plt.legend(bbox_to_anchor = (1, 0.2))
```

```
#plt. axis('tight')
plt. xlabel('x')
plt. ylabel('y')
plt. show()

from sklearn import tree
from sklearn. model_selection import cross_val_score
import graphviz
regt = DecisionTreeRegressor(max_depth = 4)
reget = regt. fit(x,y)
dot_data = tree. export_graphviz(regt,out_file = None)
graph = graphviz. Source(dot_data)
graph. render("Comtree0")
graph
```

4.2.2.3 随机森林回归

随机森林本质上是由多棵决策树构成的组合算法。具体来说，随机森林用随机的方式建立由 K 棵相互独立的决策树 $\{f(X,\theta_i),i=1,\cdots,K,\theta_i$ 是独立同分布的随机变量$\}$ 所构成的森林。当输入新样本时，森林中每一棵决策树独立构建回归模型，进行相关运算，最后综合所有决策树的结果（如取平均值），作为最终答案。随机森林的构建过程如图 4.18 所示。

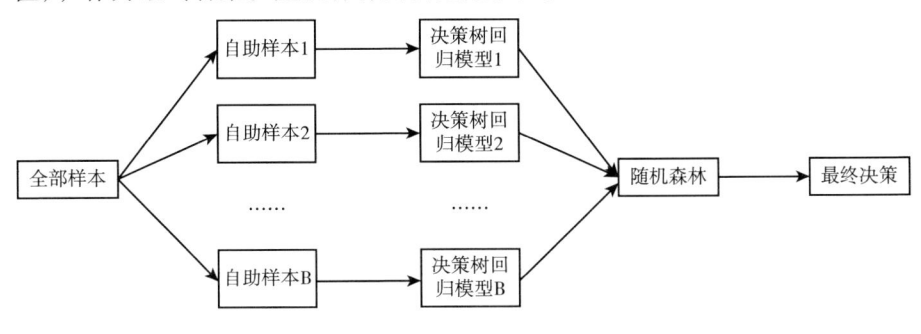

图 4.18 随机森林的构建过程

由决策树构成的组合算法不只是随机森林一种，还有袋装法（bagging）、提升法（boosting）等方法。相比之下，随机森林具有如下优点。

（1）精度较高。袋装法中，树与树之间的相关性较高，随机森林通过引入随机性，降低了相关度。

（2）运算效率较高。随机森林中的每棵决策树在形成分叉的每个节点处没有遍历所有变量，而是随机选择少数变量，生成决策树。因此，比 bagging 和自适应提升法（adaboost）的运算效率都高。

（3）稳健性。adaboost 算法对误分的样本的权重逐步增加，而噪声污染后的数据一直会被误分，因而提高噪声样本的权重，导致整体的精度降低。

（4）可以列出所有变量的重要性排序。相比之下，bagging 只能列出比较重要的变量，而随机森林中重要变量不会被其他高度相关的变量屏蔽。

（5）当存在异常点时，不会出现过拟合现象。而 adaboost 出现异常点时，会增大异常点的权重，因此会出现过拟合。

下面用例 4.4 中 R 软件包 lars 自带的 diabetes 数据，构建随机森林回归模型。下面先用 R 实现随机森林回归的估计过程：

library(randomForest)

data = read.csv("D:\\diabetes.csv")
y = as.numeric(data[,11])
x1 = as.numeric(data[,1])
x2 = as.numeric(data[,2])
x3 = as.numeric(data[,3])
x4 = as.numeric(data[,4])
x5 = as.numeric(data[,5])

a = randomForest(y ~ x1 + x2 + x3 + x4 + x5, importance = TRUE, proximity = TRUE)

a$predicted
#因变量 y 的拟合值

a$importance

#可以列出所有自变量的重要性

mean((y-mean(y))^2)

#计算均方误差:0.002262443

自变量重要性排序如图4.19所示。

```
      %IncMSE    IncNodePurity
x1 -2.461692e-06    0.10746909
x2  1.197881e-04    0.12727222
x3  9.247671e-05    0.03299718
x4  2.550332e-04    0.16001665
x5  2.319244e-04    0.15359474
```

图4.19 自变量重要性排序

下面给出随机森林回归的Python程序:

import pandas as pd

from sklearn.ensemble import RandomForestRegressor

data = pd.read_csv("D:\\diabetes.csv")

data = data.values.copy()

x = data[:,1:6]

y = data[:,11]

a = RandomForestRegressor(random_state=0,n_estimators=500)

a.fit(x,y)

下面给出用R实现随机森林变量重要性排序可视化的程序:

par(mfrow=c(2,1))

barplot(a$importance[,1],main="Importance$IncMSE",xlab="Covariates",ylab="IncMSE",las=2,cex.names=0.1,horiz=F,cex.axis=0.3)

barplot(a$importance[,2],main="Importance$IncNodePurity",xlab="Covariates",ylab="IncNodePurity",las=2,cex.names=0.1,horiz=F,cex.axis=0.3)

重要性柱状图如图 4.20 所示。

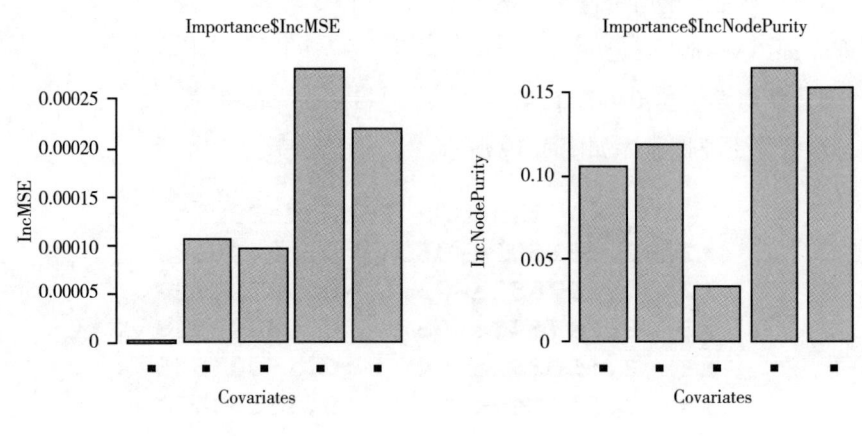

图 4.20 重要性柱状图

4.2.2.4 神经网络回归

神经网络是由大量神经元按照一定方式相互连接而形成的复杂信息处理系统的简化模型。其中，神经元是构成神经网络的最基本单元。换句话说，神经网络也可以简单地理解为由神经元构成的网状模型。这种网状的特征表达了神经元间的连接方式。

"神经元"一词源于生物学，即通常意义上的神经细胞。生物神经元主要由树突、细胞体和轴突构成，如图 4.21 所示。

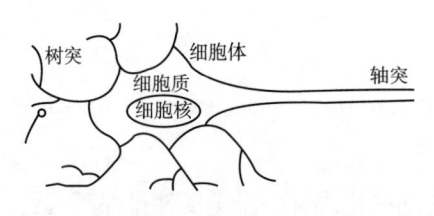

图 4.21 生物神经元构成

树突是神经元的输入通道，能接受和整合来自其他神经细胞和从细胞体其他部位传来的信息。细胞体是神经元的主体，是神经元代谢和营养的中心，存在于脑和脊髓的灰质及神经节内，由细胞核、细胞质和细胞膜组成。轴突是神经元的输出通道，每个神经元只有一条轴突。在生物神经元中，树突为输入，轴突为输出，细胞体可理解为"黑匣子"。作为生物神经元的抽象和模拟，人工神经元具有类似的组成，它们分别是输入部分（树突）、黑匣子（细胞体）、输出部分（轴突）。如图 4.22 所示，用虚线将人工神经元的构成进行了划分。

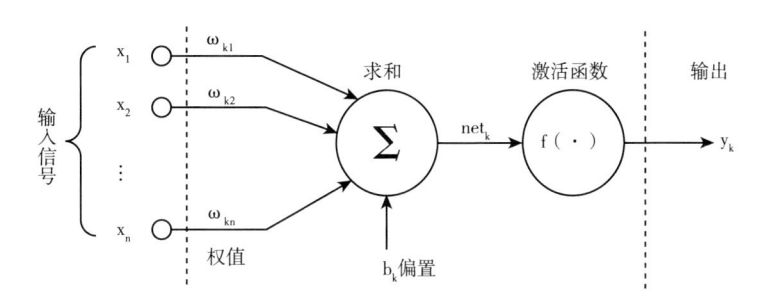

图 4.22　人工神经元结构

由图 4.22 可知，第一，最左侧的 x_i（$i=1$，…，n）是输入信号；第二，中间部分表示人工神经元的黑匣子；第三，最右侧的 y_k 是输出信号。其中，k 表示人工神经元的编号。

对于中间部分"黑匣子"，按从左到右的顺序分别介绍各个符号的含义，如表 4.1 所示。

表 4.1　　　　　　　　人工神经元"黑匣子"符号说明

符号	含义
ω_{ki}	权重。表示输入信号 x_i 对后面部分的影响、贡献或效应大小。当权重 ω_{ki} 为正时，表示对信号 x_i 有激励作用；当权重 ω_{ki} 为负时，表示对信号 x_i 有抑制作用
Σ	求和。实际上是对输入信号进行加权求和，相当于生物神经元将多个传入冲动整合所得的膜电位，即 $\sum = \sum_{i=1}^{n} \omega_{ki} x_i$
b_k	偏置。作为 net_k 的一部分，类似一般线性回归中的误差项。在生物神经元中，只有当膜电位超过动作电位的阈值时才产生神经冲动，因此在人工神经元中引入偏置 b_k 来表示
net_k	净输入。即神经元 k 的内部激活水平。$net_k = \sum_{i=1}^{n} \omega_{ki} x_i + b_k$
$f(\cdot)$	激活函数。可以理解为中学数学中函数的对应法则，即 $y = f(x)$。用来模拟生物神经元的膜电位与神经冲动间的转换关系。输出 $y_k = f(net_k)$

不难发现，只有 $y_k = f(net_k)$ 未明确具体的函数关系。到底 $f(\cdot)$ 是

什么呢？或者到底y_k与net_k之间的显示表达式是什么呢？成为解密人工神经元中"黑匣子"的最后一个未知数。

对于一个完整的人工神经元，激活函数有多种选择［例如，阈值函数（即 x≥0 时 f（x）取 1，x<0 时 f（x）取 0）］。

综上所述，人工神经元中的黑匣子实际上表达了如下的函数关系：

$$y_k = f(net_k) = f(\sum_{i=1}^{n} \omega_{ki} x_i + b_k)$$

有时为了方便，可把偏置b_k看作固定输入$x_0 = 1$的权值，即$\omega_{k0} = b_k$。那么：

$$y_k = f(net_k) = f(\sum_{i=0}^{n} \omega_{ki} x_i)$$

令$X_k = (x_0, x_1, \cdots, x_n)^T$，$W_k = (\omega_{k0}, \omega_{k1}, \cdots, \omega_{kn})^T$，则：

$$y_k = f(net_k) = f(W_k^T X_k)$$

神经网络结构可以从神经元数量、层数以及连接方式三个角度进行描述。具体来说，神经网络结构的不同可能由神经元数量不同所致。即使神经元总量相同，也可能由于神经元排列的层数以及相互连接方式的不同，导致各种各样的神经网络结构。按照层数，神经网络结构可以划分为单层网络和多层网络。单层网络是指只有一层神经元有信息处理功能的神经网络。实际上，单层网络是由输入层与输出层构成的双层神经网络。多层网络是在单层感知器的基础上，在输入层和输出层之间增加一个或多个隐层。显然，多层网络更为复杂。目前，应用最广泛的神经网络是 BP 神经网络，如图 4.23 所示。

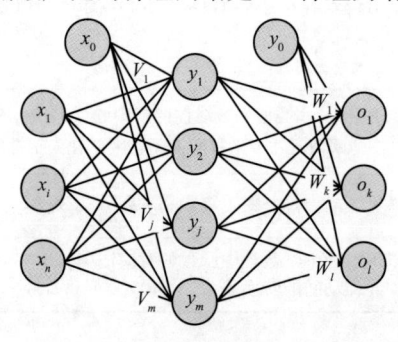

图 4.23 单隐层 BP 神经网络

如图 4.23 所示，假设我们研究的是第 l 层的神经元 j，第 l-1 层的神经元用 i 表示，第 l+1 层的神经元用 k 表示。o_j 表示神经元 j 的输出，ω_{ji} 表示神经元 i 与 j 之间的连接权值，ω_{kj} 表示神经元 j 与 k 之间的连接权值。综上所述，BP 算法的具体步骤如表 4.2 所示。

表 4.2　　　　　　　　　　BP 算法的具体步骤

步骤	内容	计算方法
STEP1	初始化所有网络权值 $\omega_{ji}(t)$ 为小的随机数	
STEP2	迭代直至收敛	
STEP2.1	信号的正向传播。逐层计算各隐层及输出层神经元的输出 o_j	$net_j = \sum_{i=1}^{n} \omega_{ji} x_i$ $o_j = f(net_j)$
STEP2.2	误差的反向传播。计算各层误差信号。输入当前对应的期望输出 d，得到各层误差信号	$\delta_j = (d_j - o_j) o_j (1 - o_j)$ $\delta_j = o_j(1-o_j) \sum_{i=1}^{n} \omega_{ji} x_i$
STEP2.3	计算权值修正量	$\Delta \omega_{ji} = \eta \delta_j o_i$
STEP2.4	更新每个网络权值	$\omega_{ji}(t+1) = \omega_{ji}(t) + \Delta \omega_{ji}(t)$

BP 由信号的正向传播与误差的反向传播两部分组成。在正向传播过程中，信号由网络的输入层经隐层逐层传递至输出层，得到网络的实际输出。若此实际输出与期望输出不一致，则转入误差反向传播阶段。在反向传播阶段，将输出误差经由隐层向输入层反传，从而获得各层各单元的误差信号，依此信号对网络连接权值进行调整。反复执行信号的正向传播与误差的反向传播这两个过程，直至网络输出误差小于预先设定的阈值，或进行到预先设定的学习次数为止。综上所述，BP 神经网络模型的基本原理如下：

$$o_k = f(net_k) = f(\sum_{j=0}^{m} w_{jk} y_j) = f(\sum_{j=0}^{m} w_{jk} f(net_j)) = (\sum_{j=0}^{m} w_{jk} f(\sum_{i=0}^{n} v_{ij} x_i))$$

其中，$f(x) = 1/(1+e^{-x})$，$j = 1, 2, \cdots, m$，$k = 1, 2, \cdots, l$。

不难发现，当 $f(x) = x$，则得到线性回归模型：$y_j = \sum_{i=0}^{n} v_{ij} x_i$。当 $f(x) = g(x)$，$g(x)$ 为非线性函数，则得到非线性回归模型：$y_j = f(X)$。当 $f(x) = 1/(1+e^{-x})$，则得到 Logistic 回归模型：$y_j = 1/(1+e^{-X})$。

例 4.6　da1 数据。该数据来自 UCI 数据库中建筑物热负荷数据的 500

个随机样本数据,记为 da1.csv。该数据包括建筑物的相对密实度(X1)、表面积(X2)、墙体面积(X3)、顶部面积(X4)共 4 个自变量,以及建筑物热负荷(因变量,记为 Y)。旨在建立 BP 神经网络回归模型,研究建筑物热负荷的影响因素。

下面给出 R 程序:

```
install.packages("nnet")
#安装软件包 nnet
library(nnet)
#调用软件包 nnet
data < - read.csv("D:\\da1.csv")
#读入数据
head(data,10)
#数据概览(仅展示前 10 行)
summary(data)
#基本统计描述,确定各变量取值范围
normalize < - function(x)
#归一化函数
{
    return((x - min(x))/(max(x) - min(x)))
}
data_new < - data
data_new[,1] < - normalize(data[,1])
data_new[,2] < - normalize(data[,2])
data_new[,3] < - normalize(data[,3])
data_new[,4] < - normalize(data[,4])
data_new[,5] < - normalize(data[,5])
colnames(data_new) = c("X1","X2","X3","X4","Y")
#归一化后的数据 data_new
#训练集与测试集
```

n <- dim(data_new)[1]

set.seed(13)

train_index <- sample(1 : n, round(n * 0.8))

train <- data_new[train_index,]

test <- data_new[-train_index,]

#神经网络回归

model <- nnet(Y ~ X1 + X2 + X3 + X4, data = train, size = 3, decay = 1e - 5, maxit = 500)

summary(model)

由图 4.24 可知,该 BP 神经网络由输入层、隐层和输出层三层组成,每层神经元个数分别为 4、3、1。模型共有 19 个权重取值,权重衰减参数为 10^{-5}。b 表示偏置,i 表示输入层,h 表示隐层,o 表示输出层。i1 ~ i4 分别表示输入层的 4 个神经元;h1 ~ h3 分别表示隐层的 3 个神经元。对应箭头下方的数字表示权重。

```
> summary(model)
a 4-3-1 network with 19 weights
options were - decay=1e-05
 b->h1 i1->h1 i2->h1 i3->h1 i4->h1
  7.28 -12.02   0.38  -9.23   9.09
 b->h2 i1->h2 i2->h2 i3->h2 i4->h2
 -9.81   5.94   9.72  -1.40  11.80
 b->h3 i1->h3 i2->h3 i3->h3 i4->h3
 10.70  10.71 -10.84 -30.59  11.95
  b->o  h1->o  h2->o  h3->o
  0.81 -14.04  12.22  -0.60
```

图 4.24　BP 神经网络回归估计结果

下面给出 BP 神经网络回归的相关代码:

from sklearn.datasets import load_digits

#数据集

from sklearn.model_selection import train_test_split

import numpy as np

def sigmoid(x):

```
#激活函数
    return 1/(1 + np.exp(-x))
def dsigmoid(x):
#sigmoid 的倒数
    return x*(1-x)
class NeuralNetwork:
    def __init__(self,layers):
        #这里是三层网络
        self.V = np.random.random((layers[0]+1,layers[1]))*2-1
        self.W = np.random.random((layers[1],layers[2]))*2-1#(100,10)
    def train(self,X,y,lr=0.1,epochs=1000):
        #lr 为学习率,epochs 为迭代的次数
        temp = np.ones([X.shape[0],X.shape[1]+1])
        #为数据集添加偏置
        temp[:,0:-1] = X
        X = temp
        #这里最后一列为偏置
        #进行权值训练更新
        for n in range(epochs+1):
            i = np.random.randint(X.shape[0])
            #随机选取一行数据进行更新
            x = X[i]
            x = np.atleast_2d(x)
            #转为二维数据
            L1 = sigmoid(np.dot(x,self.V))
            #隐层输出 (1, 100)
            L2 = sigmoid(np.dot(L1,self.W))
            #输出层输出 (1, 10)
```

```
            L2_delta = (y[i] - L2) * dsigmoid(L2)
            # (1, 10)
            L1_delta = L2_delta.dot(self.W.T) * dsigmoid(L1)
            self.W += lr * L1.T.dot(L2_delta)
            #更新
            self.V += lr * x.T.dot(L1_delta)
            if n%1 000 == 0:
            #每训练1 000次预测准确率
                predictions = []
                for j in range(X_test.shape[0]):
                    out = self.predict(X_test[j])
                    #用验证集去测试
                    predictions.append(np.argmax(out))
                    #返回预测结果
                accuracy = np.mean(np.equal(predictions, y_test))
                #求平均值
                print('epoch:', n, 'accuracy:', accuracy)
    def predict(self, x):
    #添加转置,这里是一维的
        temp = np.ones(x.shape[0] + 1)
        temp[0: -1] = x
        x = temp
        x = np.atleast_2d(x)
        L1 = sigmoid(np.dot(x, self.V))
        #隐层输出
        L2 = sigmoid(np.dot(L1, self.W))
        #输出层输出
        return L2
digits = load_digits()
```

#载入数据

X = digits. data

#数据

y = digits. target

#标签

#创建神经网络

nm = NeuralNetwork([64,10,5])

#64、10、5 表示输入层、隐藏层、输出层的单元个数

X_train,X_test,y_train,y_test = train_test_split(X,y)

#默认分割：3∶1

nm. train(X_train,y_train,epochs = 2 000)

下面给出神经网络回归预测可视化分析的 R 代码：

pred_test < - predict(model,test[,1∶4])

cor(test[,5],pred_test)

0.9525331

plot(test[,5],pred_test)

预测值与真实值之间的相关系数是 0.9525331，非常接近 1，说明两个变量之间有很强的线性关系。且图 4.25 中可直观看出，所建立的神经网络模型具有较好的预测效果。

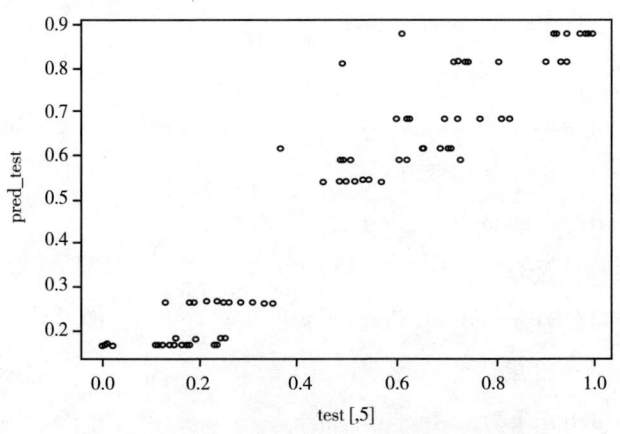

图 4.25　测试集真实数据与预测数据散点图

4.2.2.5 支持向量机回归

支持向量机回归是在支持向量机分类器基础上发展起来的一种回归模型。当数据线性可分时，令 f(x) = w×x + b（w×x + b = 0 时表示超平面），其中，w 和 b 表示超平面的系数向量与截距，x 表示输入数据集的自变量。支持向量机回归要求因变量 y 与 f(x) 的差距越小越好。这类似于支持向量机分类器，超平面距离 y 两类取值的距离达到最大，即超平面距离 y 两类最近取值确定的带宽 $\rho = 2/\|w\|$ 达到最大。因此，支持向量机回归要解决的问题是计算得到最小的 w。但不同之处在于，支持向量机在回归问题上要求满足约束条件：$\|y - f(x)\| \leq \varepsilon$，$\varepsilon$ 是某个特定值。

当数据线性不可分时，支持向量机回归需要借助核函数解决非线性问题。但是，这需要满足数据在高维空间中线性可分的前提条件，核函数才可起到空间转换的作用。具体来说，核函数的思想是构造原数据的高维映射，将输入空间的数据映射到高维。核函数可以被定义为：$K(x,z) = \Phi(x) * \Phi(z)$。其中，$\Phi(\cdot)$ 表示映射函数，$*$ 表示向量内积。

常见的核函数包括多项式核函数、高斯核函数以及 sigmoid 核函数。

（1）p 次多项式核函数：$K(x,z) = (\gamma x \cdot z + c)^p$。其中，$\gamma$、c、p 是可设置参数。

（2）高斯核函数：$K(x,z) = \exp(-\gamma\|x-z\|^2)$。其中，$\gamma$ 是可设置参数。

（3）sigmoid 核函数：$K(x,z) = \tanh(\gamma x \cdot z + c)$。其中，$\gamma$、c 是可设置参数。

下面利用的数据是例 4.6 中来自 UCI 数据库中建筑物热负荷数据的 500 个随机样本数据（da1.csv）进行支持向量机回归模型的构建，程序如下：

library(e1071)

#调用软件包 nnet

data < - read.csv("D:\\da1.csv")

#读入数据

a = svm(data[,5] ~ data[,1] + data[,2] + data[,3] + data[,4],cross =5)

相应的 Python 程序如下：

library(e1071)

#调用软件包 nnet

import pandas as pd

import numpy as np

from sklearn.svm import SVR

data = pd.read_csv("D:\\da1.csv")

data = data.values.copy()

x = data[:,0:4]

y = data[:,4]

a = SVR(kernel='rbf', C=1 000, gamma=0.1)

下面用 R 程序对 y 的真实值和支持向量机回归的拟合值进行可视化分析：

plot(data[,5], a$fitted, main="Title", xlab="True Value", ylab="Fitted Value")

由图 4.26 可知，y 的真实值与拟合值分布具有沿着主对角线的特点，而且对于同一个拟人合值，往往存在不同真实值相对应，因此呈现出水平方向间断式的小短线。

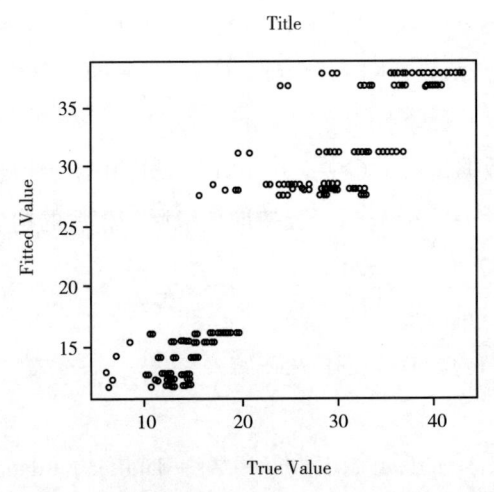

图 4.26 y 的真实值和支持向量机回归拟合值散点图

4.3 实战案例：综合调查指标回归关系研究

4.3.1 研究背景与数据说明

城乡收入差距的扩大问题是全世界普遍存在且较难解决的社会问题。作为收入的主要组成部分，城乡职业收入成为提高人民生活品质、保障平等共享、构建和谐社会的重要因素。研究城乡职业收入及其差距的影响因素具有非常重要的意义（程豪，2021）。

从收入来源来看，城市职业收入一般来自工资、奖金、各种津贴、补贴等工薪收入，单位发放的与劳动密切相关的各种福利待遇，单位建立的按劳动贡献大小确定的补充保险，以及人们利用业余时间从事相关劳动所获得的稿酬、讲课费、咨询费、劳务费等。农村职业收入一般来自农、林、牧、副、渔等产品及出售产品所得，乡镇企业就业人员的工薪收入，外出打工的农民工的各种劳务收入等。因此，城市和农村的收入来源差异较大，如何提炼城乡职业收入的影响因素，并保证影响因素的可比性成为重要课题。

落实到具体数据分析，研究者往往会遇到数据缺失问题，如何妥善高效地处理缺失数据，表达收入及其影响因素间回归关系，在方法学上具有一定的研究意义和应用价值。

本部分所用数据来自 2015 年中国综合社会调查（Chinese General Social Survey，CGSS）的部分数据。经数据清理和初步整理，形成城市数据（city.csv）和农村数据（countryside.csv）两个数据集，样本量分别为 505 和 489。变量共包括全年职业收入（因变量，单位为千元，记为 inco）、周工作时间（自变量，单位为小时，记为 wtim）、民族（自变量，记为 nati）、教育程度（自变量，记为 edu）、单位类型（自变量，记为 type）和年龄（自变量，记为 age）。其中，只有周工作时间数据存在缺失。经计算，城市数据中周工作时间的缺失百分比为 16.83%，农村数据中周工作时间的缺失百分比为 16.16%。

民族、教育程度、单位类型为分类变量,根据 CGSS 设置,这些变量的取值情况及所表达含义如下:(1)民族:-8(无法回答)、-3(拒绝回答)、-2(不知道)、-1(不适用)、1(汉族)、2(蒙古族)、3(满族)、4(回族)、5(藏族)、6(壮族)、7(维吾尔族)、8(其他)。(2)教育程度:-8(无法回答)、-3(拒绝回答)、-2(不知道)、-1(不适用)、1(没有受过任何教育)、2(私塾、扫盲班)、3(小学)、4(初中)、5(职业高中)、6(普通高中)、7(中专)、8(技校)、9[大学专科(成人高等教育)]、10[大学专科(正规高等教育)]、11[大学本科(成人高等教育)]、12[大学本科(正规高等教育)]、13(研究生及以上)、14(其他)。(3)单位类型:-8(无法回答)、-3(拒绝回答)、-2(不知道)、-1(不适用)、1(党政机关)、2(企业)、3(事业单位)、4(社会团体、居/村委会)、5[无单位/自雇(包括个体户)]、6(军队)、7(其他)。

4.3.2　两种回归模型的构建

作为一种应用广泛的重要统计模型,线性回归能够用于研究给定自变量后因变量的平均变化趋势,其表达形式如下:

$$Y = \beta_0 + \beta_1 \times X_1 + \cdots + \beta_P \times X_P + \varepsilon$$

其中,Y 表示因变量,β_0 表示截距,$\beta_1,\cdots,\beta_P$ 表示自回归系数,X_1,X_2,$\cdots$,X_P 表示自变量,ε 表示误差项。误差项 ε 服从均值为 0、方差为 δ^2 且相互独立的正态分布。用于参数估计的最小二乘法的基本原理可理解为拟合一条直线,使实际值与预测值之差(残差)的平方和最小,即求 $\min \sum (y_i - \hat{y}_i)^2$。

随着统计实践需求的不断提高,人们对回归模型提出更高的要求,即不应仅仅局限于反映数据分布的平均水平,而应反映出不同分位数水平下的数据分布规律,完整地展示数据信息。线性分位回归的表达形式为:

$$Q_Y(\tau|x) = \beta_0(\tau) + \beta_1(\tau) \times X_1 + \cdots + \beta_P(\tau) \times X_P + \varepsilon, \tau \in (0,1)$$

其中,$\beta(\tau) = (\beta_1(\tau),\cdots,\beta_P(\tau))^T$ 表示与分位水平 τ 相关的分位回归系数。令

$\hat{\beta}(\tau; y, X)$ 表示基于观测 (y, X) 的 τ 分位数下的分位回归系数估计量。则 $\hat{\beta}(\tau; y, X)$ 满足如下性质:(1) $\hat{\beta}(\tau; ay, X) = a\hat{\beta}(\tau; y, X)$;(2) $\hat{\beta}(\tau; -ay, X) = -a\hat{\beta}(1-\tau; y, X)$;(3) $\hat{\beta}(\tau; y+X\gamma, X) = \hat{\beta}(\tau; y, X) + \gamma$;(4) $\hat{\beta}(\tau; y, XA) = A^{-1}\hat{\beta}(\tau; y, X)$。

线性回归和分位回归的基本思想不同,线性回归基于"平均数"思想,而分位回归利用的是"分位数"思想。当人们需要从总体上了解变量间回归关系时,线性回归成为非常有力的方法工具,而如果人们想从不同水平全面灵活揭示变量间回归关系时,分位回归则成为一种颇具前景的分析工具。相比之下,分位回归对于数据异质性有更强大的包容程度、对异常点保有较好的稳健性、其估计和推断不要求分布形式。

在线性回归的参数估计中,距离的度量方式基于欧几里得距离的平方,$d(y-\hat{y}(\beta)) = ||y-X\beta||^2 = (y-X\beta)^T(y-X\beta)$。而在分位回归的参数估计中,距离的度量方式为 $d(y-\hat{y}(\beta)) = \rho(y-\hat{y}(\beta))$。其中,$\rho_\tau(r) = r\{\tau - I(r<0)\}$ 是一种损失函数,被称为检验函数。作为定量描述决策损失程度的函数,损失函数包括平方损失、绝对值损失和检验函数三种形式。平方损失函数用于线性回归估计,即在平均损失意义下求最小残差平方和。平均损失函数存在一个不足之处:孤立点或离群点的存在对目标函数影响极大,远离目标函数,急剧增大或减小预测值[1]。绝对损失函数采取一种对统计决策造成损失的绝对值大小。此外,分位回归的检验函数不受异常点影响,通过增加一个分位数变元,全面刻画研究者感兴趣的某一分位数上的回归曲线。

基于上述数据和变量,本部分分别构建线性回归模型和分位回归模型,模型表达式如下所示。

线性回归:令 β_0^L、β_1^L、β_2^L、β_3^L、β_4^L、β_5^L 为线性回归模型中的待估参数,

$$\text{inco} = \beta_0^L + \beta_1^L \times \text{wtim} + \beta_2^L \times \text{nati} + \beta_3^L \times \text{edu} + \beta_4^L \times \text{type} + \beta_5^L \times \text{age}$$

分位回归:令 $\beta_{0,\tau}^Q$、$\beta_{1,\tau}^Q$、$\beta_{2,\tau}^Q$、$\beta_{3,\tau}^Q$、$\beta_{4,\tau}^Q$、$\beta_{5,\tau}^Q$ 为分位回归模型中的待估参数,

---

[1] Koenker R. Quantile Regression [M]. Cambridge Univerty Press, 2005.

$$Q_\tau(\text{inco}) = \beta_{0,\tau}^Q + \beta_{1,\tau}^Q \times \text{wtim} + \beta_{2,\tau}^Q \times \text{nati} + \beta_{3,\tau}^Q \times \text{edu} + \beta_{4,\tau}^Q \times \text{type} + \beta_{5,\tau}^Q \times \text{age}$$

其中，分位数水平以[0，1]为取值范围、0.05为间隔等间隔取21个数，估计结果仅展示分位数水平为0.10、0.50、0.90的部分。

4.3.3 统计分析与参数估计

先对模型中涉及的变量（全年职业收入、周工作时间、民族、教育程度、单位类型和年龄）进行统计描述，见表4.3和表4.4。

表4.3　　　　　　　连续型变量统计描述

变量名	类型	有效数	缺失数	最小值	最大值	均值	标准差
全年职业收入	城市	505	0	0.00	1 000.00	52.30	84.95
	农村	489	0	0.00	1 000.00	29.89	50.22
周工作时间	城市	420	85	3.00	112.00	48.72	17.92
	农村	410	79	2.00	140.00	53.08	20.14
年龄	城市	505	0	22.00	83.00	44.68	11.91
	农村	489	0	22.00	87.00	45.69	12.60

表4.4　　　　　　　分类型变量统计描述

变量	取值	城市 频数	城市 百分比（%）	农村 频数	农村 百分比（%）
民族	汉族	477	94.46	457	93.46
	蒙古族	2	0.40	1	0.20
	满族	3	0.59	4	0.82
	回族	11	2.18	6	1.23
	壮族	0	0.00	4	0.82
	其他	12	2.38	17	3.48
教育程度	没有受过任何教育	9	1.78	18	3.68
	私塾、扫盲班	1	0.20	5	1.02
	小学	53	10.50	92	18.81
	初中	113	22.38	229	46.83
	职业高中	10	1.98	5	1.02

续表

变量	取值	城市 频数	城市 百分比（%）	农村 频数	农村 百分比（%）
教育程度	普通高中	94	18.61	71	14.52
	中专	42	8.32	18	3.68
	技校	5	0.99	3	0.61
	大学专科（成人高等教育）	27	5.35	7	1.43
	大学专科（正规高等教育）	44	8.71	14	2.86
	大学本科（成人高等教育）	26	5.15	10	2.04
	大学本科（正规高等教育）	66	13.07	17	3.48
	研究生及以上	15	2.97	0	0.00
单位类型	党政机关	24	4.75	13	2.66
	企业	252	49.90	170	34.76
	事业单位	69	13.66	50	10.22
	社会团体、居/村委会	15	2.97	17	3.48
	无单位/自雇（包括个体户）	144	28.51	235	48.06
	军队	0	0.00	1	0.20
	其他	1	0.20	3	0.61

由表 4.3 可知，城市和农村全年职业收入的平均水平分别为 52.30 千元和 29.89 千元，确实反映出城乡职业收入存在一定差距。农村周工作时间的跨度（即最小值、最大值构成的取值范围）比城市周工作时间大，平均水平也相对较高。城市和农村受访者在年龄上相对较为接近，平均水平差距不大。

由表 4.4 可知，城市和农村的受访者中，汉族占绝大多数，农村受访者比城市受访者多一种民族：壮族。从教育程度来看，农村地区没有出现研究生以上的学历。从单位类型来看，农村受访者中有 1 位在军队工作，城市受访者中没有人在军队工作。城市受访者中企业类型所占比重最大，农村受访者中无单位/自雇（包括个体户）的类型所占比重最大。

通过对存在缺失的数据进行删除，实现基于线性回归和分位回归的参数估计，得到如表 4.5 所示的参数估计结果。

表 4.5　　基于线性回归和分位回归的参数估计值及 P 值

变量	线性回归	分位回归			线性回归	分位回归		
		0.1	0.5	0.9		0.1	0.5	0.9
	城市				农村			
周工作时间	0.15	0.07	-0.01	0.58	0.03	0.01	0.01	0.24
P 值	0.58	0.36	0.83	0.15	0.77	0.78	0.81	0.13
民族	-2.58	0.37	0.02	1.09	-2.52	-0.33	-1.72	-4.26
P 值	0.14	0.85	0.98	0.78	0.00	0.39	0.00	0.00
教育程度	7.34	2.81	4.23	11.73	1.26	0.56	2.22	4.13
P 值	0.00	0.00	0.00	0.00	0.14	0.32	0.00	0.03
单位类型	-2.14	-0.17	-1.47	-3.08	-2.37	-0.72	-1.07	2.30
P 值	0.49	0.88	0.06	0.60	0.26	0.25	0.07	0.38
年龄	0.71	0.11	0.07	0.84	-0.07	-0.04	-0.10	-0.32
P 值	0.14	0.39	0.63	0.19	0.46	0.57	0.34	0.20

由表 4.5 可知，对于城市地区，只有教育程度的 P 值（等于 0.00）小于 0.05，通过了参数的显著性检验。对于农村地区，线性回归模型中，只有民族的 P 值（等于 0.00）小于 0.05，通过了参数的显著性检验。分位回归模型中，在中、高分位数水平下，民族和教育程度的 P 值小于 0.05，通过了参数的显著性检验。此外，FQ 在中位数水平下，单位类型的参数也通过显著性检验。由此说明，教育程度对于城市职业收入的提高起到非常重要的作用，而对于农村地区职业收入处于中等以上水平的居民，其职业收入的高低不仅受到教育程度的影响，同时也离不开民族的影响。

考虑到目前所有变量均为影响职业收入的重要变量，通过表 4.5 中回归系数估计值可以得到以下结论：(1) 对于城市地区，教育程度的回归系数取值最大，表明学历的高低对城市居民职业收入的影响或贡献最大。(2) 对于农村地区，线性回归模型揭示出民族和单位类型对农村职业收入的影响或贡献最大。分位回归模型则反映出不同职业收入水平下居民的最重要影响因素略有不同。对于职业收入处于低分位水平的居民，最重要的影响因素是单位类型，对于职业收入处于中分位水平的居民，最重要的影响因素基本都是教育程度。对于职业收入处于高分位水平的居民，最重要的影响因素是民族和教育程度。

表 4.6 是基于线性回归和分位回归的参数估计值的标准误差。

表 4.6　　基于线性回归和分位回归的参数估计值的标准误差

变量	城市 线性回归	分位回归 0.1	0.5	0.9	农村 线性回归	分位回归 0.1	0.5	0.9
周工作时间	0.28	0.08	0.06	0.4	0.11	0.05	0.05	0.16
民族	1.76	2.01	0.87	3.84	0.45	0.38	0.31	1.04
教育程度	2.04	0.93	0.54	3.82	0.86	0.56	0.6	1.94
单位类型	3.08	1.12	0.79	5.89	2.09	0.62	0.62	2.62
年龄	0.47	0.12	0.14	0.65	0.1	0.07	0.1	0.25

由表 4.6 不难发现，无论是城市地区还是农村地区，在高分位水平下参数估计值的标准误差比低、中分位水平下参数估计值的标准误差大[①]。

4.4　思考与练习

1. 请总结比较本章所有回归关系挖掘方法的定义、适用范围、基本原理、R 和 Python 会用到的软件包和模块等。

2. 岭回归和 Lasso 回归之间存在什么区别？

3. 请在 R 中逐行阅读下列代码，实现 Lasso 回归。

library(lars)

data(diabetes)

diabetes = as.matrix(diabetes)

x = as.matrix(diabetes[,1:5])

y = as.matrix(diabetes[,11])

x2 = as.matrix(diabetes[,12:75])

---

① 程豪. 基于分数插补法的城乡职业收入影响因素研究[J]. 数理统计与管理, 2021, 40(4): 705-719.

lars1 = lars(x2,y)

plot(lars1)

summary(lars1)

larscv = cv. lars(x2,y,K = 10)

coef1 = coef. lars(lars1,mode = "fraction",s = larscv$index[which.min(larscv$cv)])

coef2 = coef. lars(lars1,mode = "step",s = min(lars1$Cp))

4. 下列代码来自 R 中 nnet 包的示例，请标注每行代码的含义。

use half the iris data

ir < - rbind(iris3[,,1],iris3[,,2],iris3[,,3])

targets < - class. ind(c(rep("s",50),rep("c",50),rep("v",50)))

samp < - c(sample(1：50,25),sample(51：100,25),sample(101：150,25))

ir1 < - nnet(ir[samp,],targets[samp,],size = 2,rang = 0.1,decay = 5e - 4,maxit = 200)

test. cl < - function(true,pred) {

true < - max. col(true)

cres < - max. col(pred)

table(true,cres)

}

test. cl(targets[- samp,],predict(ir1,ir[- samp,]))

5. 请设计程序，以误判率达到最小为标准，找到最优 BP 神经网络分类模型（提示：可考虑调试隐层神经元个数）。

4.5 延展性阅读

在实际数据中，很难通过一个自变量解释清楚因变量的影响因素。对于一个较为复杂的实际问题，研究人员更倾向于从多元回归关系角度讨论因变量与多个自变量间的关系，以更充分地挖掘出因变量与自变量间关系的价值信息。但是，随着数据获取和存储技术的迅猛发展，以及实际现象复杂情况的日益增加，多个自变量往往会发展成为自变量个数过多的情况。冗余的这部分自变量的存在常常会对回归关系的真实反映和准确刻画造成干扰，因此需要考虑变量选择的问题。与多数现有研究成果不同的是，本章在多个自变量与因变量均存在缺失的情况下，讨论变量选择问题，旨在剔除过多的冗余自变量，建立清晰明了的回归关系。

以线性分位数回归模型（表达式如下所示）为例：

$$Q_y(\tau|X_1,\cdots,X_p) = \beta_{0,\tau} + \beta_{1,\tau} \times X_1 + \cdots + \beta_{p,\tau} \times X_p + \varepsilon$$

其中，y 表示因变量，X_1，…，X_p 表示自变量，$\beta(\tau) = (\beta_{0,\tau},\cdots,\beta_{P,\tau})^T$ 表示与分位水平 $\tau \in (0,1)$ 相关的分位数回归系数，ε 表示回归误差项。

分位数回归模型的估计方程可定义为 $S(\beta) = \sum_{i=1}^{n} \rho_\tau \{y_i - (1, x_{i,1}^T, \cdots, x_{i,p}^T)\beta\}$。其中，$\rho_\tau(r) = r\{\tau - I(r<0)\}$ 为损失函数，$I(r<0)$ 为示性函数。当 $r<0$ 时，$\rho_\tau(r) = (\tau-1)r$；当 $r \geq 0$ 时，$\rho_\tau(r) = \tau \times r$。在分位数回归基础上，复合分位数回归模型（Zou & Yuan，2008）同时考虑了多个分位数回归模型，因此综合了不同分位数水平下的参数估计结果。复合分位数回归模型的估计方程可定义为 $S(\beta) = \sum_{k=1}^{K} \sum_{i=1}^{n} \rho_{\tau_k} \{y_i - (1, x_{i,1}^T, \cdots, x_{i,p}^T)\beta\}$。其中，$\tau_k$ 表示第 k 个分位数。$\rho_{\tau_k}(r) = r\{\tau_k - I(r<0)\}$ 为损失函数，$I(r<0)$ 为示性函数。当 $r<0$ 时，$\rho_{\tau_k}(r) = (\tau_k-1)r$；当 $r \geq 0$ 时，$\rho_{\tau_k}(r) = \tau_k \times r$。

当变量个数过多时，需要在分位数回归模型基础上，增加惩罚项，通过将模型中部分系数压缩为 0，实现变量选择。下面选择复合分位回归模型和自适应 lasso 惩罚项（adaptive lasso，Alasso），构建目标函数的表达式：

$$\text{CS}_{\text{Alasso}} = \frac{1}{n}\sum_{k=1}^{K}\sum_{i=1}^{n} \rho_{\tau_k}(\beta,y,x) + \lambda \sum_{p=1}^{P} \hat{w}_p^{\text{lasso}} \times |\beta_p| \tag{4.1}$$

$$\hat{w}_p^{\text{lasso}} = 1/(\hat{\beta}^{\text{lasso}} + 1/n) \tag{4.2}$$

$$\text{CS}_{\text{lasso}} = \frac{1}{n}\sum_{k=1}^{K}\sum_{i=1}^{n} \rho_{\tau_k}(\beta,y,x) + \lambda \sum_{p=1}^{P} |\beta_p| \tag{4.3}$$

其中，式（4.1）表示加自适应 lasso 惩罚项的复合分位回归模型目标函数，式（4.2）表示式（4.1）中权重的计算方式，式（4.3）表示加 lasso 惩罚项的复合分位数回归模型目标函数。$\rho_{\tau_k}(r) = r\{\tau_k - I(r<0)\}$ 为损失函数，$I(r<0)$ 为示性函数。当 $r<0$ 时，$\rho_{\tau_k}(r) = (\tau_k - 1)r$；当 $r \geq 0$ 时，$\rho_{\tau_k}(r) = \tau_k \times r$。

以 2017 年中国综合社会调查（Chinese General Social Survey，CGSS）数据中 10~24 岁青少年群体的部分数据为例。样本量为 382。构建因变量健康状况（hea）与 15 个自变量即最高教育程度（edu）、身高（hei）、体重（wei）、全年家庭总收入（inc）、父亲最高教育程度（fedu）、母亲最高教育程度（medu）、生活状况满意程度（sta）、食品支出（foo）、服装支出（clo）、消费品支出（con）、交通通信支出（tras）、文化休闲娱乐支出（cul）、教育培训支出（trai）、医疗支出（med）和上网购物支出（onl）之间的复合分位回归模型。对于其中存在的缺失数据现象，采用多重插补法进行处理，在这里不再展开讨论。

$$Q_\tau(\text{hea}) = \beta_0 + \beta_{1,\tau} \times \text{edu} + \beta_{2,\tau} \times \text{hei} + \beta_{3,\tau} \times \text{wei} + \beta_{4,\tau} \times \text{inc} + \beta_{1,\tau} \times \text{fedu}$$
$$+ \beta_{2,\tau} \times \text{medu} + \beta_{3,\tau} \times \text{sta} + \beta_{4,\tau} \times \text{foo} + \beta_{1,\tau} \times \text{clo} + \beta_{2,\tau} \times \text{con}$$
$$+ \beta_{3,\tau} \times \text{tras} + \beta_{4,\tau} \times \text{cul} + \beta_{2,\tau} \times \text{trai} + \beta_{3,\tau} \times \text{med} + \beta_{4,\tau} \times \text{onl}$$

下面展示采用复合分位回归模型（没有变量选择过程）和自适应 lasso 惩罚项的复合分位回归模型（有 njm 变量选择过程）后的参数估计结果。这里的复合是对低水平（0.25）、中等水平（0.50）和高水平（0.75）三个分位数水平的复合。需要说明的是，表 4.7 中展示的取值为"0.000"的参数估计结果不是经带惩罚项变量选择过程后，将系数压缩为 0，而是参数估计结果取值很小，保留小数点后 3 位有效数字后为 0.000。

表 4.7　　　　　　　　　复合分位回归模型参数估计结果

变量	参数估计结果
edu	0.004
hei	0.033
wei	-0.005
inc	-0.028

续表

变量	参数估计结果
fedu	-0.003
medu	-0.031
sta	-0.007
foo	-0.005
clo	-0.003
con	-0.002
tras	-0.007
cul	-0.010
trai	0.015
med	-0.008
onl	-0.006

而多重插补复合分位数回归模型同时揭示出很多其他自变量，如文化休闲娱乐支出（cul）、教育培训支出（trai）、医疗支出（med）和上网购物支出（onl）对健康状况的作用。对于不带惩罚项的复合分位数回归模型，我们很难对15个自变量是否对健康状况产生作用作出取舍，因为就参数估计结果而言，15个自变量对健康状况会产生不同程度的作用或效应。因此，需要通过带惩罚项的复合分位数回归模型，对产生重要影响的自变量进行筛选，以便突出影响青少年健康的关键因素，具体如表4.8所示。

表4.8　　　　带惩罚项的复合分位数回归模型参数估计结果

变量	参数估计结果
edu	-0.045
hei	-0.023
wei	0.000
fedu	0.000
medu	0.016
sta	0.071

表4.8是带惩罚项的复合分位数回归模型参数估计结果。总体而言，对青少年健康状况产生重要作用的变量包括最高教育程度（edu）、身高

（hei）、体重（wei）、父亲最高教育程度（fedu）、母亲最高教育程度（medu）和生活状况满意程度（sta）。而且最高教育程度（edu）和身高（hei）呈现出相对较大的负向效应，表明最高教育程度越高、身高越高，青少年健康状况越不佳。

| 第 5 章 |

指标结构关系研究

5.1 指标间结构关系的基本界定

5.1.1 结构关系问题

通常，变量是可以直接观测的，如物品价格、学习成绩等。这些变量都有明确的、具体的取值。例如，一块香皂的价格是 3 元，某高中生的数学成绩为 96 分，等等。但是，有些变量是无法直接观测的，如满意程度、思维能力等。这些变量是抽象的，没有明确的、具体的取值。例如，超市满意度，学生思维能力，等等。这些变量往往需要从几个角度综合评价，或通过其他几个变量间接反映，而无法直观地、单一地给出具体取值。

可直接观测的变量被称为可测变量，相应地，无法直接观测或测量的变量被称为潜变量。实际上，潜变量的定义并不陌生。在多元统计分析中，主成分分析法和因子分析法中都有接触过类似的概念。例如，主成分分析法中的第一主成分、第二主成分……，因子分析法中的因子，都是无法直接观测的。

当实际问题较为复杂或抽象时，需要综合考虑若干个可测变量，甚至若干个潜变量，完成指数构建或综合评价。例如，顾客满意度指数模型可以从客户期望、形象、质量感知、价值感知、客户总体满意度、客户忠诚度和客户抱怨程度共七大无法直接观测的构成因素（潜变量）来评价。客户期望：客户利用过去经验性或是非经验性的信息，在购买前对其需求的产品或服务寄予的期待和希望。形象：客户对一家公司或服务的整体感觉，是一种有别于实体商品但又和其紧密相连的商品特征，包括口碑、公司名称、商誉、价格水平、商品或服务的多样性、服务人员所传达的质量信息等。质量感知：客户对某一产品整体卓越程度的判断，可以从业务员讲解的清楚程度、手续的方便程度等方面进行测度。价值感知：客户在购买和消费产品或服务过程中，对所花时间和所达到的实际收益的体验。客户总体满意度：客户对某一产品或者某一服务提供者迄今为止全部消费经历的评价。客户忠诚度：不管外部环境和竞争对手的营销手段如何诱惑，客户仍保持在未来持续一致地重复购买其偏爱的某种产品或向他人推荐的强烈承诺。客户抱怨程度：通过对客户掌握和使用反馈渠道程度的调查，寻求改变经营方式、提高产品或服务质量、追加补偿形式的突破口，建立与客户间的友谊。

综上所述，在可测变量间以及可测变量与潜变量间存在的结构关系中，可测变量与潜变量是重要的组成元素。

与相关关系、回归关系不同，结构关系是指不同潜变量间、潜变量与可测变量间以及不同可测变量间存在的带结构或层次的关系。尤其是潜变量间关系和潜变量与可测变量间关系，更突出刻画了变量间的结构状态，例如，不同高校间存在合作或竞争关系，不同学院（经济学院、法学院、哲学院等）与某所高校间的所属关系。结构关系通常既包括同一层级潜变量（或可测变量）间有向或无向关系，也包括所属关系、隶属关系或层级关系。例如，前面的顾客满意度指数模型中的七大构成因素（潜变量）之间存在如图 5.1 所示的结构关系。为了方便表述，用圆圈表示潜变量，（并略去可测变量）。

这七个潜变量可划分为三个层次：第一层是客户总体满意度，是客户对整个过程中产品或服务质量的总体评价，属于整体层面的测度。第二层是客户满意的影响因素，包括客户期望、形象、质量感知和价值感知四个方面。第三层是客户满意的结果和表现，主要从客户忠诚度和客户抱怨程度两个方面进行测度。具体来看，客户期望对质量感知、价值感知和客户总体满意度有影响，而且

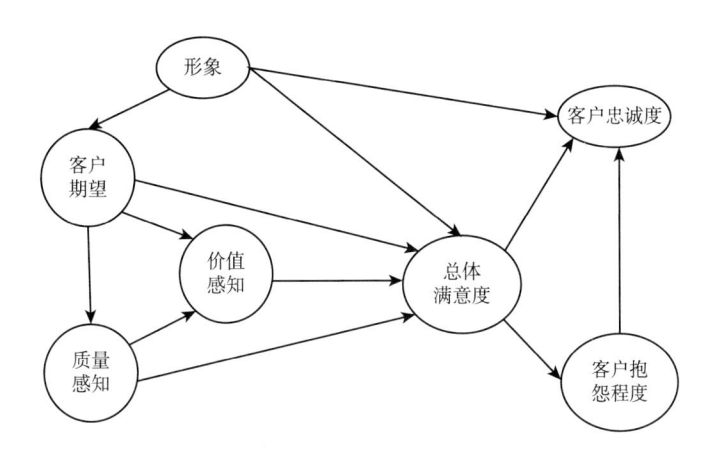

图 5.1 顾客满意度指数模型的结构

一般是正向影响；质量感知与客户期望的差异很可能使客户期望对客户总体满意度产生间接的负的影响，只有客户期望对客户总体满意度的正的影响比负的影响大时，客户期望对客户总体满意度才表现为正的影响；质量感知对价值感知、客户总体满意度有影响。客户价值在客户总体满意度和感知商场表现中的作用时，发现增加客户的价值感知，客户总体满意度将明显增加。客户总体满意度对客户忠诚度有正的影响，等等。因此，可以总结为如下 12 个假设条件。

H_{5-1}："形象"对"客户期望"有影响；

H_{5-2}："形象"对"客户总体满意度"有影响；

H_{5-3}："形象"对"客户忠诚度"有影响；

H_{5-4}："客户期望"对"客户总体满意度"有影响；

H_{5-5}："客户期望"对"价值感知"有影响；

H_{5-6}："客户期望"对"质量感知"有影响；

H_{5-7}："质量感知"对"客户总体满意度"有影响；

H_{5-8}："质量感知"对"价值感知"有影响；

H_{5-9}："价值感知"对"客户总体满意度"有影响；

H_{5-10}："客户总体满意度"对"客户忠诚度"有影响；

H_{5-11}："客户总体满意度"对"客户关系管理"有影响；

H_{5-12}："客户关系管理"对"忠诚度"有影响。

对于每个潜变量来说，需要设计一些可测变量来定量诠释相应的潜变量。例如，客户总体满意度可以由总满意程度和服务态度两个可测变量测度，客户期望可以由客户对业务员服务水平的预期、对手续方便程度的预期以及对业务员解释程度的预期三个可测变量测度，等等。

5.1.2 结构关系类型

由结构关系的定义可知，结构关系包括三层含义：一是潜变量间关系；二是可测变量与所属潜变量间关系；三是可测变量间关系。因为潜变量是不可直接观测的，是没有直接数据取值的，所以存在潜变量意味着一定存在至少一个可测变量来量化潜变量。但是，潜变量间的关系可能是同一水平或同一层级的相互或单向关系（如欧洲顾客满意度指数模型），也可能内部存在不同水平或不同层级的隶属关系（即一个潜变量需要通过若干个潜变量进行测度，而这若干个潜变量又需要通过若干个可测变量进行测度）。因此，结构关系总体上可以概括为三种类型。

第一种：可测变量间结构关系。这种结构关系的研究对象是多个可测变量。更多内容见路径分析法。

第二种：同一水平潜变量间结构关系。这种结构关系的研究对象为若干潜变量，各潜变量又有若干可测变量。更多内容见结构方程模型。

第三种：不同水平潜变量间结构关系。这种结构关系的研究对象为若干潜变量，各潜变量又有若干可测变量。但是，潜变量间存在隶属关系，即存在一个潜变量可通过若干个潜变量进行测度，这若干个潜变量各自通过若干个可测变量进行测度。更多内容见高阶因子模型。

5.2 指标间结构关系的测度方法

5.2.1 结构方程模型

结构模型的形式如下：

$$\eta = B\eta + \Gamma\xi + \zeta \tag{5.1}$$

测量模型的形式如下：

$$Y = \Lambda_y \eta + \varepsilon \tag{5.2}$$

$$X = \Lambda_x \xi + \delta \tag{5.3}$$

需要满足的假定条件如下：

$E(\eta)=0; E(\xi)=0; E(\zeta)=0; Cov(\zeta,\xi)=0$

$E(\varepsilon)=0; E(\delta)=0$；$\varepsilon$ 和 δ 无关；ξ 与 δ、η 和 ε 无关。

其中，η 表示内生潜变量；ξ 表示外生潜变量；ζ 表示随机干扰项，反映了结构方程中 η 未能被解释的部分；B 表示内生潜变量系数阵，描述内生潜变量 η 之间的彼此影响；Γ 表示外生潜变量系数阵，描述外生潜变量 ξ 对内生潜变量 η 的影响。X 表示 ξ 的观测指标；Y 表示 η 的观测指标；δ 表示 X 的测量误差；ε 表示 Y 的测量误差；Λ_y 表示系数阵，由 Y 在 η 上的因子载荷构成；Λ_x 表示系数阵，由 X 在 ξ 上的因子载荷构成。

之所以会有内生潜变量与外生潜变量之分，是因为一些潜变量处于系统之外，只影响其他潜变量，而不会受到其他潜变量的影响，被称为外生变量。而内生变量处于系统之内，在受到其他变量影响的同时，也可能影响其他潜变量。在图 5.1 所示的顾客满意度指数模型中，形象是唯一一个外生变量，其余六个均为内生潜变量。

上述模型形式还可以写成矩阵形式：

$$\text{令 } \eta = \begin{bmatrix} \eta_1 \\ \eta_2 \\ \eta_3 \end{bmatrix}, \zeta = \begin{bmatrix} \zeta_1 \\ \zeta_2 \\ \zeta_3 \end{bmatrix}, \Gamma = \begin{bmatrix} \Gamma_1 \\ \Gamma_2 \\ \Gamma_3 \end{bmatrix}, B = \begin{bmatrix} \beta_{11} & \beta_{12} & \beta_{13} \\ \beta_{21} & \beta_{22} & \beta_{23} \\ \beta_{31} & \beta_{32} & \beta_{33} \end{bmatrix},$$

则结构模型的矩阵形式为：

$$\begin{bmatrix} \eta_1 \\ \eta_2 \\ \eta_3 \end{bmatrix} = \begin{bmatrix} \beta_{11} & \beta_{12} & \beta_{13} \\ \beta_{21} & \beta_{22} & \beta_{23} \\ \beta_{31} & \beta_{32} & \beta_{33} \end{bmatrix} \begin{bmatrix} \eta_1 \\ \eta_2 \\ \eta_3 \end{bmatrix} + \begin{bmatrix} \Gamma_1 \\ \Gamma_2 \\ \Gamma_3 \end{bmatrix} \xi + \begin{bmatrix} \zeta_1 \\ \zeta_2 \\ \zeta_3 \end{bmatrix}$$

令 $X = \begin{bmatrix} X_1 \\ X_2 \\ X_3 \end{bmatrix}, Y = \begin{bmatrix} Y_1 \\ Y_2 \\ Y_3 \end{bmatrix}, \varepsilon = \begin{bmatrix} \varepsilon_1 \\ \varepsilon_2 \\ \varepsilon_3 \end{bmatrix}, \delta = \begin{bmatrix} \delta_1 \\ \delta_2 \\ \delta_3 \end{bmatrix},$

$\Lambda_x = \begin{bmatrix} \Lambda_{x11} & \Lambda_{x12} & \Lambda_{x13} \\ \Lambda_{x21} & \Lambda_{x22} & \Lambda_{x23} \\ \Lambda_{x31} & \Lambda_{x32} & \Lambda_{x33} \end{bmatrix}, \Lambda_y = \begin{bmatrix} \Lambda_{y11} & \Lambda_{y12} & \Lambda_{y13} \\ \Lambda_{y21} & \Lambda_{y22} & \Lambda_{y23} \\ \Lambda_{y31} & \Lambda_{y32} & \Lambda_{y33} \end{bmatrix},$

则测量模型的矩阵形式为：

$$\begin{bmatrix} y_1 \\ y_2 \\ y_3 \end{bmatrix} = \begin{bmatrix} \Lambda_{y11} & \Lambda_{y12} & \Lambda_{y13} \\ \Lambda_{y21} & \Lambda_{y22} & \Lambda_{y23} \\ \Lambda_{y31} & \Lambda_{y32} & \Lambda_{y33} \end{bmatrix} \begin{bmatrix} \eta_1 \\ \eta_2 \\ \eta_3 \end{bmatrix} + \begin{bmatrix} \varepsilon_1 \\ \varepsilon_2 \\ \varepsilon_3 \end{bmatrix}$$

$$\begin{bmatrix} X_1 \\ X_2 \\ X_3 \end{bmatrix} = \begin{bmatrix} \Lambda_{x11} & \Lambda_{x12} & \Lambda_{x13} \\ \Lambda_{x21} & \Lambda_{x22} & \Lambda_{x23} \\ \Lambda_{x31} & \Lambda_{x32} & \Lambda_{x33} \end{bmatrix} \xi + \begin{bmatrix} \delta_1 \\ \delta_2 \\ \delta_3 \end{bmatrix}$$

5.2.1.1 极大似然法

极大似然法需要满足样本协方差阵 S 和预测值的协方差阵 $\Sigma(\theta)$ 均为正定矩阵，预测值的协方差阵可逆，可测变量服从正态分布的假定条件。该方法的主要思想是求样本协方差阵 S 和预测值的协方差阵 $\Sigma(\theta)$ 间差距的最小值。目标的似然函数构造如下：

$$F_{ML} = \ln|\Sigma(\theta)| + tr(S\Sigma^{-1}(\theta)) - \ln|S| - (p+q) \quad (5.4)$$

在这里，p 为内生观测变量个数，q 为外生观测变量个数。

当样本量逐渐变大时，样本协方差阵 S 和预测值的协方差阵 $\Sigma(\theta)$ 越接近，$S\Sigma^{-1}(\theta)$ 的迹 $tr(S\Sigma^{-1}(\theta))$ 和 p+q 也越接近。换言之，在大样本情况下，F_{ML} 越接近 0。当 $S = \Sigma(\theta)$ 时，$F_{ML} = 0$，达到最小，此时得到 θ 的估计值为极大似然估计。

本节用惠顿等（Wheaton et al., 1977）的社会心理指标异化数据（alienation），通过三个潜变量 Alienation67、Alienation71 和 SES，以及六个可测变量（Anomia67，Powerless67），（Anomia71，Powerless71），以及（Education，SEI）研究社会心理指标异化的可靠性和稳定性问题。路径如图 5.2 所示。

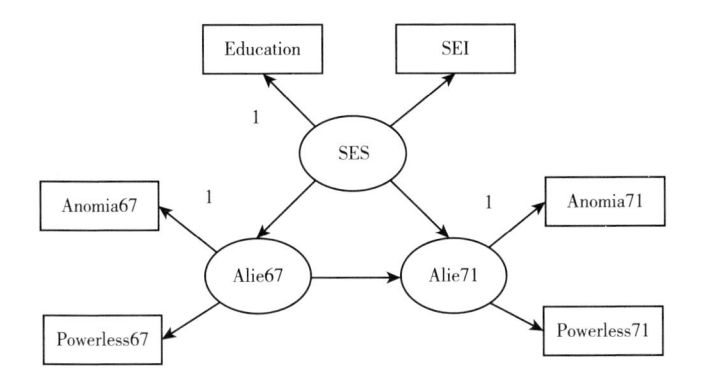

图 5.2　社会心理指标异化路径

如图 5.2 所示路径中隐含的方程及设定有：

$$\text{Anomia67} = 1 \times \text{Alie67}$$

$$\text{Anomia71} = 1 \times \text{Alie71}$$

$$\text{Education} = 1 \times \text{SES}$$

路径系数的估计结果如表 5.1 所示。

表 5.1　　　　　　　　　　路径系数的估计结果

路径	符号	系数	标准误差	Z 值	P 值
Alie67→Powerless67	lamby	0.87	0.03	30.21	0.00
SES→SEI	lambx	5.34	0.43	12.40	0.00
SES→Alie67	gam1	-0.62	0.06	-11.06	0.00
Alie67→Alie71	beta	0.69	0.05	14.57	0.00
SES→Alie71	gam2	-0.18	0.05	-3.29	0.00

表 5.1 所揭示的方程关系为：

$$\text{Powerless67} = 0.87 \times \text{Alie67}$$

$$Powerless71 = 0.87 \times Alie71$$
$$SEI = 5.34 \times SES$$
$$Alie67 = -0.62 \times SES$$
$$Alie71 = -0.18 \times SES + 0.69 \times Alie67$$

其他结果还包括模型评价指标,例如,模型卡方统计量为 73.00,自由度为 9,P 值为 0.00,AIC 为 97.00,BIC 为 11.46。

相关 R 程序如下所示:

```
library(sem)
S.wh <- readMoments(names = c('Anomia67','Powerless67','Anomia71',
                              'Powerless71','Education','SEI'))
  11.834
   6.947    9.364
   6.819    5.091   12.532
   4.783    5.028    7.495    9.986
  -3.839   -3.889   -3.841   -3.625    9.610
 -21.899  -18.831  -21.748  -18.775   35.522  450.288


model.wh <- specifyModel()
    Alienation67  ->  Anomia67, NA, 1
    Alienation67  ->  Powerless67, lamby, NA
    Alienation71  ->  Anomia71, NA, 1
    Alienation71  ->  Powerless71, lamby, NA
    SES  ->  Education, NA, 1
    SES  ->  SEI, lambx, NA
    SES  ->  Alienation67, gam1, NA
    Alienation67  ->  Alienation71, beta, NA
    SES  ->  Alienation71, gam2, NA
    Anomia67  <->  Anomia67, the1, NA
    Anomia71  <->  Anomia71, the1, NA
```

Powerless67 < - > Powerless67,the2,NA
Powerless71 < - > Powerless71,the2,NA
Education < - > Education,the3,NA
SEI < - > SEI,the4,NA
Anomia67 < - > Anomia71,the5,NA
Powerless67 < - > Powerless71,the5,NA
Alienation67 < - > Alienation67,psi1,NA
Alienation71 < - > Alienation71,psi2,NA
SES < - > SES,phi,NA

sem.wh < - sem(model.wh,S.wh,932)
sem.wh
summary(sem.wh)

5.2.1.2 偏最小二乘估计法

偏最小二乘估计法（PLS）对数据的分布没有特别严格的要求。它是以方差为基础，实现所有残差方差条件最小的优化过程。（PLS）估计方法的迭代过程如下。

为了方便起见，不妨记潜变量为η_j，可测变量为x_{jh}，均值为m_j。

（1）标准化潜变量（$\eta_j - m_j$）的外部估计Y_j。潜变量的外部估计指的是利用可测变量的线性组合对潜变量进行逼近。例如，在人身险行业满意度指数模型中，质量感知的外部估计可以理解为：在给定初始权重（不妨设定为1）的条件下，业务员讲解的清楚程度和手续的方便程度两个可测变量的线性组合。

标准化潜变量（均值为0，标准差为1）以中心化的可测变量的线性组合表示：

$$Y_j \propto [\sum \omega_{jh}(x_{jh} - \bar{x}_{jh})]$$

标准化潜变量最终可写为：

$$Y_j \propto [\sum \widetilde{\omega}_{jh}(x_{jh} - \bar{x}_{jh})]$$

潜变量的估计为：

$$\dot{m}_j = \sum \widetilde{\omega}_{jh} x_{jh} = Y_j + \dot{m}_j$$

$\widetilde{\omega}_{jh}$被称为外生权重。

（2）标准化潜变量($\eta_j - m_j$)的内部估计Z_j。潜变量的内部估计指的是利用潜变量间的某种数学关系，对潜变量的外部估计值进行调整的过程。根据沃尔（Wold，1985）的PLS普通算法，标准化潜变量($\eta_j - m_j$)的内部估计Z_j被定义为：

$$Z_j \propto \sum e_{ji} Y_i$$

内生权重e_{ji}是指在模型中有箭头连接的两个潜变量的关系，它有三种方法可以选择：一是路径加权法；二是重心法；三是因子加权法。路径加权法是将与η_j连接的所有潜变量η_i分为两组，一组是前置因素，另一组是后向结果。对于属于前置因素的潜变量η_i，e_{ji}等于Y_j对Y_i的多元回归中Y_i的回归系数，而对于属于后向结果的潜变量η_i，e_{ji}等于它们之间的相关系数。重心法中e_{ji}等于Y_j与Y_i的相关的符号。因子加权法中e_{ji}等于Y_j与Y_i的相关系数。

（3）权重ω_{jh}估计。侯杰泰（2004）指出，显变量权重的确定需要区分两种类型的测量模型：反映型模型和构成型模型。在人身险行业满意度指数模型中，各个可测变量都反映对应的潜变量，即通过潜变量指向可测变量的单向箭头表示，这类测量模型被称为反映型模型。反映型模型权重估计为：

$$\omega_{jh} = \text{Cov}(x_{jh}, Z_j) / \text{Var}(Z_j)$$

但是，有些情况下可测变量并不总是反映潜变量，即通过可测变量指向潜变量的单向箭头表示，被称为构成型模型。构成型模型权重估计为：

$$\omega_j = (X_j' X_j)^{-1} X_j' Z_J$$

初始的权重可以任意地赋值，然后进行上述的迭代计算，直到收敛为止。常用的收敛判断标准为：相邻两次的权重估计值相差小于10^{-5}。

PLS估计方法在得到每个潜变量得分以后，可以估计结构方程的参数。在人身险行业满意度指数模型中，由于客户前因后果的变量间一般存在多重共线性现象，所以我们采用PLS回归来估计结构模型的路径参数。

由于 PLS 建模方法没有分布假定的要求，非参数检验的方法比传统统计检验方法更适合于 PLS 的模型评价。廖颖林（2008）将 PLS 模型评价方法归纳为三类：第一类为直接采用检验方法评价模型，如共同度（communality）、冗余度（redundancy）、运算方差（operational variance）及 R^2。第二类为 Blindfold 交互检验方法，Blindfold 检验技术主要包含 Q^2 和 Jackknifing 标准误差两种方法。第三类为重置抽样形成参数的估计值，即 bootstrap 方法。

下面以欧洲满意度模型（satisfaction.csv）为例。欧洲满意度模型包括企业形象（IMAG）、顾客期望（EXPE）、感知质量（QUAL）、感知价值（VAL）、顾客满意度（SAT）和顾客忠诚度（LOY）共六大潜变量。每个潜变量有 4~5 个可测变量。例如，IMAG 有 5 个可测变量 imag1、imag2、imag3、imag4 和 imag5。为了研究路径分析模型，统一用每个潜变量的第一个可测变量代替潜变量。即在路径分析模型中，研究的是企业形象（imag1）、顾客期望（expe1）、感知质量（qual1）、感知价值（val1）、顾客满意度（sat1）和顾客忠诚度（loy1）间的结构关系。为了方便，以下简记为企业形象（imag）、顾客期望（expe）、感知质量（qual）、感知价值（val）、顾客满意度（sat）和顾客忠诚度（loy）。

欧洲满意度模型的路径如图 5.3 所示。

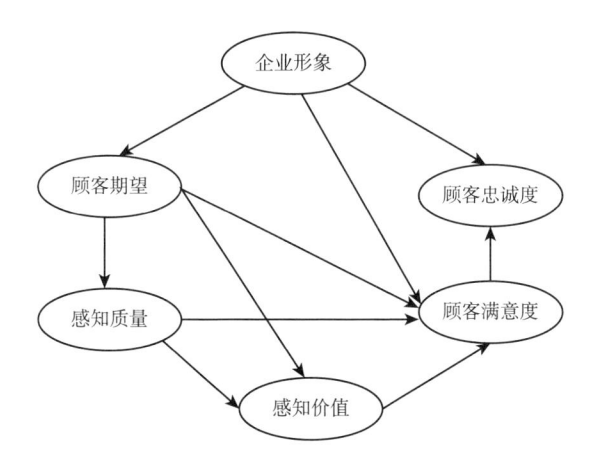

图 5.3　欧洲满意度模型路径

路径系数的估计结果如表 5.2 所示。

表 5.2　　　　　　　　　　　　系数估计结果

路径	系数	标准误差	t 值	P 值
企业形象→顾客期望	0.58	0.05	11.20	0.00
企业形象→顾客满意度	0.20	0.05	4.02	0.00
企业形象→顾客忠诚度	0.28	0.06	4.46	0.00
顾客满意度→顾客忠诚度	0.50	0.06	8.03	0.00
顾客期望→顾客满意度	0.00（-0.0028）	0.07	-0.04	0.97
顾客期望→感知价值	0.11	0.08	1.37	0.17
顾客期望→感知质量	0.85	0.03	25.20	0.00
感知质量→顾客满意度	0.12	0.08	1.62	0.11
感知质量→感知价值	0.68	0.08	8.79	0.00
感知价值→顾客满意度	0.59	0.06	9.82	0.00

表 5.2 所揭示的方程关系为：

顾客期望 = 0.58 × 企业形象

顾客满意度 = 0.20 × 企业形象

顾客忠诚度 = 0.28 × 企业形象

顾客忠诚度 = 0.50 × 顾客满意度

顾客满意度 = -0.0028 × 顾客期望

感知价值 = 0.11 × 顾客期望

感知质量 = 0.85 × 顾客期望

顾客满意度 = 0.12 × 感知质量

感知价值 = 0.68 × 感知质量

顾客满意度 = 0.59 × 感知价值

其他结果还包括潜变量与可测变量间的载荷系数、潜变量因子得分等。

相关 R 程序如下：

```
library(plspm)
data(satisfaction)
IMAG <- c(0,0,0,0,0,0)
EXPE <- c(1,0,0,0,0,0)
QUAL <- c(0,1,0,0,0,0)
```

VAL <- c(0,1,1,0,0,0)
SAT <- c(1,1,1,1,0,0)
LOY <- c(1,0,0,0,1,0)
sat.mat <- rbind(IMAG,EXPE,QUAL,VAL,SAT,LOY)
sat.sets <- list(1:5,6:10,11:15,16:19,20:23,24:27)
sat.mod <- rep("A",6)
res2 <- plspm(satisfaction, sat.mat, sat.sets, sat.mod, scheme = "centroid",
scaled = FALSE)

res2

summary(res2)

下面分别构建男性欧洲满意度模型和女性欧洲满意度模型。实际上，两种性别的欧洲满意度模型中，只有"企业形象→顾客忠诚度（IMAG→LOY）"和"顾客满意度→顾客忠诚度（SAT→LOY）"的路径系数存在显著差异，如表5.3所示。

表5.3　　　　　　　　　两个模型路径系数比较

路径	路径系数					
	总体	女性	男性	|女性－男性|	P值	是否显著
企业形象→顾客期望	0.58	0.63	0.50	0.13	0.25	否
企业形象→顾客满意度	0.20	0.24	0.17	0.08	0.38	否
企业形象→顾客忠诚度	0.28	0.48	0.06	0.41	0.01	是
顾客期望→感知质量	0.85	0.84	0.87	0.03	0.51	否
顾客期望→感知价值	0.11	0.18	0.00	0.18	0.26	否
顾客期望→顾客满意度	0.00	-0.04	0.08	0.12	0.41	否
感知质量→感知价值	0.68	0.68	0.68	0.00	0.97	否
感知质量→顾客满意度	0.12	0.23	0.00	0.23	0.20	否
感知价值→顾客满意度	0.59	0.48	0.68	0.20	0.21	否
顾客满意度→顾客忠诚度	0.50	0.27	0.74	0.47	0.01	是

本部分进一步利用可视化分析技术，对基于偏最小二乘估计算法的欧洲满意度模型进行进一步分析。

欧洲满意度模型结构（如图 5.4 所示）更清晰直观地展示了所有潜变量和可测变量间客观存在的结构关系。(a) 展示了潜变量间的结构关系，连线

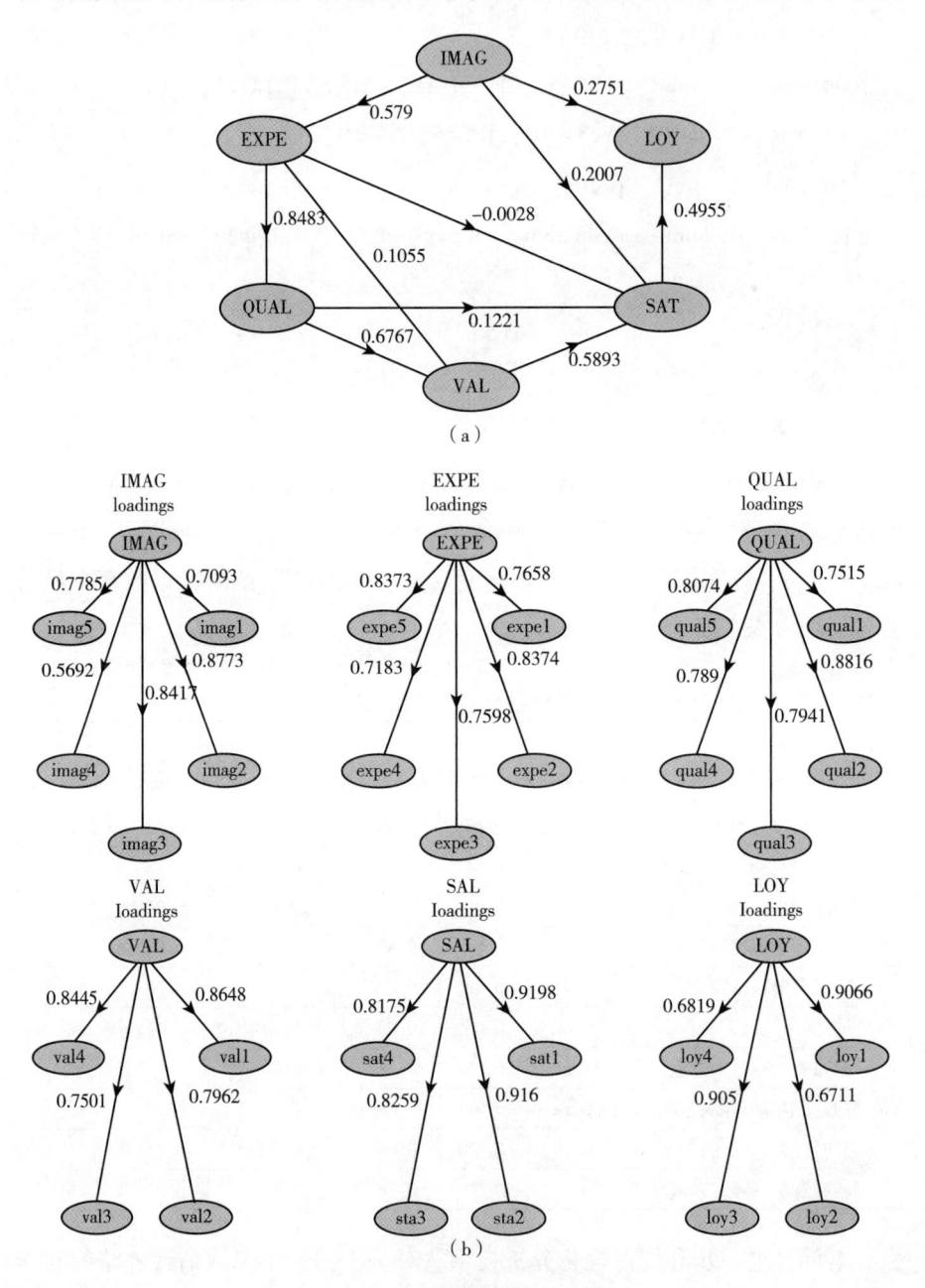

图 5.4　欧洲满意度模型结构

标注的数值被称为路径系数；（b）展示了潜变量与可测变量间的结构关系，连线标注的数值被称为载荷系数。连线上的箭头展示潜变量间、潜变量与可测变量间关系的方向。连线颜色表示系数的正负，黑色表示系数取正，灰色表示系数取负。

相关 R 程序如下所示：

setwd("D:\\")

plot(res2)

savePlot(filename = "plot1", type = "png", device = dev.cur(), restoreConsole = TRUE)

plot(res2, what = "weights")

plot(res2, what = "loadings")

savePlot(filename = "plot2", type = "pdf", device = dev.cur(), restoreConsole = TRUE)

下面分别构建男性欧洲满意度模型和女性欧洲满意度模型。相关 R 程序如下所示：

setwd("D:\\")

res.group <- plspm.groups(res2, satisfaction$gender, method = "permutation", reps = 100)

res.group

res.group$global

res.group$group1

res.group$group2

可视化结果如图 5.5 所示。

相关 R 程序如下所示：

library(ggplot2)

data <- read.csv("D:\\data3.3.csv")

ggplot(data, aes(x = path, y = coef, fill = class)) +

geom_bar(position = "dodge", stat = "identity") +

ylab("路径系数") +

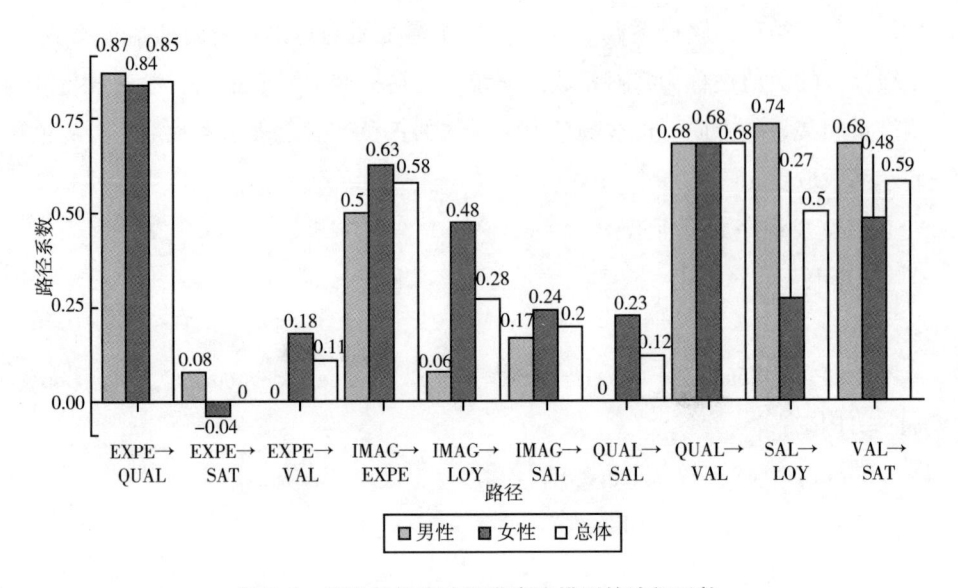

图 5.5 按性别构建欧洲满意度模型的路径系数

```
xlab("路径") +
guides(fill = guide_legend(title = NULL)) +
theme(legend.position = "bottom") +
geom_text(aes(label = coef), vjust = 1.0, colour = "black", position = position_dodge(.9), size = 3.5)
savePlot(filename = "plot3", type = "png", device = dev.cur(), restoreConsole = TRUE)
```

5.2.2 高阶因子模型

有时一些可以测量的变量往往共同反映或说明某一维度的问题，而这些维度也恰恰是研究中被关心的方面，这些维度不直接可测，通常称作潜变量或因子，但它们可以用那些可以直接观测的变量或条目加以测度，这就形成了测量模型；维度之间存在一定的相关，可以将其综合为更高一层的因子，形成高阶因子模型。本部分以二阶因子模型（second-order latent variable model，SLVM）为例，以偏最小二乘算法（partial least square，PLS）为估计方法，详细介绍高阶因子模型的相关内容。

一阶因子表示的是可测变量共同反映的某个方面，二阶因子是一阶因子的综合体现，反映的是一阶因子共同受到的影响因素。例如，《中医宗气评估调查表》中的 30 个条目是可测变量，心肺系、脾胃系和肾系是潜变量（一阶因子），中医宗气作为更高一阶的潜变量（二阶因子），综合反映其他三个低阶潜变量的表现。SLVM 的表达形式如下所示：

$$x_{jh} = \lambda_{jh}\xi_j + \varepsilon_{jh}$$

上式为测量模型，它反映可测变量x_{jh}与一阶因子ξ_j间的关系。λ_{jh}表示载荷系数，表示一阶因子ξ_j对可测变量x_{jh}的影响。ε_{jh}表示第 j 个一阶因子ξ_j中第 h 个可测变量x_{jh}的测量误差，均值为 0，方差为δ_{jh}^2，且与一阶因子ξ_j不相关。

$$\xi_j = \beta_j\eta + \delta_j$$

上式为结构模型，它反映的是一阶因子ξ_j与二阶因子 η 间的关系。β_j表示路径系数，表示二阶因子 η 对一阶因子ξ_j的影响。δ_j表示第 j 个一阶因子ξ_j的测量误差，均值为 0，方差为δ_j^2。

对于这一综合变量的构建，借助偏最小二乘进行估计，可以得到每一维度（一阶因子）的得分以及综合变量（二阶因子）的得分，还可以得到每个可测变量与相应一阶因子之间的载荷系数以及一阶因子与二阶因子之间的路径系数，估计过程中还可以得到各个权重。图 5.6 是 PLS-SLVM 的示意图。

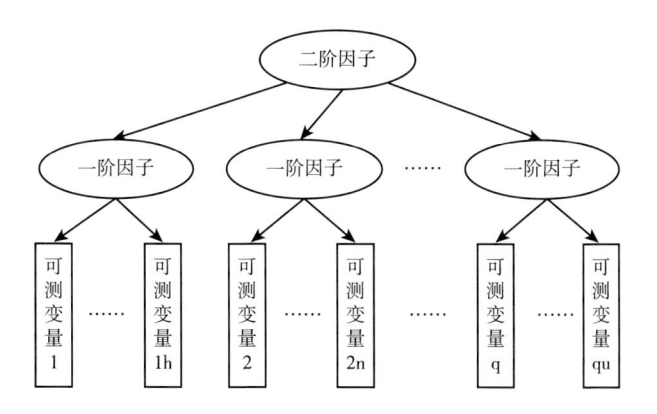

图 5.6 PLS-SLVM 示意图

从可测变量在低阶和高阶潜在变量的分配角度来看，PLS-PM 共包含三种方法（如表 5.4 所示）。

表 5.4　　　　　　　　　PLS-PM 三种方法比较

方法名称	可测变量的分配	适用情况	不足
重复指标法	将分配到低阶潜在变量上的所有可测变量，再全部重新分配到高阶潜在变量上	所有可测指标都是反映型	因为外生变量的可测变量同时也是内生变量的可测变量，所以可能导致参数估计的有偏性
两步法	第一步：根据初始模型，计算各个低阶潜在变量所含的可测变量的主成分，作为低阶潜在变量的取值；第二步：根据结构模型和低阶潜在变量的取值，完成估计	可处理可测变量是影响型	在计算低阶潜在变量的得分时，没有考虑高阶潜在变量
混合法	随机将一半可测变量分配给它们所反映的低阶潜在变量，其余的分配给高阶潜在变量	所有可测指标都是反映型	如果可测变量是奇数个，无法将一半分配给低阶潜在变量，另一半分配给高阶潜在变量

以某评估调查数据为例，应用上述三种方法，路径如图 5.7 所示。

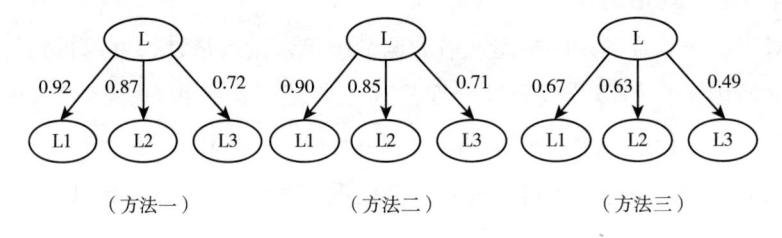

图 5.7　应用三种方法的路径

上述三种方法的 R 程序请见高阶因子模型可视化部分。

在进行不同方法的比较研究时，往往需要借助模拟研究，比较不同估计方法间的差异和优劣。根据高阶因子模型的结构方程和测量方程，可生成满足如下条件的模拟数据。

（1）二阶因子得分服从标准正态分布。

（2）一阶因子得分通过结构方程，由二阶因子计算获得，测量误差服从均值为 0、方差为 0.2 的正态分布，路径系数设定为（0.2, 0.4, 0.4, 0.25, 0.05, 0.7, 0.35, 0.15, 0.5）。

（3）可测变量取值通过测量方程，由一阶因子计算获得，测量误差服从均值为 0、方差为 0.2 的正态分布，载荷系数设定为 (0.2, 0.3, 0.5)。

(4) 样本量为 100。

(5) 根据二阶因子得分生成标签变量，当二阶因子得分大于等于 0 时，标签变量记为 1；当二阶因子得分小于 0 时，标签变量记为 0。如图 5.8 所示。

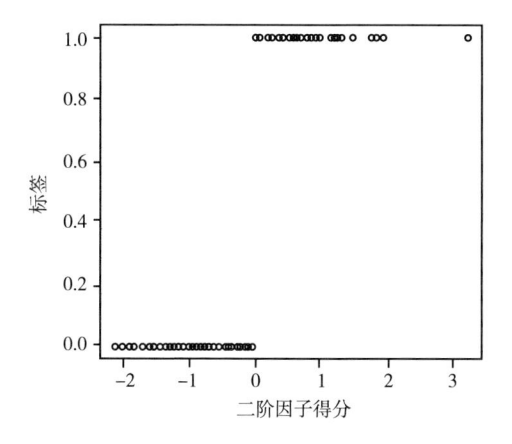

图 5.8 模拟数据中二阶因子得分与标签间关系

将三种经典的偏最小二乘估计方法应用到模拟数据中，路径系数和载荷系数的估计结果如图 5.9 所示。图 5.9 中，(a) 是路径系数，(b)、(c)、(d) 分别是方法一、方法二、方法三的载荷系数。

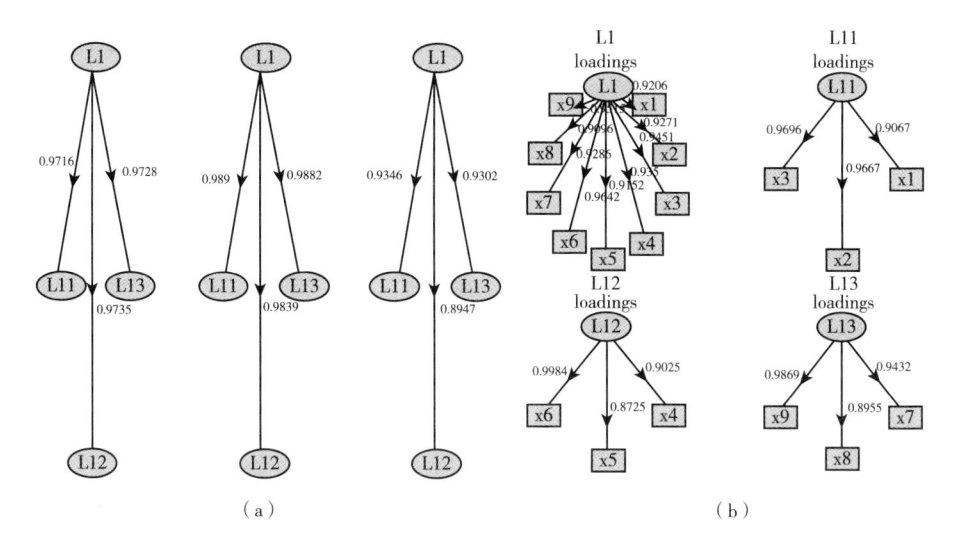

(a)　　　　　　　　　　　　　　　　　(b)

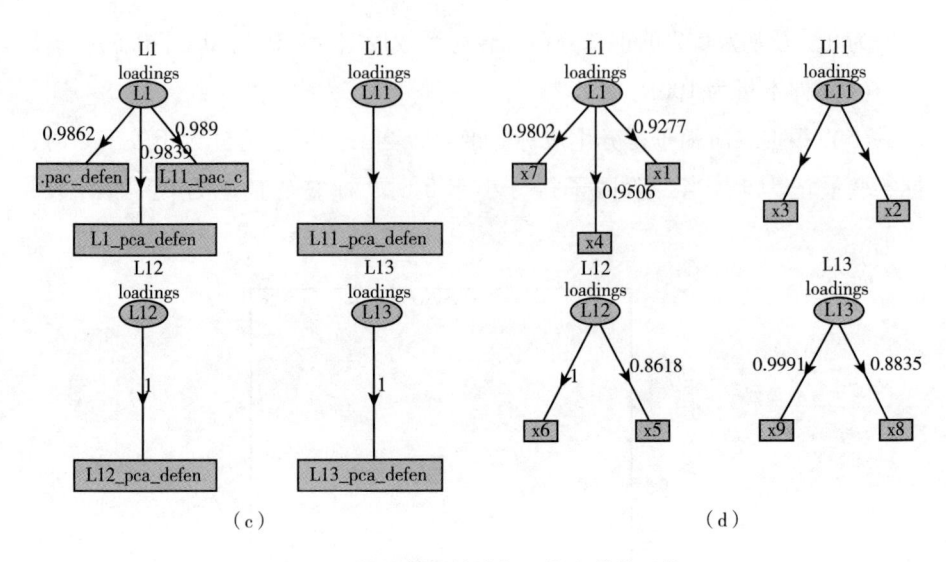

图 5.9 模拟数据的路径系数和载荷系数

除路径系数、载荷系数的可视化分析外，进一步对偏最小二乘估计方法计算得出的二阶因子得分与标签进行对比，通过 ROC 曲线，判断三种方法的分类精度（如图 5.10 所示）。

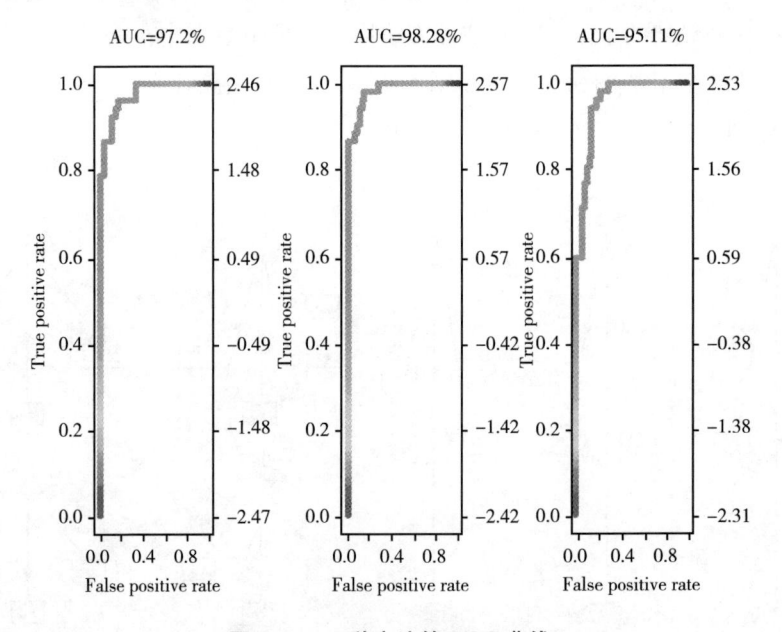

图 5.10 三种方法的 ROC 曲线

本部分所用到的相关 R 代码如下：

```
#模拟数据
data_gen_f = function(seed, n, weight1, weight2, error){
    set.seed(seed)
    #设定随机数种子
    z = rnorm(n)
    #二阶因子潜变量得分由标准正态分布生成

    w1 = c(weight1)
    #一阶权重
    w2 = c(weight2)
    #二阶权重
    p = length(w1)
    #一阶权重个数
    q = length(w2)
    #二阶权重个数
    y = matrix(0, n, q)
    #一阶因子得分
    x = matrix(0, n, p)
    #可测变量
    for(qq in 1:q){
        y[,qq] = w2[qq] * (z - rnorm(n, 0, error))
        for(pp in 1:p){
            x[,pp] = w1[pp] * (y[,qq] - rnorm(n, 0, error))
        }
    }
    list(x = x, y = y, z = z)
}
seed = 1 000
```

```
n = 100
weight1 = c(0.2,0.4,0.4,0.25,0.05,0.7,0.35,0.15,0.5)
weight2 = c(0.2,0.3,0.5)
error = 0.2
da = data_gen_f(seed,n,weight1,weight2,error)
t = rep(1,n)
t[which(da$z<0)] = 0

data = cbind(da$x,t)
colnames(data) = c("x1","x2","x3","x4","x5","x6","x7","x8","x9","t")
plot(da$z,t,xlab = "二阶因子得分",ylab = "标签")
setwd("D:\\")
savePlot(filename = "plot4",type = "png",device = dev.cur(),restoreConsole = TRUE)

#第一种方法
library(plspm)
L1 <- c(0,0,0,0)
L11 <- c(1,0,0,0)
L12 <- c(1,0,0,0)
L13 <- c(1,0,0,0)
zq.mat <- rbind(L1,L11,L12,L13)
zq.sets <- list(1:9,1:3,4:6,7:9)
zq.mod <- rep("A",4)
res1 = plspm(data,zq.mat,zq.sets,zq.mod,scaled = F)
summary(res1)
plot(res1,what = "all")
defen1 <- res1$scores
```

defen1

#第二种方法

#install.packages("plsdepot")

library(plsdepot)

library(plspm)

L11_pca = nipals(data[,1:3])

L11_pca

L11_pca_defen = L11_pca$scores[,1]

L11_pca_defen

L12_pca = nipals(data[,4:6])

L12_pca

L12_pca_defen = L12_pca$scores[,1]

L12_pca_defen

L13_pca = nipals(data[,7:9])

L13_pca

L13_pca_defen = L13_pca$scores[,1]

L13_pca_defen

data_steptwo = cbind(L11_pca_defen, L12_pca_defen, L13_pca_defen)

data_steptwo

L1 <- c(0,0,0,0)

L11 <- c(1,0,0,0)

L12 <- c(1,0,0,0)

L13 <- c(1,0,0,0)

zq.mat <- rbind(L1, L11, L12, L13)

zq.sets <- list(1v3, 1, 2, 3)

zq.mod <- rep("A", 4)

res2 = plspm(data_steptwo, zq.mat, zq.sets, zq.mod, scaled = F)

summary(res2)

```
plot(res2,what="all")
defen2 <- res2$scores
defen2

#第三种方法
library(plspm)
L1 <- c(0,0,0,0)
L11 <- c(1,0,0,0)
L12 <- c(1,0,0,0)
L13 <- c(1,0,0,0)
zq.mat <- rbind(L1,L11,L12,L13)
zq.sets <- list(c(1,4,7),2:3,5:6,8:9)
zq.mod <- rep("A",4)
res3 = plspm(data,zq.mat,zq.sets,zq.mod,scaled=F)
summary(res3)
plot(res3,what="all")
defen3 <- res3$scores
defen3

par(mfrow=c(1,3))
plot(res1,what="all")
plot(res2,what="all")
plot(res3,what="all")
setwd("D:\\20171012\\book-w")
savePlot(filename="plot5",type="png",device=dev.cur(),restoreConsole=TRUE)

plot(res1,what="loadings")
savePlot(filename="plot61",type="pdf",device=dev.cur(),restoreCon-
```

sole = TRUE)

plot(res2,what = "loadings")

savePlot(filename = "plot62",type = "pdf",device = dev.cur(),restoreConsole = TRUE)

plot(res3,what = "loadings")

savePlot(filename = "plot63",type = "pdf",device = dev.cur(),restoreConsole = TRUE)

#install.packages("ROCR")

library(ROCR)

par(mfrow = c(1,3))

pred1 < - prediction(defen1[,1],t)

perf1 < - performance(pred1,"tpr","fpr")

auc.tmp < - performance(pred1,"auc")

auc < - as.numeric(auc.tmp@y.values)

auc < - round(auc,4)

plot(perf1,colorize = TRUE,lwd = 5,main = paste("AUC = ",auc * 100,"%"))

pred2 < - prediction(defen2[,1],t)

perf2 < - performance(pred2,"tpr","fpr")

auc.tmp < - performance(pred2,"auc")

auc < - as.numeric(auc.tmp@y.values)

auc < - round(auc,4)

plot(perf2,colorize = TRUE,lwd = 5,main = paste("AUC = ",auc * 100,"%"))

pred3 < - prediction(defen3[,1],t)

perf3 < - performance(pred3,"tpr","fpr")

auc.tmp < - performance(pred3,"auc")

auc < - as.numeric(auc.tmp@y.values)

```
auc < - round(auc,4)
plot(perf3,colorize = TRUE,lwd = 5,main = paste("AUC = ",auc * 100,"%"))

savePlot(filename = "roc",type = "png",device = dev.cur(),restoreConsole =
TRUE)
```

5.3 实战案例：科技报告指标结构关系研究

5.3.1 研究背景与指标体系

随着全球化发展的日趋深化，世界各国的经济、政治、文化均在高速发展的同时面临着诸多挑战。例如，在全球化过程中，整个国际环境和条件均发生着相对较大的变化，各国固有的经济增长模式已不再适应未来经济发展的需求。而且，大规模的人才国际间流动现象及其所带来的知识流动和溢出效应对于科技、经济的发展具有重要的影响。尤其在我国经济由高速增长阶段转变为高质量发展阶段以来，深入实施新时代人才强国战略，加快建设世界重要人才中心和创新高地，成为一项重大的工程和任务。

改革开放以来，我国经济发展历经不同阶段，也有诸多专家学者对我国经济高质量发展进行深入研究。作为世界第二大经济体，我国的经济发展模式和发展阶段将对世界各国产生重大影响。人才资源和科技资源是一国经济高质量发展的重要支撑。人才的良性循环和流动能够带来巨大的经济效益，而科技产出质量、数量的不断提升，以及知识转移转化率的提高，将对促进国家经济社会发展起到关键作用。目前，国内外专家学者在人才流动、科研投入产出领域开展了扎实的研究工作。其中，人才流动相关研究主要围绕在科技人才流动方向、动因、影响因素、效应等方面，抑或是特定人群（例如，国家杰出青年科学基金获得者）的流动规律，从宏观层面对包括学生在内的人才流动开展的研究成果并不多见。而在科研投入产出相关研究工作中，科研合作关系研究成为最受欢迎的方向之一。

经济高质量发展背景下，我国乃至世界各国如何开放人才流动、促进高水平科技产出，以在推动全球化的进程中实现经济、科技、人才三要素相辅相成的良性循环，具有重大的现实意义和研究价值。本章从经济高质量发展、科技产出和人才流动三个维度构建了高质量发展指标体系，并在此基础上编制高质量发展指数和经济高质量发展、人才流动、科技产出三个分项指数。考虑到指标体系的实际特征，本章提出总指数的测算工作流程，并完成总指数以及三个分项指数的测算，分析不同指标在经济高质量发展、科技产出和人才流动方面的不同表现，为世界各国高质量发展评估提供参考。

准确理解和深入剖析经济高质量发展内涵是科学构建经济高质量发展这一分项指数的指标体系的前提。新时代新征程，经济高质量发展要比经济增长质量更为关键。经济增长质量在广义上是对增长速度的补充，是相对于经济增长数量而言的。而经济发展应该是综合数量与质量协调统一，且需要注重经济发展效应。同时，经济的高质量发展离不开高质量的供给，尤其是创新能力和人才供给两大要素的注入。此外，在全球化的背景下，经济之所以可以转向高质量发展阶段离不开对外开放的战略选择。

综上所述，结合《IMD 世界竞争力年鉴》中关于经济发展方面的可用指标，本章选择实际人均 GDP 增长、实际固定资本形成总额增长、失业率和政府负债四项指标来衡量经济发展；选择 R&D 总经费、常驻居民授权专利量和人均公共教育经费三项指标来衡量创新能力；选择全国 R&D 人数、高等教育成就和企业 R&D 人数三项指标来衡量人才供给；选择货物出口、货物与服务进口（衡量国际贸易状况）、对外直接投资、外国直接投资（衡量国际投资水平）来衡量对外开放。

作为长期推进的一项重要任务，高水平科技成果的产出及其向现实经济的转化能够为经济高质量发展提供动力。通常，我们将通过科技活动所产生的各种形式的成果称为科技产出，具体可分为科技直接产出与科技间接产出。其中，反映科技直接产出的内容主要包括科技论文、专利产出、诺贝尔奖和知识转移等。2022 年 3 月 18 日美国国家科学委员会发布的《发明、知识转移和创新》报告也涉及知识转移指标，具体指标包括与其他学术、政府和国外机构合作出版物的数量，按论文领域和受让人统计 USPTO 发明专利中 S&E 论文的被引频次，按公司特征统计大学技术许可或许可类型的数量等。而科技间接产出主要是指覆盖科技活动的经济效益和社会效益，尤其是社会效益表现为科技成果推广与应用所带来的社会生活水平的提高及社会意识形态的变化，在指标定量测度方面难以实现。综上所述，本章选择科学论文、诺贝尔奖、有效专利和知识转移作为衡量科技产出的四项指标。

大规模的人才国际流动现象及其所带来的知识流动和溢出效应对于科技的发展具有重要影响，全球人才流动关乎全球的科技形势走向，对一个国家的科学发展前景十分重要。目前国内外已有诸多专家学者对科技人才流动开展不同专题的研究工作。早在 1963 年，英国科学家大量外流到美国引起国内外学者、世界各国政府和相关组织机构的广泛关注。随后大量文献围绕（科技）人才流动展开，根据人才流动的方向性，可归纳为人才外流、人才回流和人才环流（杨芳娟，2016）。考虑到人才环流相关指标数据的获取难度，本章仅关注人才外流和人才回流两个流动方向。而且，人才流动面向的不仅包括科技人才、研究人员、科学家等群体，还包括正在求学过程中的学生群体。结合《IMD 世界竞争力年鉴》中关于人才流动方面的可用指标，本章选择吸引和保留人才、人才外流、研究人员与科学家、外籍学生、出国学生来衡量世界各国的人才流动状况。

在深刻剖析和阐释经济高质量发展、科技产出和人才流动内涵的基础上，结合评价指标体系构建时需要重点考虑的科学性、可行性和适用性等原则，本章构建了如表 5.5 所示的基于"经济—科技—人才"三要素的高质量发展指标体系。其中共包括 3 个 A 级指标、12 个 B 级指标和 14 个 C 级指标。

表 5.5　基于"经济—科技—人才"三要素的高质量发展指标体系

A 级指标	B 级指标	C 级指标
经济高质量发展（A1）	经济发展（B1）	实际人均 GDP 增长（C1）
		实际固定资本形成总额增长（C2）
		失业率（C3）
		政府负债（C4）

续表

A 级指标	B 级指标	C 级指标
经济高质量发展（A1）	高质量供给（B2）	R&D 总经费（C5）
		常驻居民授权专利量（C6）
		人均公共教育经费（C7）
		全国 R&D 人数（C8）
		高等教育成就（C9）
		企业 R&D 人数（C10）
	对外开放（B3）	货物出口（C11）
		货物与服务进口（C12）
		对外直接投资（C13）
		外国直接投资（C14）
科技产出（A2）	科学论文（B4）	—
	诺贝尔奖（B5）	—
	有效专利（B6）	—
	知识转移（B7）	—
人才流动（A3）	吸引和保留人才（B8）	—
	人才外流（B9）	—
	研究人员与科学家（B10）	—
	外籍学生（B11）	—
	出国学生（B12）	—

5.3.2 数据处理与测算方法

综合考虑研究时数据可获得性以及不同国家（地区）在指标数据方面的缺失等实际情况，本章采用 2015 年全球 59 个国家（地区）的相关数据测算了基于"经济—科技—人才"三要素的高质量发展指数以及经济高质量发展、科技产出、人才流动三个分项指数。数据主要来自《IMD 世界竞争力年鉴》。具体指标的含义可参考这些报告。需要说明的是，受数据限制，本章没有涉及港澳台数据，仅采用了中国大陆的相关指标数据，并对国家或地区名称进行编码处理。

在进行基于"经济—科技—人才"三要素的高质量发展指数以及分项指数测算之前,需要先进行指标数据预处理。因数据采集难度的不同以及不同国家(地区)发展状况的差异,一些国家(地区)或指标存在指标数据较大程度的缺失。此外,指标数据的量级存在较大差异,会影响基于"经济—科技—人才"三要素的高质量发展指数以及分项指数测算的测算结果。综上所述,缺失数据处理和无量纲化处理为测算的主要难点。

(1)缺失数据处理。对于缺失程度较大的国家(地区)(例如,50%以上的指标数据缺失),直接删除该国家(地区)的所有指标数据。对于缺失程度较小的国家(地区),考虑到不同国家(地区)之间可能存在着不同发展状况,本章采用中位数插补法,用每一个存在缺失数的指标的可观测数据的中位数作为该指标中缺失数据的替补值。

(2)无量纲化处理。根据插补后的指标数据特征,本章利用 R 语言中的 scale() 函数进行标准化处理。即每一个指标数据先减去该指标数据的均值,再除以该指标数据的标准差。计算公式如下:$Indicator_i^* = [Indicator_i - Mean(Indicator_i)]/SD(Indicator_i)$。其中,$Indicator_i$ ($i = 1, \cdots, 23$)表示需要进行无量纲化的指标,$Mean(Indicator_i)$ 表示对指标 i 中的数据取均值,$SD(Indicator_i)$ 表示对指标 i 中的数据取标准差,$Indicator_i^*$ 表示进行无量纲化处理后的指标取值。

基于"经济—科技—人才"三要素的高质量发展指数的测算方法,需要结合指标体系的特征进行设计。不难发现,表 5.5 中的指标体系主要具有不同因子包含的指标数量不平衡和不同因子的指标体系级数不统一的特点。这里的因子是指 A 级指标。

(1)不同因子包含的指标数量不平衡。基于"经济—科技—人才"三要素的高质量发展指标体系(如表 5.5 所示)存在的一个明显的特点是,不同 A 级指标所包含的指标数量相差较大。具体来说,经济高质量发展(A1)包含 3 个 B 级指标和 14 个 C 级指标,科技产出(A2)仅包含 4 个 B 级指标,人才流动(A3)仅包含 5 个 B 级指标。显然,不同 A 级指标(是不可直接观测的,因此被称为因子)所包含的指标数量存在不平衡的特征。

(2) 不同因子的指标体系级数不统一。基于"经济—科技—人才"三要素的高质量发展指标体系（如表5.5所示）的另一个特点是所有A级指标均包含若干个B级指标，而B级指标不一定包含C级指标。因此，B级指标主要分为两类：第1类包括经济发展（B1）、高质量供给（B2）和对外开放（B3）。每个B级指标是不可直接观测的，这些B级指标包含若干个C级指标。第2类包括B4～B12。这类B级指标是可以直接观测的，没有下一级（C级）指标。

一阶因子模型是表达不可直接观测的潜变量和可直接观测的可测变量间关系的一类模型。本章从以一阶因子模型（具体模型形式如下所示）为基础出发，假设同一级指标间相互独立。

$$x_{jh} = \lambda_{jh}\xi_j + \varepsilon_{jh}$$

其中，λ_{jh}是载荷系数，表示一阶因子ξ_j对可测变量x_{jh}的影响，ε_{jh}是测量误差。

在这一独立性假设条件下，对于第1类B级指标，每个B级指标可视为C级指标的一阶因子，每个C级指标可视为对应一阶因子下的可测变量。因此，对于第1类B级指标，可通过一阶因子模型计算因子得分作为不可直接观测的一阶因子的取值，计算一阶因子和可测变量间的系数作为一阶因子和可测变量间的权重。对于第2类B级指标，本身是可直接观测的，因此不必进一步测算。

经过上述B级指标的计算过程，我们可以得到所有B级指标的取值。结合表5.5中的指标体系，即可得到A级指标为一阶因子，所有B级指标为可测变量，分别测算经济高质量发展指数、科技产出指数、人才流动指数三个分项指数，以及基于"经济—科技—人才"三要素的高质量发展指数。具体来说，将基于"经济—科技—人才"三要素的高质量发展作为可测变量经济发展、高质量供给和对外开放的一阶因子，构建一阶因子模型，计算经济高质量发展分项指数得分及其与三个可测变量（B级指标）间的权重。将科技产出作为可测变量科学论文、诺贝尔奖、有效专利和知识转移的一阶因子，将人才流动作为可测变量吸引和保留人才、人才外流、研究人员与科学家、外籍学生和出国学生的一阶因子，分别计算分项指数的得分及相应权重。

完成分项指数计算后，以基于"经济—科技—人才"三要素的高质量发展指数为三个分项指数得分的一阶因子，构建一阶因子模型，最终完成基于"经济—科技—人才"三要素的高质量发展指数得分及其与三个分项指数间权重的计算（如表5.6所示）。

表5.6 基于"经济—科技—人才"三要素的高质量发展总指数及分项指数

总指数	分项指数（A级指标）	B级指标
"科技—经济—人才"三要素高质量发展指数	经济高质量发展指数（A1）	经济发展（B1*）
		高质量供给（B2*）
		对外开放（B3*）
	科技产出指数（A2）	科学论文（B4）
		诺贝尔奖（B5）
		有效专利（B6）
		知识转移（B7）
	人才流动指数（A3）	吸引和保留人才（B8）
		人才外流（B9）
		研究人员与科学家（B10）
		外籍学生（B11）
		出国学生（B12）

注：B级指标列中右上角带"*"的指标表示它们的取值是通过计算得到的。

综上所述，基于"经济—科技—人才"三要素的高质量发展指数的测算需要先进行不同指标的级数的定义和指标数据的预处理，再以不同阶因子模型为基础模型来具体进行总指数的测算。因为基于"经济—科技—人才"三要素的高质量发展指数的测算需要先获取不同阶因子（例如，所有A级指标、B1~B5指标、B10~B11指标和C1~C10指标）的得分，所以本章采用偏最小二乘估计算法完成因子得分和表达不同指标间权重的系数的估计。本章测算基于"经济—科技—人才"三要素的高质量发展指数的流程如表5.7所示。

表5.7　基于"经济—科技—人才"三要素的高质量发展指数的测算工作流程

Step0：前期准备工作
　　Step0-1：根据指标体系，定义指标的不同级数（例如，按 A、B、C 进行逐级定义）
　　Step0-2：数据预处理。若指标数据存在缺失，则先进行缺失数据处理，再进行无量纲化处理；若不存在缺失，直接进行无量纲化处理
Step1：不同级指标数量和级数的统计
　　Step1-1：不同级指标数量的统计
　　Step1-2：所有 A 级指标包含的指标级数的统计
　　Step1-3：所有 A 级指标都包含的指标级数（本章中所有 A 级指标都有 B 级指标）
Step2：B 级指标的分类与处理
　　Step2-1：不可直接观测的 B 级指标，以 B 级指标为一阶因子、C 级指标为可测变量，构建一阶因子模型，B 级指标下仅有 1 个 C 级指标的除外，采用直接赋值法
　　Step2-2：可直接观测的 B 级指标，不作任何处理
Step3：分项指数的测算
　　以 A 级指标作为相应的 B 级指标的一阶因子，构建一阶因子模型。计算 A 级指标得分作为分项指数的取值，A 级指标与相应 B 级指标间的系数作为权重
Step4：总指数的测算（为方便测算流程表述，将基于"经济—科技—人才"三要素的高质量发展指数简称为总指数）
　　以 A 级指标为可测变量，总指数为一阶因子，构建一阶因子模型。计算总指数得分及其与相应分项指数间的系数作为权重
Step5：所有测算结果的汇总
　　Step5-1：汇总上述过程中的所有因子得分。其中，总指数的因子得分作为总指数的取值，A 级指标的因子得分为分项指数的取值
　　Step5-2：汇总上述过程中的所有系数估计值，作为不同级指标间的权重

5.3.3　权重与指数测算结果

如前所述，B 级指标的测算是平衡不同因子所包含的指标数量以及统一不同因子的指标体系级数的关键环节。完成 B 级指标的测算，可以得出无法直接观测的那部分 B 级指标的取值，以为基于"经济—科技—人才"三要素的高质量发展指数及其三个分项指数提供数据支持，而且能够给出这部分 B 级指标与 C 级指标间的客观权重。经测算，B 级指标的测算结果中客观权重的估计结果如表 5.8 所示（受篇幅所限，本章不展示测算得出的指标取值）。

表5.8　　　　　B 级指标与 C 级指标间权重测算结果

B 级指标	B-C 间权重	C 级指标
经济发展（B1）	0.852	实际人均 GDP 增长（C1）
	0.861	实际固定资本形成总额增长（C2）
	0.098	失业率（C3）
	0.122	政府负债（C4）

续表

B 级指标	B－C 间权重	C 级指标
高质量供给（B2）	0.654	R&D 总经费（C5）
	0.849	常驻居民授权专利量（C6）
	0.317	人均公共教育经费（C7）
	0.767	全国 R&D 人数（C8）
	0.490	高等教育成就（C9）
	0.853	企业 R&D 人数（C10）
对外开放（B3）	0.727	货物出口（C11）
	0.695	货物与服务进口（C12）
	0.898	对外直接投资（C13）
	0.830	外国直接投资（C14）

表 5.8 中 B 级指标与 C 级指标间权重的大小展示出 C 级指标对 B 级指标的效应大小。显然，实际人均 GDP 增长和实际固定资本形成总额增长对经济发展的效应非常显著，常驻居民授权专利量、全国 R&D 人数以及企业 R&D 人数对高质量供给的效应比其他 C 级指标显著，而在对外开放这一维度，直接投资的效应非常显著，货物出口的效应次之。在完成 B 级指标的相关测算工作后，本章表 5.5 中指标体系中存在的不同因子包含的指标数量不平衡和不同因子的指标体系级数不统一问题就得到解决。对于每个 A 级指标，包含的 B 级指标数量分别为 3 个、4 个、5 个，而且，B 级指标全部可直接观测的，形成基于"经济—科技—人才"三要素的高质量发展指数、A 级到 B 级的齐整的指标体系。基于"经济—科技—人才"三要素的高质量发展指数及三个分项指数相关权重的具体测算结果如表 5.9 所示。

表 5.9　基于"经济—科技—人才"三要素的高质量发展指数及分项指数相关权重测算结果

总指数	权重	A 级指标（分项指数）	权重	B 级指标
基于"经济—科技—人才"三要素的高质量发展指数	0.541	经济高质量发展（A1）	0.812	经济发展（B1）
			0.117	高质量供给（B2）
			0.785	对外开放（B3）

续表

总指数	权重	A级指标（分项指标）	权重	B级指标
基于"经济—科技—人才"三要素的高质量发展指数	0.790	科技产出（A2）	0.901	科学论文（B4）
			0.887	诺贝尔奖（B5）
			0.513	有效专利（B6）
			0.579	知识转移（B7）
	0.876	人才流动（A3）	0.827	吸引和保留人才（B8）
			0.823	人才外流（B9）
			0.904	研究人员与科学家（B10）
			0.662	外籍学生（B11）
			0.295	出国学生（B12）

如表5.9所示，经济发展和对外开放表现出对经济高质量发展的重要促进作用，科学论文和诺贝尔奖对于科技产出的评价影响显著，而包括研究人员和科学家在内的人才的吸引和保留对人才流动评价起到重要作用。从基于"经济—科技—人才"三要素的高质量发展指数来看，在经济高质量发展的背景下，人才流动是最为关键，而科技产出对于基于"经济—科技—人才"三要素的高质量发展评价的效应显著。

基于"经济—科技—人才"三要素的高质量发展指数的另外一项重要的测算结果包括基于"经济—科技—人才"三要素的高质量发展指数以及分项指数的得分。根据基于"经济—科技—人才"三要素的高质量发展指数得分，可以对不同国家基于"经济—科技—人才"三要素的高质量发展状况进行排名，而根据分项指数得分，可以对不同国家在经济高质量发展、人才流动与科技产出共三个不同维度单独进行排名。本章关注不同国家基于"经济—科技—人才"三要素的高质量发展指数和分项指数的相对排名而非这些指数得分的绝对取值。采用四分位法将59个国家划分为四个梯队，基于"经济—科技—人才"三要素的高质量发展指数及分项指数的国家排名情况如表5.10所示。

表 5.10　基于"经济—科技—人才"三要素的高质量发展指数及分项指数的国家排名梯队情况

评价指数	梯队	国家
总指数	一	GJ39、GJ59、GJ05、GJ08、GJ07、GJ24、GJ55、GJ04、GJ25、GJ46、GJ41、GJ06、GJ53、GJ54、GJ03
总指数	二	GJ09、GJ10、GJ01、GJ47、GJ13、GJ38、GJ48、GJ56、GJ02、GJ52、GJ28、GJ30、GJ40、GJ33、GJ35
总指数	三	GJ34、GJ42、GJ16、GJ49、GJ43、GJ57、GJ45、GJ31、GJ22、GJ11、GJ36、GJ29、GJ58、GJ15、GJ21
总指数	四	GJ12、GJ14、GJ27、GJ50、GJ20、GJ51、GJ19、GJ32、GJ18、GJ17、GJ26、GJ37、GJ23、GJ44
经济高质量发展	一	GJ24、GJ55、GJ25、GJ46、GJ41、GJ06、GJ53、GJ01、GJ47、GJ52、GJ28、GJ33、GJ16、GJ22、GJ58
经济高质量发展	二	GJ54、GJ03、GJ48、GJ02、GJ35、GJ57、GJ45、GJ31、GJ11、GJ15、GJ27、GJ20、GJ18、GJ26、GJ37
经济高质量发展	三	GJ05、GJ08、GJ07、GJ04、GJ09、GJ10、GJ38、GJ56、GJ30、GJ34、GJ42、GJ49、GJ21、GJ50、GJ51
经济高质量发展	四	GJ39、GJ59、GJ13、GJ40、GJ43、GJ36、GJ29、GJ12、GJ14、GJ19、GJ32、GJ17、GJ23、GJ44
科研产出	一	GJ25、GJ46、GJ06、GJ53、GJ54、GJ03、GJ02、GJ08、GJ07、GJ04、GJ10、GJ38、GJ56、GJ39、GJ59
科研产出	二	GJ24、GJ55、GJ41、GJ47、GJ28、GJ58、GJ48、GJ35、GJ05、GJ09、GJ30、GJ13、GJ40、GJ43、GJ17
科研产出	三	GJ01、GJ52、GJ33、GJ22、GJ57、GJ45、GJ31、GJ11、GJ15、GJ49、GJ21、GJ51、GJ36、GJ29、GJ14
科研产出	四	GJ16、GJ27、GJ20、GJ18、GJ26、GJ37、GJ34、GJ42、GJ50、GJ12、GJ19、GJ32、GJ23、GJ44
人才流动	一	GJ25、GJ46、GJ53、GJ54、GJ03、GJ08、GJ07、GJ56、GJ39、GJ59、GJ41、GJ35、GJ05、GJ30、GJ40
人才流动	二	GJ06、GJ02、GJ04、GJ10、GJ38、GJ24、GJ55、GJ47、GJ28、GJ09、GJ33、GJ45、GJ31、GJ36、GJ19
人才流动	三	GJ48、GJ13、GJ43、GJ01、GJ52、GJ22、GJ57、GJ11、GJ15、GJ49、GJ21、GJ29、GJ34、GJ42、GJ12
人才流动	四	GJ58、GJ17、GJ51、GJ14、GJ16、GJ27、GJ20、GJ18、GJ26、GJ37、GJ50、GJ32、GJ23、GJ44

由表 5.10 可知，基于"经济—科技—人才"三要素的高质量发展指数排名处于第一梯队的国家全部属于发达国家。在基于"经济—科技—人才"三要素的高质量发展指数和三个分项指数排名中，发达国家 GJ25、GJ46 和 GJ53 均属于第一梯队，GJ49 和 GJ21 均属于第三梯队，GJ32、GJ23 和 GJ44 均属于第四梯队。基于"经济—科技—人才"三要素的高质量发展指数排名

处于第一梯队的国家还包括发达国家 GJ39、GJ59、GJ05、GJ08、GJ07、GJ24、GJ55、GJ04、GJ41、GJ06、GJ54 和 GJ03。所有这些国家的科技产出和人才流动两个分项指数排名处于第一梯队或第二梯队。此外，GJ39 和 GJ59 的经济高质量发展分项指数排名却处于第四梯队，GJ05、GJ08、GJ07 和 GJ04 的经济高质量发展分项指数排名处于第三梯队。这 6 个国家的科技产出和人才流动两个分项指数排名处于第一梯队或第二梯队。本章还特别关注基于"经济—科技—人才"三要素的高质量发展指数排名处于第四梯队的国家，除 GJ32、GJ23 和 GJ44 外，还包括 GJ12、GJ14、GJ27、GJ50、GJ20、GJ51、GJ19、GJ18、GJ17、GJ26 和 GJ37 共 11 个国家。尽管这 11 个国家在基于"经济—科技—人才"三要素的高质量发展指数排名中处于第四梯队，但 GJ27、GJ20、GJ18、GJ26 和 GJ37 在经济高质量发展这一分项指数排名中相对靠前，属于第二梯队。GJ19 和 GJ17 分别在分项指数人才流动、科技产出中处于第二梯队。

5.4 思考与练习

1. 请简述结构关系的定义。
2. 请简述结构方程模型与高阶因子模型的关系和区别。
3. 请归纳二阶因子模型的适用条件。
4. 用偏最小二乘估计法分析 R 自带数据 wine，并构建结构方程模型。
5. 请修改图 5.5，去掉总体组，将图例调整到右上位置。
6. 请实现下列操作，掌握 ggplot 绘图方法。

library(ggplot2)

p <- ggplot(mtcars)

summary(p)

p <- p + aes(wt,hp)

summary(p)

p <- ggplot(mtcars,aes(x = mpg,y = wt))

```
p + geom_point()
p + geom_point(aes(colour = factor(cyl)))
p + geom_point(aes(y = disp))
p <- ggplot(mtcars,aes(mpg,wt))
p + geom_point(colour = "darkblue")
p + geom_point(aes(colour = "darkblue"))
```

5.5 延展性阅读

在结构方程模型领域，Python 的发展尚未成熟，还不存在用于完成结构方程模型中参数估计的功能模块。下面以极大似然法为例，给出如何通过 Python 编程结构方程模型的极大似然估计函数［名为 sem_python()］，类似于 R 中的 sem()，解决结构方程模型中参数的极大似然估计问题。更多内容，读者可参见网页：https://zhuanlan.zhihu.com/p/32531377。

```
import numpy as np
import warnings
import pandas as pd


def sem_s(y,x,data):
#计算样本协方差矩阵
    y.extend(x)
    new_data = data[:,y]
    s = np.cov(new_data,rowvar = False,bias = True)
    return s
def sem_ml_omg(s,sig):
#计算极大似然下的 omg 矩阵
    tp1 = np.linalg.inv(sig)
    tp2 = np.dot(s,tp1)
```

```
        tp3 = tp1 - np.dot(tp1,tp2)
        return tp3
def sem_sig_xx(l_x,p_x,var_e_x):
#计算估计出来的内生变量协方差矩阵
        sig_xx = np.dot(np.dot(l_x,p_x),l_x.transpose()) + var_e_x
        return sig_xx
def sem_sig_xy_yx(l_x,p_x,l_y,gam,_beta):
#计算估计出来的外生变量和内生变量的协方差矩阵
        tp1 = np.dot(l_x,p_x)
        tp2 = np.dot(tp1,gam.transpose())
        tp3 = np.dot(tp2,_beta.transpose())
        sig_xy = np.dot(tp3,l_y.transpose())
        sig_yx = sig_xy.transpose()
        return sig_xy,sig_yx
def sem_sig_yy(l_y,_beta,gam,p_x,var_e,var_e_y):
#计算估计出来的外生变量协方差矩阵
        tp1 = np.dot(l_y,_beta)
        tp2 = np.dot(np.dot(gam,p_x),gam.transpose()) + var_e
        tp3 = np.dot(tp1,tp2)
        sig_yy = np.dot(tp3,tp1.transpose()) + var_e_y
        return sig_yy
def sem_sig(sig_yy,sig_yx,sig_xy,sig_xx):
#计算估计出来的协方差矩阵
        top = np.column_stack((sig_yy,sig_yx))
        btm = np.column_stack((sig_xy,sig_xx))
        return np.row_stack((top,btm))
def accuracy(tol = 1e-7, *args):
        for arg in args:
                if np.any(np.abs(arg) > tol):
```

```python
        return False
    return True
defsem_python(data,y,x,l_x,l_y,beta,gm,method='ml',step=0.1,max_iter=5000,tol=1e-7):
    y_len = len(y)
    s = sem_s(y,x,data)
    #样本协方差矩阵
    p_x = np.eye(l_x.shape[1])
    #内生变量协方差矩阵
    var_e_x = np.eye(l_x.shape[0])
    #内生变量误差协方差矩阵
    var_e_y = np.eye(l_y.shape[0])
    #外生变量误差协方差矩阵
    var_e = np.eye(l_y.shape[1])
    #路径方程误差协方差矩阵
    for i in range(max_iter):
        _beta = np.linalg.inv(np.eye(len(beta))-beta)
        sig_xx = sem_sig_xx(l_x,p_x,var_e_x)
        sig_yy = sem_sig_yy(l_y,_beta,gm,p_x,var_e,var_e_y)
        sig_xy,sig_yx = sem_sig_xy_yx(l_x,p_x,l_y,gm,_beta)
        sig = sem_sig(sig_yy,sig_yx,sig_xy,sig_xx)
        #估计协方差矩阵
        omg = sem_ml_omg(s,sig)
        #连锁求导的 omg 矩阵
        omg_xx = omg[y_len:,y_len:]
        omg_yy = omg[:y_len,:y_len]
        omg_xy = omg[y_len:,:y_len]
        omg_yx = omg[:y_len,y_len:]
```

```
l_y_beta = np.dot(l_y,_beta)
dvar_e = np.dot(np.dot(l_y_beta.transpose(),omg_yy),l_y_beta)
dvar_e[var_e == 0] = 0


l_y_bt_gm = np.dot(l_y_beta,gm)
dp_x0 = np.dot(np.dot(l_y_bt_gm.transpose(),omg_yy),l_y_bt_gm)
dp_x1 = np.dot(np.dot(l_x.transpose(),omg_xy),l_y_bt_gm)
dp_x2 = dp_x1.transpose()
dp_x3 = np.dot(np.dot(l_x.transpose(),omg_xx),l_x)
dp_x = dp_x0 + dp_x1 + dp_x2 + dp_x3
dp_x[range(l_x.shape[1]),range(l_x.shape[1])] = 0


path_cov = np.dot(np.dot(gm,p_x),gm.transpose()) + var_e
beta_path_beta = np.dot(np.dot(_beta,path_cov),_beta.transpose())
dm_y1 = 2 * np.dot(np.dot(omg_yy,l_y),beta_path_beta)
dm_y2_tp1 = np.dot(np.dot(np.dot(_beta,gm),p_x),l_x.transpose())
dm_y2 = 2 * np.dot(omg_yx,dm_y2_tp1.transpose())
dm_y = dm_y1 + dm_y2
dm_y[l_y == 0] = 0
for j in range(dm_y.shape[1]):
    #外生每个潜变量的首个因子载荷为1
    _tp = dm_y[dm_y[:,j]! = 0,j]
    _tp[0] = 0
    dm_y[dm_y[:,j]! = 0,j] = _tp


dm_x1 = 2 * np.dot(np.dot(omg_xx,l_x),p_x)
dm_x2_tp1 = np.dot(l_y_bt_gm,p_x)
```

```
dm_x2 = 2 * np.dot(omg_xy,dm_x2_tp1)
dm_x = dm_x1 + dm_x2
dm_x[l_x == 0] = 0

dgm1 = 2 * np.dot(np.dot(np.dot(np.dot(l_y_beta.transpose(),omg_yy),l_y_beta),gm),p_x)
dgm2 = 2 * np.dot(np.dot(np.dot(l_y_beta.transpose(),omg_yx),l_x),p_x)
dgm = dgm1 + dgm2
dgm[gm == 0] = 0

db1 = 2 * np.dot(np.dot(np.dot(np.dot(l_y_beta.transpose(),omg_yy),l_y_beta),path_cov),_beta)
db2_tp1 = np.dot(np.dot(l_x,p_x),gm.transpose())
db2 = 2 * np.dot(np.dot(np.dot(l_y_beta.transpose(),omg_yx),db2_tp1),_beta)
db = db1 + db2
db[beta == 0] = 0#//
dv_e_y = omg_yy
dv_e_y[var_e_y == 0] = 0
dv_e_x = omg_xx
dv_e_x[var_e_x == 0] = 0#//
dlt_var_e_x = step * dv_e_x
var_e_x = var_e_x-dlt_var_e_x
dlt_var_e_y = step * dv_e_y
var_e_y = var_e_y-dlt_var_e_y
dlt_var_e = step * dvar_e
var_e = var_e-dlt_var_e
dlt_p_x = step * dp_x
```

```
p_x = p_x-dlt_p_x
dlt_l_y = step * dm_y
l_y = l_y-dlt_l_y
dlt_l_x = step * dm_x
l_x = l_x-dlt_l_x
dlt_gam = step * dgm
gm = gm-dlt_gam
dlt_beta = step * db
beta = beta-dlt_beta
if accuracy(tol,dlt_var_e,dlt_var_e_y,dlt_var_e,dlt_p_x,dlt_l_y,
    dlt_l_x,dlt_gam,dlt_beta):
    return l_x,l_y,p_x,beta,gm,var_e,var_e_x,var_e_y
```

第 6 章
指标网络关系研究

6.1 指标间网络关系的基本界定

6.1.1 网络关系问题

网络的构成离不开存在于网络中"定点"和连接定点两两之间的"连线"。以北京地铁为例,所有地铁线路形成交通网络。不难理解,每个地铁站就是交通网络中的"定点",铁轨是连接每两个地铁站的"连线"。我们可以将类似于北京地铁的真实网络归纳到"社会网络"的范畴。在社会网络分析理论背景下,讨论网络关系的挖掘和可视化问题,是本章的研究任务和目标。

那么,在社会网络中,构成的元素有哪些?这些元素具体又包括哪些属性和分类呢?显然,社会网络包括的基本元素包括节点和连线两部分。与结构关系中的变量不同,节点在网络中没有可观测、不可观测之分,也没有隶属、涵盖之别。不同节点之间的差异是由其在网络中的位置、与网络中其他节点的联系等因素决定的。社会网络中的连线可分为有向连线和无向连线。与回归关系的变量也不同,社会网络中的节点不存在因、果之分,即使对于网络中连线有方向的情况,也仅仅表示信息传输、物流运载方向,而非表达节点间的导致或影响关系。像矢量一样,连线不仅有方向,还有大小。这里的大小指的就是权重。权重可以用来刻画节点间是否存在连线（例如，取值为0和1，0表示不存在，1表示存在）以及关系的强弱。

6.1.2　网络关系类型

网络结构的类型对于网络关系的现实存在以及挖掘测度起到非常重要的作用。对于一个网络，其复杂度不仅受制于网络规模的大小，而且还会受到很多未知的或是已知的局部结构的影响。换句话说，对于一个复杂网络来说，其中一定隐含着一些未知的结构模式，对于这些隐含模式的挖掘可以有助于进一步梳理错综复杂的网络结构，提取关键信息，剔除不重要的干扰因素。

现实存在的网络结构千变万化，而且随着网络规模的增加，网络结构会越来越复杂。在这种情况下，本章大致将网络结构划分为有中心的网络和无中心的网络。有中心的网络是指在整个网络中，存在明显的中心节点，所有的节点均是围绕着中心节点进行连接的，例如，某领域泰斗级专家科研社交网络。无中心的网络没有中心，形状类似于渔网，节点间彼此联系的密度分布较为均匀，例如，北京城市轨道交通线网图。

6.2　指标间网络关系的测度方法

6.2.1　指标间网络关系测度方法

网络中有价值的关系规律一般都具有未知的特点，一种最简单的网络关系就是两两之间用相关性和相似性足以刻画的关系。但真实世界中的网络关系往往错综复杂。而且，与回归关系、结构关系不同，网络关系几乎是完全未知的，不存在因果，也无所谓架构。因此，本章给出"多层次挖掘网络关系"的想法，具体内容如下，仅供读者参考。

（1）按照一定规则，对网络中的节点进行划分，形成大量小规模的子网络，例如，假设初始情况是每个节点为一个子网络。

（2）借助方法或手段，实现子网络的聚合过程，形成不同规模尺度下的子网络划分情况。通过合理选择，确定由合适数量和规模的子网络构成网络划分结果。

（3）构建综合评价指标，对子结构内的节点进行重要性评价，并由此刻画子网络内的节点间的网络关系。

随着以因特网（Internet）为代表的信息技术的迅猛发展和广泛普及，人类步入一个充满各种各样复杂网络的时代。从大型电力网络到全球交通网络，从科研合作网到社会关系网，人类社会的网络化在提高生产生活效率和质量的同时，也带来一些负面冲击。这些负面冲击警示人们需要更清楚地认识错综复杂的现实网络形态，攻克复杂网络节点数量繁多、结构关系不易测度的难题，为提高生产生活效率、预防避免负面冲击提供参考和依据。

社会网络理论发端于20世纪30年代，最开始是由R. 布朗在群体内部关系结构的研究中提出来的，是一种新的社会学研究范式。自20世纪70年代以来，社会网络分析（social network analysis，SNA）成为社会学、心理学、人类学、数学等领域逐步发展起来的一个研究分支。经由巴恩斯、鲍特、纳德尔、米歇尔、霍曼斯等诸多领域学者的研究和发展，构建了社会网络分析理论，逐步形成了一般性的学科。社会网络分析的发展历史如图6.1所示。

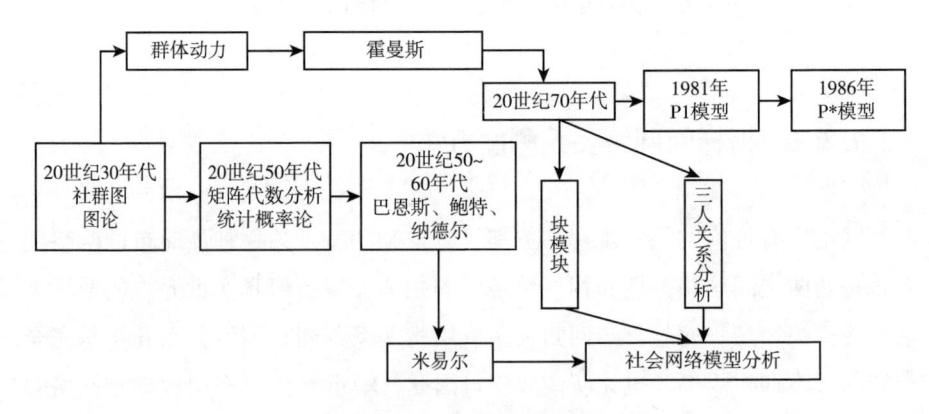

图6.1 社会网络发展情况

以复杂网络节点为研究切入点，在充分利用单一测度指标间关系规律及网络节点不同评价维度和网络角色自带信息的基础上，提出一种新的结构关系综合测度指标，突破现有单一测度指标评价功能的局限性，更真实贴切地全面刻画网络中节点的角色与位置，实现用节点的网络属性测度网络结构关系的研究工作，为提高现实生产生活效率、预防灾害负面影响提供参考和依据。

6.2.1.1 凝聚子群分析法

早期的社会网络学者在霍桑工厂和杨基城报告中曾涉及"派系"的思想，在无向关系网络中，派系是指至少包含三个点的最大完备子图。具体来说，派系中的任何两点都彼此邻接，并且不能被其他任何派系所包含。然而，在现实生活中，很多关系都是间接相连的。换句话说，很多重要的社会过程都是通过中介者达成的。但是，并不是所有间接相连的节点都可以属于同一个群体，因此设定一个临界值 n 作为距离的最大值，同一群体中的任何两点之间在总图中的距离最大不超过 n，这个群体被称为 n-派系。

n-宗派是指任何两点之间的捷径距离都不超过 n 的一个 n-派系。k-丛概念是指每个点都至少与除了 k 个点之外的其他点直接相连。但是，关于 k-丛的最小规模的确定，可以给出一些学者们坚持的经验"原则"。当 k = 2 时，网络规模为 4；当 k > 3 时，网络规模为 2k-1。如果一个子图中的全部点都至少与该子图中的 k 个其他点邻接，则被称为 k-核。

实际上，一个子网络至少包含两个方面：一是重点关注子群内部的关系；二是比较子群内部成员之间相对于子群内、外部成员之间的关系强度或频次。如果一个图可分为几部分，每个部分的内部成员间存在关联，而各个部分间没有任何关联，则把这部分称为成分。LS 集合要求内部成员之间的关系相对比较紧密，但是与外部成员之间的关系相对较少。在 LS 的基础上进行推广，lambda 集合实现了一个重要的性质，即集合中的点不一定具有凝聚性。因为 lambda 集合对各点间的路径长度不加限制，所以 lambda 集合的各个点之间可能距离很远。

在凝聚子群分析中，派系是最早被提出的概念，通过对复杂网络进行派系分析，可以将节点划分为若干子网络，但是，派系分析这一方法具有如下四个相互关联的局限性（刘军，2004）：（1）定义过于严格，导致网络结构的划分常常不够稳定。这是因为只要去掉派系中的一个关系，就无法称其为派系。（2）派系的规模会受到点的度数的限制。若网络中任意一个节点至多与其他节点存在 k 个关系，那么在结果中就不可能包含超过 k 个节点的派系。（3）现实中出现的派系常常规模太小，并且重叠很多。例如：在研究一些大规模社会网络时，群体中可能存在大量互相重叠的派系，而对于一些比较稀疏的网络，派系的数目可能极少，在这两种情况下，派系的概念就失去了意义。（4）派系成员之间没有任何分化，换句话说，同一个派系中的节点在图论的意义上都是等同的。

此外，由于派系是建立在节点间邻接基础上的，因此忽视了通过一些间接关系连接在一起的子网络。需要对"派系"这个定义进行推广，设定一个临界值 n 作为成员之间距离的最大值，产生 n-派系。但是，从应用的角度来讲，n-派系思想有一定的局限性，可总结为如下三点：（1）当 n 等于 2 时，可以直接解释有共同中间人的关系，但是当 n 大于 2 时，包括了较为疏远的弱关系，尽管比较长的弱关系可能对网络的总体结构非常重要，但是具体的意义还不是很清晰；（2）作为一个子网络，n-派系的直径有可能大于 n，虽然 n-派系要求各个点之间通过长度不超过 n 的路径连接在一起，但是这并不能保证这些路径仍然保留在子群之中；（3）一个 n-派系可能包含 n-派系外的点，即可能是一个不关联图。

综上所述，一个 n-派系往往不是一个具有较高凝聚性的凝聚子群，由此产生了 n-宗派，对 n-派系的概念进行了推广。由 n-宗派的概念可知，所有的 n-宗派都是 n-派系，反之不成立。n-宗派和 n-派系最主要的区别在于对"距离"的理解，n-派系中的"距离"是指两点在"总图"中的距离，n-宗派是指两点在"子图"中的距离。由此可知，n-宗派比 n-派系的概念更加严格。因此，通过对派系、n-派系、n-宗派三个结构划分方法进行对比，可以看出，选择 n-宗派比其他两种分析方法更好。

与 n-派系类似，k-丛实质上也是对派系概念的一个推广。但是 n-派系常常不稳健，即去掉该图的一个或几个点之后，图的结构会受到很大影响。与 n‑派系相比，k‑丛更能体现凝聚力的思想。k‑核与 k‑丛不同，k‑丛要求各个点都至少与 k 个点之外的其他点相连，而 k‑核要求任何点至少与 k 个点相连。一般来说，研究者可以根据自己的数据自行决定 k 值的大小，从而发现一些有意义的子网络，这就是 k‑核的优势所在。虽然 k‑核不一定具有高度凝聚力的子网络，但是仍然表现出与派系类似的性质。

需要说明的是，上述方法均是基于子网络内部成员之间关系的，在复杂网络中，网络关系的挖掘既要关注子网络内部的关系信息，又要兼顾来自子网络外部的信息。因此，引入介绍下面的一些方法。先引入"成分"的概念，在现实生活中一般不存在部分之间关联，但是各个成分间没有关联的情况，同样地，LS 集合的概念在现实生活中很少出现，因此需要在 LS 集合基础上进行推广，提出 lambda 集合这个新的概念。因为 lambda 集合中各个点之间的路径长度没有限制，因此，lambda 集合中的各点间可能距离很远。综上所述，凝聚子群分析法在实现"多层次挖掘网络关系"稍显不足，需要进一步寻找新的方法和技术。

图 6.2 可以更清楚地展示出凝聚子群分析法以及这些方法之间的关系。

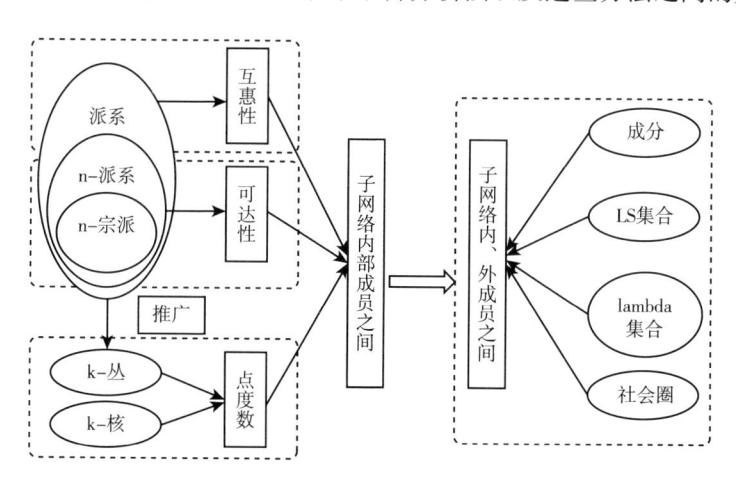

图 6.2 凝聚子群分析法及其关系

例 6.1 karate 数据。 该数据是 R 自带的社会学家扎卡里（Zachary）用两年时间观察美国空手道俱乐部 34 名成员的数据，包括这些成员在俱乐部内外的社交情况。

下面通过 R 程序实现展示凝聚过程的树状图以及基于 Clauset 快速贪婪优化方法的社群图（如图 6.3 所示）。

library(sand)
library(igraphdata)
library(ape)
#用于展示树状图
data(karate)

A <- fastgreedy.community(karate)
membership(A)
par(mfrow = c(1,2))
dendPlot(A, mode = "phylo")
plot(A, karate)

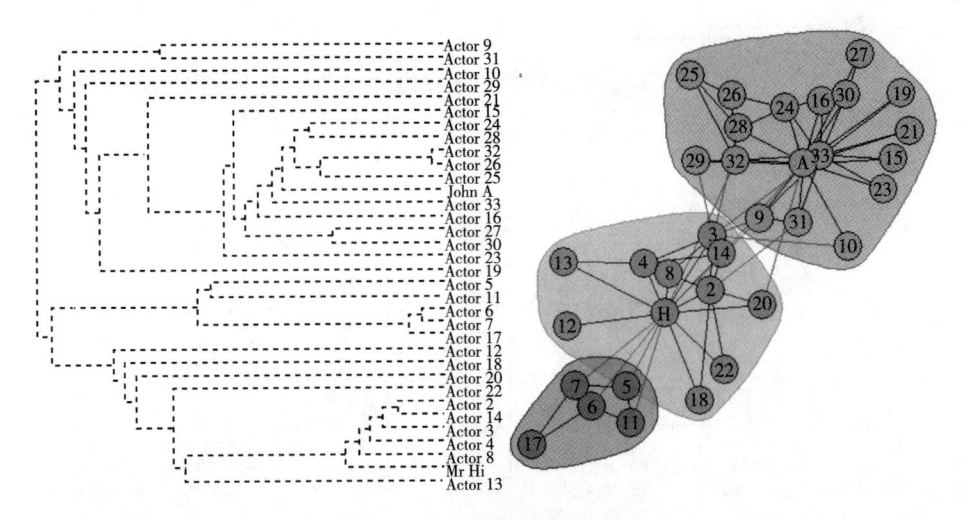

图 6.3 多层次聚类及社群图

下面实现块模型：

library(mixer)
setSeed(42)
karate.sbm <- mixer(as.matrix(get.adjacency(karate)), qmin = 3, qmax =

10)

#mixer 函数使用积分分类似然函数准则选择类别数量,这里限定类别数量取值范围是[3,10]

karate.sbm.output <- getModel(karate.sbm)

#检验模型

karate.sbm.output$q

#模型拟合出的类别数量,结果为4

round(karate.sbm.output$Taus[,1:5],1)

#前5个节点的估计值

由图 6.4 可知,节点 1、2、3 属于第 1 类,节点 4 和节点 5 属于第 2 类。读者要想知道所有节点的分类情况,可用代码:

round(karate.sbm.output$Taus[,1:34],1)

#前5个节点的估计值

```
> round(karate.sbm.output$Taus[, 1:5],1)
     [,1] [,2] [,3] [,4] [,5]
[1,]   1    1    1    0    0
[2,]   0    0    0    1    1
[3,]   0    0    0    0    0
[4,]   0    0    0    0    0
```

图 6.4 前 5 个节点的估计值

下面仍然利用 R 代码进行可视化分析:

plot(karate.sbm)

图 6.5 由四部分组成,左上图表示随类别数量的增加积分分类似然准则的取值变化,显然类别等于 4 时的取值最大。右上图展示出节点的邻接矩阵,可以看出大体上包括主对角线(左上角到右下角)两端的两个大类,以及次对角线(右上角到左下角)两端的两个小类。左下图展示出度的分布情况,从蓝色拟合线可以看出,节点的度分布呈现右偏。右下图展示出所有节点被划分到的四个类别,较大的圆表示包括较多数量的节点,较小的圆表示包括较少数量的节点。

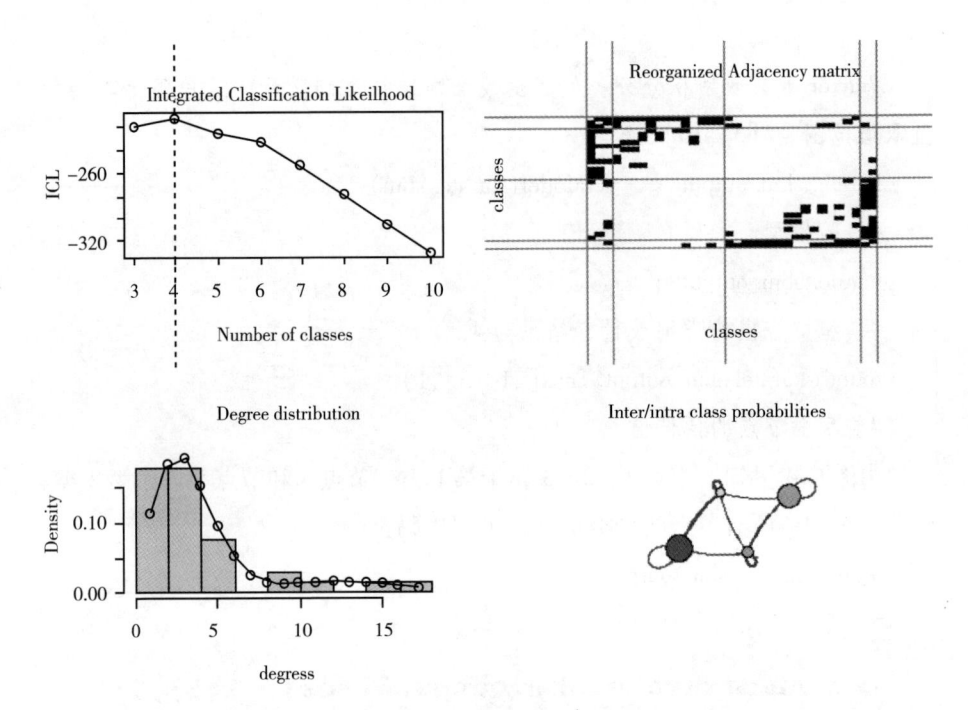

图 6.5 块模型拟合优度图

下面给出展示节点网络关系（社群图）的 Python 代码：

```
import networkx as nx
import numpy as np
import matplotlib.pyplot as plt


G = nx.karate_club_graph()
#图 6.6 左图：
pos = nx.spectral_layout(G)
nx.draw(G,pos,with_labels = True,node_size = 50)
```

#参数 with_labels 表示节点是否带标签（编号），node_size 表示节点的直径

```
plt.show()
#图 6.6 右图：
pos = nx.shell_layout(G)
```

#采用 shell 布局方式，nx. circular_layout(G)为采用 circular 布局方式
nx. draw(G,pos,with_labels = True,node_size = 50)
plt. show( )

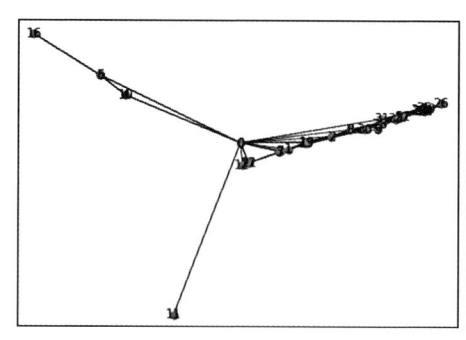

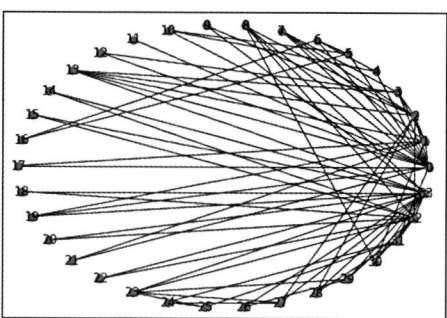

图 6.6　节点网络关系图（社群图）

很显然，图 6.6 的左图与右图分别展示出两种特点的节点布局，与左图相比，右图更加清楚将所有节点按照圆圈依次罗列开来，而且圆圈右半侧的节点显然与其他节点的联系更为频繁。

下面给出完成节点聚类的 Python 程序：

import networkx as nx

from networkx. algorithms import community#importing community module

G = nx. karate_club_graph( )

communities_generator = community. girvan_newman(G)

top_level_communities = next(communities_generator)

next_level_communities = next(communities_generator)

sorted(map(sorted,next_level_communities))

from networkx. algorithms. community import greedy_modularity_communities

G = nx. karate_club_graph( )

c = list(greedy_modularity_communities(G))

print(c)

图 6.7 展示出两个聚类结果，相同的是两个聚类结果都是将 0 ~ 33 节点

```
In [14]: import networkx as nx
         from networkx.algorithms import community#importing community module
         G = nx.karate_club_graph()
         communities_generator = community.girvan_newman(G)
         top_level_communities = next(communities_generator)
         next_level_communities = next(communities_generator)
         sorted(map(sorted, next_level_communities))
Out[14]: [[0, 1, 3, 4, 5, 6, 7, 10, 11, 12, 13, 16, 17, 19, 21],
          [2, 8, 14, 15, 18, 20, 22, 23, 24, 25, 26, 27, 28, 29, 30, 31, 32, 33],
          [9]]

In [15]: from networkx.algorithms.community import greedy_modularity_communities
         G = nx.karate_club_graph()
         c = list(greedy_modularity_communities(G))#Find communities in graph using Clauset-NewmanMoore greedy modularity
         print(c)

[frozenset({32, 33, 8, 14, 15, 18, 20, 22, 23, 24, 25, 26, 27, 28, 29, 30, 31}), frozenset({1, 2, 3, 7, 9, 12, 1
3, 17, 21}), frozenset({0, 4, 5, 6, 10, 11, 16, 19})]
```

图 6.7 节点聚类结果

划分为3类。但与前一种聚类结果相比，后一种聚类结果的三个类内节点数量相对较为均衡。

6.2.1.2 对等性思想相关方法

从关系角度分析社会角色和网络位置时，社会网络研究中的"相似性"至少包含"结构对等性""自同构对等性""规则对等性"三种不同的类型。

如果两个行动者和其他的行动者有相同的关系，则称其为完全结构对等的。结构上对等的行动者在任何结构属性上都相同，可以相互替代，例如：拥有相同的度数、中心度等。通过截面相似性（即邻接矩阵中行和列的信息）可以说明行动者之间的关系。例如，在一个无向关系网络的邻接矩阵中，如果行动者3的截面是（1，1，0，0，0），说明行动者3与行动者1和行动者2相关联，与自身、行动者4和行动者5都不关联。但是，有时需要知道两个截面在多大程度上相似，可以采用下面的测度方法：对比法、相关法和欧氏距离法等。具体来说，需要构建一个结构对等性矩阵，矩阵中第(i, j)项就是上述计算出来的行动者i和行动者j的截面相似性测度（如Pearson相关系数、欧氏距离、匹配值）。在这个结构对等性矩阵中，两个行动者之间的距离越接近0，表示两者关系越接近，越结构对等。除此之外，还有一种结构对等性分析的方法——块模型。最早由怀特、布尔曼和布雷格（White, Boorman and Breiger, 1976）提出，块模型是一种研究网络位置模型的方法，是对社会角色的描述性代数分析。一个块模型包含两部分：（1）按照一定标准，把一个网络中的各个节点分成几个离散的子集，被称为"块"；（2）考虑每个"块"之间是否存在关系。块模型就是一种关于多元关系网络的假设，所提供的信息是关于各个"块"之间的关系，而不是每个节点间的关系，因此研究的是网络的总体特点。而且，每个"块"中的各个节点都具有结构对等性。

自同构对等性要求当两个行动者相互替换位置时，允许所有其他行动者都调换位置。具体而言，如果在两个行动者调换位置，其他行动者也发生变动的情况下，网络的性质仍不改变，就称这两个行动者自同构对等。评价两个点是否具有自同构对等性，可先调换两者的位置，再调换其他行动者的位置，从而产生一个新图，分析其中所有点之间的距离是否与初始图中相应点之间的距离相等。

规则对等性代表的不仅是两个行动者，而是一系列的对等性。具有规则对等性的点集所描述的社会角色或者社会类型是建构所有社会结构的基础。具有规则对等性的各个行动者与其他集合的某些行动者之间具有相似的关系。更明确地说，占据相同位置的行动者与另外一些占据其他相同位置的行动者之间的关系往往是对等的，这种观念不能用结构对等性和自同构对等性进行分析，而是需要用规则对等性。

下面对"结构对等性""自同构对等性""规则对等性"这三种对等性的关系进行叙述：在一个复杂网络中，任何两个结构对等的节点一定自同构对等，而且也一定规则对等，而任何自同构对等的节点也一定是规则对等的节点。反之，不一定成立。结构对等性分析的是一个节点能否在不改变网络关系结构的条件下替换为另外一个节点。自同构对等性则关注的是作为一个子图的子网络能否在不改变网络关系结构的条件下替换另外一个子网络。

综合考虑，为了挖掘网络中节点间"多层次网络关系"，可以考虑使用块模型，既要考虑子网络内节点间的关系，又要考虑子网络内外节点间的关系；既要按照一定标准把一个网络中的各个节点分成几个离散的子集，又不能使同一个子网络内节点相距太远；既要实现对节点的划分，形成子网络，又要研究出不同子网络之间的关系，实现子网络的凝聚。

6.2.2　网络关系中指标重要性评价方法

众所周知，人是社会关系的综合。从古至今，人与人间的社会关系客观存在。例如，古时孔子周游列国，即可产生"各国君王—孔子—其门徒"关系网，现代学者间合作，发表成果，也能产生"科研合作网"，等等。不难发现，这些网络中都存在一个"中心人物"，所有网络关系围绕该人物展开。而且现实生活中，有中心的网络层出不穷。对于这种类型的网络，复杂网络中讨论过的方法可以直接加以应用，以实现网络中节点关系的"聚类"方法。但是，对于有中心的网络，除解决节点"聚类"问题外，客观准确地找到综合测度节点重要性或影响力方法的需求，比无中心的网络更为突出。因此，找到或构建节点重要性测度指标，从某一角度或全面描述节点在网络中的影响力，成为有中心的网络关系测度的方法学需求。

6.2.2.1　单一测度指标法

（1）中心性分析。

[定义1] 点的绝对度数中心度是指与目标节点直接相连的其他点的个数，记为$C_{AD}(x)$；为了避免图的规模不同而导致度数中心性不具可比性，对绝对度数中心性进行标准化处理，即除以图中可能的最大度数，得到相对度数中心性，记为$C_{RD}(x)$，显然$C_{RD}(x) = C_{AD}(x)/(n-1)$，其中，n 表示网的规模，即节点的个数。

[定义2] 图的度数中心势是指研究不同的图是否有不同的中心趋势。公式表示如下：

$$C_i = \frac{\sum_{j=1}^{N}(k_{max} - k_j)}{N_{1 \leq j \leq N}^{max}(k_{max} - k_j)}$$

其中，k_i 表示节点 i 的度数，k_{max} 表示所有节点的最大度数，具体计算时，这里可以用绝对中心度，也可以用相对中心度。

[**定义3**] 点的中间中心度测量的是目标节点对资源控制的程度，是指用经过目标节点并且连接这两点的捷径数与这两点之间的捷径总数之比来测度目标节点在多大程度上位于两点的"中间"，该点的绝对中间中心度记为 C_{AB_i}，公式表示如下：

$$C_{AB_i} = \sum_{j}^{n} \sum_{k}^{n} b_{jk}(i)$$

其中，$j \neq k \neq i$，并且 $j < k$，g_{jk} 表示点 j 和 k 之间存在的捷径数目，$b_{jk}(i)$ 表示点 i 处于点 j 和 k 之间的捷径上的概率。点的绝对中心度除以可能达到的最大值即得相对中间中心度 $C_{RB_i} = 2 C_{AB_i} / (n^2 - 3n + 2)$，该值可以用于比较不同网络图中的中间中心度。

[**定义4**] 图的中间中心势定义如下：

$$C_{RB_i} = \frac{\sum_{i=1}^{n}(C_{AB_{max}} - C_{AB_i})}{n^3 - 4n^2 + 5n - 2} = \frac{\sum_{i=1}^{n}(C_{RB_{max}} - C_{RB_i})}{n - 1}$$

[**定义5**] 点的绝对接近中心性是指该点与图中其他所有点的捷径距离之和，表达式为：

$$C_{AP_i}^{-1} = \sum_{j=1}^{n} d_{ij}$$

其中，d_{ij} 表示点 j 和 i 之间的捷径距离。对应的也有相对接近中心度 $C_{RP_i}^{-1} = C_{AP_i}^{-1}/n - 1$，$n - 1$ 为最小的接近中心度。

[**定义6**] 图的接近中心势如下所示：

$$C_c = \frac{\sum_{i=1}^{n}(C'_{RC_{max}} - C'_{RC_i})}{(n - 2)(n - 1)}(2n - 3)$$

[**定义7**] 特征向量中心度反映的是节点是否为中心节点依赖于其所关联的其他节点为中心节点的程度。计算时将目标节点的中心度视为其他邻接点中心度的函数，并将该方程组转化为矩阵运算计算方程的主特征根，得到节点的中心度。

下面基于例6.1的 karate 数据，给出计算度数中心度、中间中心度、接近中心度、特征向量中心度以及两个综合测度指标的 R 代码。

```
library(sand)
library(igraphdata)
data(karate)
ecount(karate)
vcount(karate)
CD < - scale(degree(karate),center = T,scale = F)
```

#计算度数中心度,两个参数 center 和 scale 默认为 T,center = T 表示数据中心化,scale = T 表示数据标准化

```
CD < - CD/(range(CD)[2] - range(CD)[1])
```

#除以值域

```
CB < - scale(betweenness(karate),center = T,scale = F)
```

#计算中间中心度

```
CB < - CB/(range(CB)[2] - range(CB)[1])
CC < - scale(closeness(karate),center = T,scale = F)
```

#计算接近中心度

```
CC < - CC/(range(CC)[2] - range(CC)[1])
CE < - scale(evcent(karate)$vector,center = T,scale = F)
```

#特征向量中心度

```
CE < - CE/(range(CE)[2] - range(CE)[1])
CMI1 < - scale(CD + CB + CC + CE,center = T,scale = F)
```

#计算综合测度指标 1

```
CMI1 < - CMI1/(range(CMI1)[2] - range(CMI1)[1])
CMI2 < - scale(CD * CB/CC + CE,center = T,scale = F)
```

#计算综合测度指标 2

```
CMI2 < - CMI2/(range(CMI2)[2] - range(CMI2)[1])
list < - round(head(cbind(CD,CB,CC,CE,CMI1,CMI2)),3)
```

#列出测度指标的计算值（如图 6.8 所示）

下面通过 R 语言可视化展示上述不同测度指标的分布情况:

```
> round(head(cbind(CD,CB,CC,CE,CMI1,CMI2)),3)
         [,1]   [,2]   [,3]   [,4]   [,5]   [,6]
Mr Hi   0.713  0.895  0.509  0.506  0.698  0.618
Actor 2 0.276  0.030  0.138  0.476  0.245  0.174
Actor 3 0.338  0.042  0.114  0.646  0.303  0.259
Actor 4 0.088 -0.099 -0.023  0.177  0.038  0.179
Actor 5 -0.099 -0.103 -0.187 -0.236 -0.166 -0.126
Actor 6 -0.037 -0.043 -0.191 -0.202 -0.126 -0.097
```

图 6.8　测度指标计算值

par(mfrow = c(2 ,3))

hist(CD ,col = "blue" ,xlab = "Degree" ,ylab = "Frequency" ,main = "Degree Distribution")

hist(CB ,col = "pink" ,xlab = "Betweenness" ,ylab = "Frequency" ,main = "Betweenness Distribution")

hist(CC ,col = "goldenrod" ,xlab = "Closeness" ,ylab = "Frequency" ,main = "Closeness Distribution")

hist(CE ,col = "lightblue" ,xlab = "Evcent" ,ylab = "Frequency" ,main = "Evcent Distribution")

hist(CMI1 ,col = "yellow" ,xlab = "CMI1" ,ylab = "Frequency" ,main = "CMI1 Distribution")

hist(CMI2 ,col = "skyblue" ,xlab = "CMI2" ,ylab = "Frequency" ,main = "CMI2 Distribution")

不同测度指标分布如图 6.9 所示。

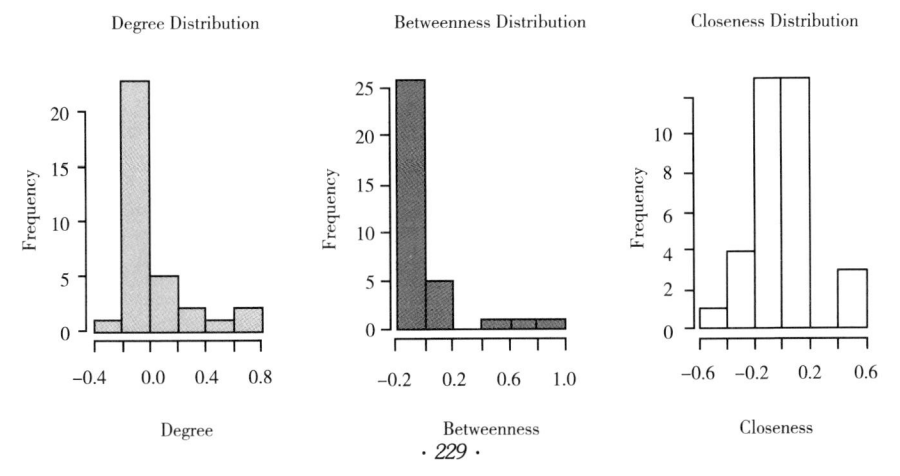

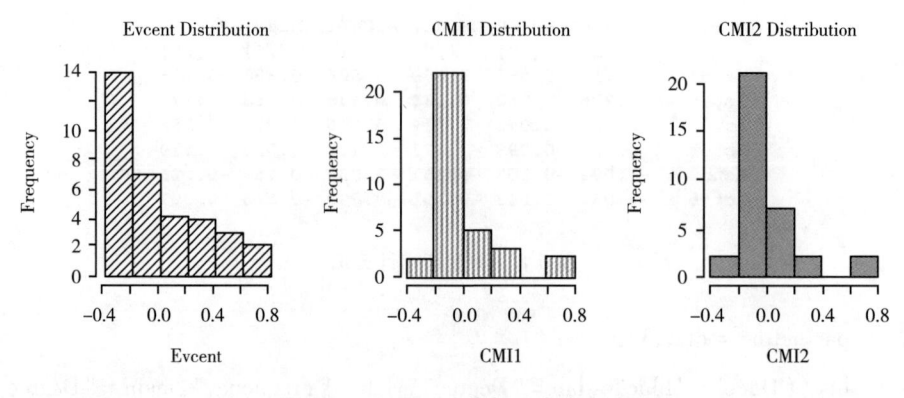

图 6.9　不同测度指标分布直方图

（2）个体网分析。

[**定义 8**] 局部桥：如果 n > 2 且是连接两点的最短途径的长度（除了已存的关系之外），该现存关系就是度数为 n 的局部桥。

结构洞是两个行动者之间非冗余的联系。判断结构洞的标准有两个：凝聚性和对等性。如果一个行动者的两个联络人之间存在直接的关系，凝聚力加大，冗余性也增强。对等性的含义在于考虑到了"自我"与其网络成员之间的间接关系。

对于结构洞的测量主要有两类指数：一是结构洞指数，二是中间中心度指数。其中，结构洞指数要考虑四个方面：有效规模、效率、限制度、等级度，其中第三个指标最重要。

[**定义 9**] 有效规模：目标节点的个体网规模减去网络的冗余度。目标节点 i 的有效规模可用公式表示：

$$\sum_j (1 - \sum_q p_{iq} m_{jq}), q \neq i,j$$

其中，j 表示与目标节点 i 相连的所有点，q 表示除了 i 或 j 之外的每个第三者，$p_{iq}m_{jq}$ 表示 i 与 j 之间的冗余度，p_{iq} 表示 i 投入 q 的关系所占比例，m_{jq} 表示 j 到 q 的关系的边际强度，等于 j 到 q 的关系取值除以 j 到其他点关系中的最大值。

[**定义 10**] 效率：目标节点的有效规模与实际规模之比。

[**定义 11**] 限制度表示目标节点在自己的网络中拥有的运用结构洞的能

力，可以分为直接投入和间接投入之和。表达式如下：

$$C_{ij} = \left(p_{ij} + \sum_q p_{iq} m_{jq}\right)^2$$

[定义12] 等级度表示的是限制性在多大程度上集中在一个行动者身上。其计算公式为：

$$H = \frac{\sum_j \left(\frac{C_{ij}}{C/N}\right) \ln\left(\frac{C_{ij}}{C/N}\right)}{N\ln(N)}$$

其中，N 表示目标节点 i 的个体网规模，C/N 表示各个点的限制度的均值，公式的分母表示最大可能的总和值。可以说，一个点的等级度越大，说明该点越受到限制。

[定义13] 协调人是在一个群体中起到中介作用的人。假设存在点 a、b、c，其中 b 是一个中间人，且三点处于同一个群体。对应的中间人指数被称为协调人中间人指数。

[定义14] 如果 a、c 处于同一个群体，而作为中间人的 b 处于另外一个群体，则称 b 是顾问。对应的中间人指数被称为顾问中间人指数。

[定义15] 如果 b 是中间人，并且 b、c 处于同一个群体之中，而 a 处于另外一个群体，则称 b 是守门人。此时关系的发起人处于另外一个群体之中。对应的中间人指数被称为守门人中间人指数。

[定义16] 如果 b 是中间人，并且 a、b 处于同一个群体之中，而 c 处于另外一个群体，则称 b 为代理人。对应的中间人指数被称为代理人中间人指数。

[定义17] 如果 a、b、c 分别属于三个群体，则中间人 b 被称为联络人。对应的中间人指数被称为联络人中间人指数。

(3) 网络角色和网络位置分析。

网络角色指的是把各个社会位置联系在一起的关系组合，是存在于行动者之间或者各个位置之间的关系模式。网络位置指的是一系列嵌入相同关系网络中的个体行动者，是一系列在社会活动、社会关系或者互动中相似的行动者。角色的定义不仅是由两个位置之间的关系来确定，还要根据把整个网络中的全部行动者和各个位置联系在一起的各种关系。在社会网络研究中，用"相似性"概念来定义网络角色和网络位置，下面给出分析网络中的两个行动者是否在结构上对等的测度指标。

[定义 18] 完全匹配比例法中完全匹配系数的公式如下：

$$S = \frac{a+d}{a+b+c+d}$$

其中，a 表示两个行动者 x 和 y 截面中对应项都是 1 的频数；b 表示行动者 x 的截面的某项是 1，而行动者 y 的对应项是 0 的频数；c 表示行动者 x 的截面的某项是 0，而行动者 y 的对应项是 1 的频数；d 表示两个行动者 x 和 y 截面中对应项都是 0 的频数。可以看出，对于二值数据来说，完全匹配比例法是一种较好的结构相似性测度。

[定义 19] 雅可比系数是用来测量两个行动者分别与第三者的关系有多少是相同的。计算公式为：

$$S = \frac{a}{a+b+c}$$

与完全匹配比例法相比，雅可比系数能弥补网络密度低时难以鉴别结构对等性的缺陷。

（4）凝聚子群分析。

凝聚子群分析主要从四个形式化处理的角度进行：建立在"关系的互惠性"基础上的凝聚子群分析是考察网络中各个成员之间关系的相互性，即考察任何一对成员是否相互"选择"，是否为邻接点；建立在"成员之间的可达性"基础上的凝聚子群分析关注的是子群的各个成员之间是否可达，不要求邻接；建立在"成员之间关系的频次"基础上的凝聚子群分析是考察子群成员与其他成员之间的关系频次；建立在"子群内外关系"基础上的凝聚子群分析关注的是子群中成员相对于网络中的其他行动者来说是否比较紧密，是否具有相对较高的凝聚力。下面介绍一些测度分派情况的指数。

[定义 20] 单类网络中的分派指数记为 E-I 指数，表达式为：

$$E - \text{Iindex} = \frac{EL - IL}{EL + IL}$$

其中，EL表示"子群体之间的关系数"；IL表示"子群体内部的关系数"。E-I指数实际上等于（子群的密度）/（整体的密度），该指数的取值范围为[-1,+1]。该值越接近1，表明关系越趋向于发生在群体之外；越接近-1，表明子群体之间的关系（即外部关系）越少，即关系越趋向于发生在群体之内；该值越接近0，表明派别内外关系数量相差不多，关系越趋向于随机分布。

[定义21] 多类网络中的分派指数是由在理论上期望出现的群体之间的关系数和实际出现的群体之间的关系数构成，记为Seg，表达式为：

$$\text{Seg} = \frac{E(X) - X}{E(X)}$$

其中，E(X)表示群体之间期望出现的关系数，X表示群体之间实际出现的关系数。

下面根据不同测度指标，绘制展示节点间网络关系的社群图，R程序如下：

```
library(network)
library(sna)


par(mfrow = c(2,3))
A <- get.adjacency(karate,sparse = FALSE)
g <- network::as.network.matrix(A)
#度数中心度
sna::gplot.target(g,degree(g),main = "Degree",circ.lab = F,circ.col = "gray",
usearrows = F,
vertex.col = c("orange",rep("pink",32),"yellow"),edge.col = "skyblue")
#中间中心度
sna::gplot.target(g,betweenness(g),main = "Betweenness",circ.lab = F,
```

```
    circ. col = "gray",
    usearrows = F,
    vertex. col = c("orange", rep("pink", 32),"yellow"), edge. col = "sky-blue")
#接近中心度
    sna::gplot. target(g,closeness(g),main = "Closeness",circ. lab = F,circ. col = "gray",
    usearrows = F,
    vertex. col = c("orange", rep("pink", 32),"yellow"), edge. col = "sky-blue")
#特征向量中心度
    sna::gplot. target(g,evcent(g),main = "Evcent",circ. lab = F,circ. col = "gray",
    usearrows = F,
    vertex. col = c("orange", rep("pink", 32),"yellow"), edge. col = "sky-blue")
#综合测度指标1
    sna::gplot. target(g,degree(g) + betweenness(g) + closeness(g) + evcent(g),
    main = "CMI1",circ. lab = F,circ. col = "gray",
    usearrows = F,
    vertex. col = c("orange", rep("pink", 32),"yellow"), edge. col = "sky-blue")
#综合测度指标2
    sna::gplot. target(g,degree(g) * betweenness(g)/closeness(g) + evcent(g),
    main = "CMI2",circ. lab = F,circ. col = "gray",
    usearrows = F,
    vertex. col = c("orange", rep("pink", 32),"yellow"), edge. col = "sky-
```

blue")

图 6.10 展示出根据度数中心度（Degree）、中间中心度（Betweenness）、接近中心度（Closeness）、特征向量中心度（Evcent）以及两个综合测度指标（CMI1 和 CMI2）这些指标计算得出的节点间网络关系的社群图。

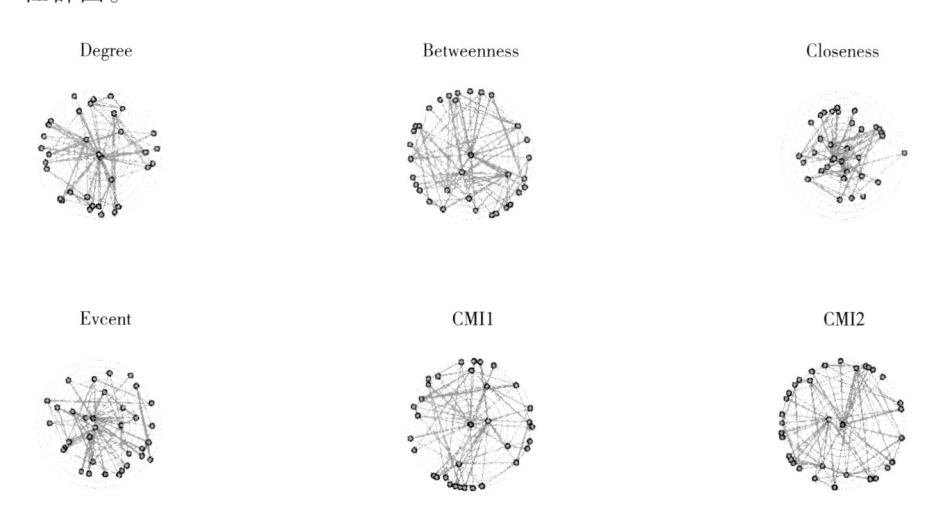

图 6.10　基于不同测度指标的网络关系图

计算度数中心度、中间中心度、接近中心度、特征向量中心度以及两个综合测度指标（CMI1 和 CMI2）取值的 Python 代码如下：

import networkx as nx

import numpy as np

from collections import Counter

G = nx. karate_club_graph()

CD = nx. degree_centrality(G)

CB = nx. betweenness_centrality(G)

CC = nx. closeness_centrality(G)

CE = nx. eigenvector_centrality(G)

CD1,CB1,CC1,CE1 = Counter(CD),Counter(CB),Counter(CC),Counter

（CE）

CMI1 = dict(CD1 + CB1 + CC1 + CE1)

print(CD)

print(CB)

print(CC)

print(CE)

print(CMI1)

CD2 = list(CD.values())

CB2 = list(CB.values())

CC2 = list(CC.values())

CE2 = list(CE.values())

CMI2 = [a * b/c + d for a,b,c,d in zip(CD2,CB2,CC2,CE2)]

print(CMI2)

6.2.2.2 综合测度指标法

通过单一测度指标的研究发现，要想全面刻画网络关系中节点的重要性，就需要进一步明确各单一测度指标的功能范畴及局限，构建综合测度指标。

研究表明，节点的度数、度数中心性、度数中心势无法区分具有相同度数的节点；自我中间中心性和中间中心性不能区分和识别边缘节点；如果节点的接近中心度指标普遍较大且数值差异不明显，则节点无法被区分；如果节点的度数及邻接点关系相同，则密度的区分作用失效；特征向量中心性不能有效地识别出度数高但与邻接点联系不紧密的核心节点；信息中心性对于所有节点的区分度均不高，尤其是边缘节点；对于结构洞指标，更适合于用在有向网络分析。

此外，这些单一指标间存在着交叉和重叠的部分。下面依次给出单一测度指标间的关系研究结果。

（1）"绝对"与"相对"。对于社会网络的测度指标，绝对值不仅与研究节点的属性有关，而且也与网络的规模有关，具体而言，对于规模不同的网络，因为网络中节点数目不同，有时会相差很大，社会网络的测度指标不具有可比性。而在计算上，绝对指标的计算虽然比相对指标的计算多了一步标准化，但是计算机运行的计算复杂度并没有差别。

（2）"度"与"势"。度、度数中心性、度数中心势都是以与节点直接连接的度为出发点，研究节点自主性属性的测度指标。度数中心性是对节点的度数进行了标准化处理，显然度数中心性等价于节点的度数。而度数中心势是在找出绝对中心性值的基础上，再用最大可能值标准化节点的度数中心度，度数中心势与度数中心性均等价于度数（证明略）。在使用时，度数很简洁，度数中心性和度数中心势较为烦琐，度数中心度和度数中心势更能客观地评价不同网络的属性。但是，为了防止混淆，一般用度数中心度来描述图中任何一点在网络中占据的核心性，用度数中心势刻画网络图的整体中心性。然而，依靠节点的度数、度数中心性以及度数中心势不能区分度数相同的节点。

（3）对"度数中心度""接近中心度""中间中心度"加以区分。度数中心度低而接近中心度高的节点本身不是核心节点，却是与核心节点关联度高的关键节点；度数中心度低而中间中心度高的节点本身关系少，但对网络流动来说很重要；度数中心度高而接近中心度低的节点是网络中较为独立的核心节点，较为远离网络中的其他点；度数中心度高而中间中心度低的节点说明绕过该节点的关系较多；中间中心度低而接近中心度高的节点在网络中可能存在多条途径，与许多节点都接近，但是其他点与另外一些点也很近；最少见的一类节点是节点的接近中心度低而中间中心度高，意味着该节点远离了网络中的其他点，而对于网络的流动很重要，说明该节点垄断了从少数人向很多人的关系。

现有测度指标体系较为完备，但每个指标只从某一维度对网络中节点进行评价，无法通过对节点的综合评价挖掘复杂网络中存在的结构关系。而且，这些现有指标常常出现节点区分功能失效的情况。例如，节点的度数、度数中心性、度数中心势无法区分具有相同度数的节点。综合测度指标的提出，需要兼顾节点的中心程度、控制能力、被控制程度、对中心节点的依赖程度，全面评估节点的属性。下面提出一种可以综合测度节点影响力的指标。不妨假设C_D是度数中心性，C_B是中间中心性，C_C是接近中心性，C_E是特征向量中心性，则本章构建出两个综合测度指标 CMI1 和 CMI2 （comprehensive measurement indicator），仅供读者参考：

$$CMI1 = C_D + C_B + C_C + C_E$$
$$CMI2 = C_D \cdot C_B/C_C + C_E$$

需要说明的是，CMI2 由两项构成，第一项包括度数中心性、中间中心性、接近中心性三个单一测度指标，第二项为特征向量中心性，对于度数为 1 的节点，第一项为 0（中间中心度为 0），此时需要第二项对这些节点加以区分。

6.3 实战案例：中医诊断指标网络关系研究

6.3.1 研究背景与数据说明

近年来，随着人们生活水平的提高和生活质量的改善，冠心病的发病率和死亡率均明显增加，而且，冠心病患者也越来越趋于年轻化。为了积极控制冠心病的危险因素，西医采用以硝酸酯类药物、钙通道阻滞剂及 β 受体阻滞剂为治疗基石，配合他汀类药物及多重抗血小板药物，使冠心病的控制率及远期生存率得到一定程度的改善。但是，无论是治疗的经济性、药物的安全性，还是长期治疗的依从性都没有得到很好的解决。相比之下，中医中药在治疗方面具有有效性、安全性和经济性，但是，出于种种原因，中医的整体观念、辨证论治等个体化治疗的方案较难归纳总结，因此，其疗效评价的差距较大。如何寻找特定疾病的证候共性，规范指导治疗，提高疗效，成为目前中医科研中亟待解决的问题。

临床流行病学综合了流行病学、医学和统计学三类学科的原理和方法，利用患者个体的临床诊治信息，发现患者群体的共性特征，以探讨疾病的发生、发展、诊断和治疗的规律，并在此基础上提出一些预防的建议。应用流行病学研究方法，进行冠心病心绞痛的中医证素归纳，研究中医证候规律，发现共性，应用于临床以提高疗效，成为近年来的研究热点及难点。

证候属于中医学的范畴，是指一系列有相互关系的症状总称。证素是辨证的基本要素，其内容是根据中医学理论来确定的。

因此，利用中医诊断所获的症状信息，对不同症状间存在的多层次结构关系进行研究，探索证候的可能构成，评价症状在证素构成方面的重要性，成为本章要解决的实际问题，具有一定的应用研究价值。

通过该项调查所获得的数据库包括发作期和缓解期两个子库，调查时间相隔3个月，有效访问了595例患者。两个子库的数据结构完全一致，分为个人信息、相关病史、心绞痛发作特点和症状四部分。其中，症状可以概括为面色、唇色、爪甲色、形态、寒热、汗出、头身胸腹、口渴、口味、饮食、大便、小便、睡眠和舌脉共14个方面。而且，除舌脉外，每个方面下均存在一些症状表征，而且这些症状表征相互平行，例如：面色包括面色㿠白、面色萎黄、满面通红、两颧潮红、面色晦暗、面色黧黑、面色无华、面色虚浮8种症状表征，其中，㿠白和萎黄不可能同时出现，㿠白和晦暗也不可能同时出现等。

由数据库可知，前13个方面共包含83个症状指标，每个症状指标的取值均为0-1（1表示有这种症状，0表示没有这种症状），而舌脉的取值结果则比较复杂，经常出现类似于"1、2、11"这样的数据。所以，在医学理论和专家的指导下，我们将主要对前13个方面的83个症状进行深入的研究，挖掘症状指标间的结构关系，一方面明确症状指标的成群情况，研究症状指标群间的关系；另一方面也从评价症状指标重要性的角度，对同一个群体内的所有症状指标进行排序，探讨其主次关系。这13个方面的具体症状构成如后表6.2所示。

综上所述，本次研究所使用的数据是涉及面色、唇色、爪甲色、形态、寒热、汗出、头身胸腹、口渴、口味、饮食、大便、小便和睡眠13个方面，83个症状指标在发作期和缓解期两个时期的诊断数据。

6.3.2 数据处理与统计分析

在对数据进行分析之前，先要对数据进行预处理。在和专家进行沟通的过程中，主要包括了对数据进行逻辑筛查、对调查对象进行查重、对异常点的修正和对缺失值进行处理（缺失值计为 0）共 4 项处理工作。经过这 4 项数据清洗工作之后，就可以获得较为齐整的、结构完全相同的两个时期的数据库。

因为在后面的症状指标间多层次结构关系的研究中，需要提供的不仅仅是已作完预处理的数据库，而是症状指标间的关系矩阵。这里采用 spearman 相关系数法，将现有的数据库转化为症状指标间的 0－1 二值无向关系矩阵。矩阵中的元素取 0 还是取 1 取决于是否通过了 0.01 置信水平下相关系数的显著性检验，通过显著性检验记为 1，没通过则记为 0。

有两个细节需要注意：（1）一些症状会被自动剔除。这是因为有些症状指标取 1 的次数非常有限，所以在计算相关系数时，系统直接排除相应症状指标，因此对于发作期最后得到的关系数据矩阵是 77×77 阶矩阵，剔除的症状指标请见后表 6.2 中灰色标记的部分，缓解期最后得到的关系数据矩阵是 82×82 阶矩阵，只剔除了嗜睡。考虑到在各个时期数据库的多层次结构关系研究之后，还要比较不同时期这种结构关系的动态变化，所以，需要对纳入最后分析的症状种类及个数进行统一，对两个关系数据中所包含的症状取交集。之所以可以这样处理，一方面是因为去掉的症状本身发生的次数非常少，对于结构本身的影响不大；另一方面就是使得后面两个时期结构关系的动态变化有可比性。（2）计算出来的相关矩阵中存在一些症状对应的相关系数全为空值，这部分症状也需要剔除。在这步操作中，主要剔除的症状指标有腹痛、完谷不化和大便不爽。

在对数据库中的症状指标编码后，得到两个均含 73 个症状指标、数据结构完全相同的 0－1 二值无向关系数据库，供后续分析。

本数据共包含 595 例冠心病心绞痛患者，其中，有 278 例男性和 317 例女性。下面是患者的年龄、身高和体重的基线描述。经分析可知，患者的平均年龄在 62 岁，其中，最大年龄为 93 岁，最小年龄为 31 岁。患者的平均身高在 165 厘米，其中，最高身高为 192 厘米，最低身高为 142 厘米。从发作期到缓解期，患者的平均体重均维持在 66 公斤。

下面对发作期和缓解期两个时期患者的生命体征（包含体温、呼吸、脉搏、舒张压、收缩压、心率及 BMI 七项指标）进行统计描述，分析结果如表 6.1 所示。

表 6.1　　　　　　发作期和缓解期患者的生命体征统计描述

生命体征	时期	均值	标准差	最小值	最大值	95% CI 下限	95% CI 上限
体温	发作期	36.34	0.23	35.30	37.20	36.32	36.35
	缓解期	36.36	0.22	35.20	37.20	35.94	36.79
呼吸	发作期	18.37	2.44	12.00	68.00	18.18	18.57
	缓解期	18.22	2.35	12.00	68.00	18.03	18.40
脉搏	发作期	70.82	11.28	44.00	180.00	69.92	71.73
	缓解期	69.92	8.39	48.00	100.00	53.48	86.37
舒张压	发作期	132.02	16.41	90.00	220.00	130.70	133.34
	缓解期	130.95	14.46	90.00	190.00	102.61	159.29
收缩压	发作期	79.89	9.93	60.00	130.00	79.09	80.69
	缓解期	78.95	8.90	80.00	130.00	61.52	96.39
心率	发作期	71.04	11.73	44.00	180.00	70.10	71.99
	缓解期	70.24	8.78	48.00	100.00	53.02	87.02
BMI	发作期	24.31	3.10	13.67	36.51	24.06	24.56
	缓解期	24.34	3.06	16.02	36.51	18.34	30.34

通过图 6.11 可以直观地看出发作期和缓解期两个时期生命体征的变化情况。由图可知，生命体征中的体温、呼吸、脉搏、舒张压、收缩压、心率及 BMI 七项指标变化不大，折线几乎重合，说明患者的生命体征在发作期和缓解期这相隔 3 个月的时间内未发生明显的变化。

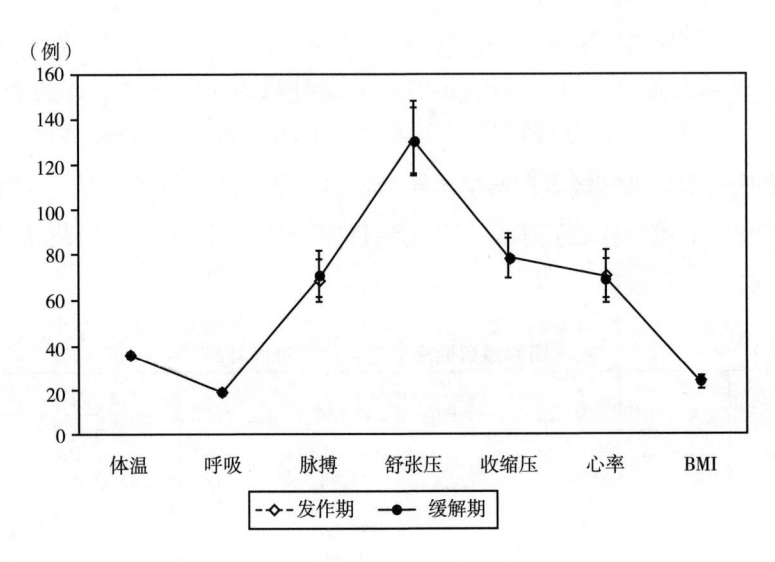

图 6.11　发作期和缓解期患者的生命体征情况

下面对纳入研究的 83 个症状指标进行列联分析，分析结果如表 6.2 所示。

表 6.2　　　　　　　　两期数据的症状指标列联分析

编号	症状名称		发作期（有）		发作期（无）		卡方统计量	卡方检验	Fisher精确检验
		缓解期（无：有）	合计	缓解期（无：有）	合计				
1	面色	面色㿠白	11　9	20	567　8	575	132.43	<0.0001	0.00
		面色萎黄	12　23	35	545　15	560	218.93	<0.0001	0.00
		满面通红	5　3	8	586　1	587	164.70	<0.0001	0.00
		两颧潮红	16　14	30	561　4	565	205.10	<0.0001	0.00
		面色晦暗	48　75	123	457　15	472	253.89	<0.0001	
		面色黧黑	2　0	2	591　2	593	0.01	0.93	1.00
		面色无华	27　45	72	512　11	523	270.77	<0.0001	
		面色虚浮	2　3	5	590　0	590	355.79	<0.0001	0.00
2	唇色	唇色淡白	8　13	21	572　2	574	312.37	<0.0001	0.00
		唇色深红	15　19	34	544　17	561	157.53	<0.0001	0.00
		唇色紫暗	91　88	179	396　20	416	165.72	<0.0001	0.00
		唇色青黑	3　6	9	584　2	586	293.96	<0.0001	0.00

编号	症状名称		发作期（有）		发作期（无）		卡方统计量	卡方检验	Fisher精确检验
			缓解期（无:有）	合计	缓解期（无:有）	合计			
3	爪甲	爪甲色青	8 14	22	568	573	269.98	<0.0001	0.00
		爪甲色暗	7 10	17	570	578	185.72	<0.0001	0.00
		爪甲色紫	28 17	45	544	550	150.66	<0.0001	0.00
4	形态	形体肥胖	19 83	102	474 17	491	362.35	<0.0001	
		形体瘦弱	3 14	17	573 5	578	354.73	<0.0001	0.00
		面目浮肿	1 5	6	587 2	589	351.88	<0.0001	0.00
		四肢肿胀	4 7	11	583 1	584	327.84	<0.0001	0.00
		肢体困重	22 60	82	500 12	512	336.14	<0.0001	
		肢体麻木	14 15	29	560 6	566	207.97	<0.0001	0.00
		关节疼痛	6 5	11	583 1	584	221.79	<0.0001	0.00
		肢冷	15 25	40	550 5	555	295.70	<0.0001	
		毛发干枯	3 2	5	590 0	590	236.80	<0.0001	0.00
		肌肤甲错	1 3	4	591 0	591	445.50	<0.0001	0.00
		皮肤粗糙	3 3	6	588 1	589	220.86	<0.0001	0.00
		皮肤青灰	0 2	2	593 0	593	595.00	<0.0001	0.00
5	寒热	恶风	8 11	19	572 4	576	244.89	<0.0001	0.00
		恶寒	14 4	18	574 3	577	70.71	<0.0001	0.00
		潮热	3 8	11	582 2	584	342.34	<0.0001	0.00
		手足心热	23 42	65	516 14	530	260.82	<0.0001	
		四肢不温	21 19	40	547 8	555	182.72	<0.0001	0.00
6	汗出	自汗	36 83	119	459 17	476	298.18	<0.0001	
		盗汗	15 24	39	544 12	556	226.06	<0.0001	0.00
		其他	90 149	239	341 15	356	242.01	<0.0001	

续表

编号	症状名称	发作期（有） 缓解期（无:有）	发作期（有） 合计	发作期（无） 缓解期（无:有）	发作期（无） 合计	卡方统计量	卡方检验	Fisher精确检验
7	胸闷	115	398	513	64	18	82	104.03	<0.0001	
	胸痛	109	265	374	198	23	221	203.24	<0.0001	
	心悸	67	230	297	276	22	298	299.03	<0.0001	
	心烦	46	98	144	434	17	451	289.30	<0.0001	
	嗳气	27	34	61	519	14	534	208.29	<0.0001	0.00
	食少纳呆1	17	14	31	556	8	564	157.90	<0.0001	0.00
	腹胀	18	19	37	554	4	558	239.40	<0.0001	0.00
	脘痞	24	40	64	515	16	531	237.06	<0.0001	
头身胸腹	泛酸	8	9	17	573	5	578	194.92	<0.0001	0.00
	恶心呕吐	9	4	13	570	12	582	40.05	<0.0001	0.00
	善太息	26	39	65	506	22	527	196.32	<0.0001	
	急躁易怒	13	10	23	568	4	572	176.12	<0.0001	0.00
	胁胀	9	9	18	574	3	577	216.26	<0.0001	0.00
	情志抑郁	8	12	20	572	3	575	278.24	<0.0001	0.00
	腹痛	9	0	9	586	0	586	—	—	—
	腰膝酸软	28	19	47	539	8	547	151.73	<0.0001	0.00
	头痛	18	13	31	561	3	564	192.50	<0.0001	0.00
	头晕	18	32	50	535	10	545	269.78	<0.0001	
	耳聋	8	16	24	569	2	571	345.27	<0.0001	0.00
	耳鸣	25	93	118	412	65	477	206.11	<0.0001	
	其他	17	111	128	454	13	467	429.03	<0.0001	0.00
8	有无口干口渴	51	67	118	464	13	477	237.51	<0.0001	
	口渴不欲饮	32	185	217	354	23	377	380.51	<0.0001	
口渴	口渴欲饮	10	20	30	554	11	565	241.61	<0.0001	0.00
	口渴喜热饮	7	5	12	581	2	583	172.70	<0.0001	0.00
	口渴喜冷饮	6	5	11	583	1	584	221.79	<0.0001	0.00

续表

编号	症状名称		发作期（有） 缓解期（无：有）	合计	发作期（无） 缓解期（无：有）	合计	卡方统计量	卡方检验	Fisher精确检验
9	口味	口淡	6　13	19	574　2	576	346.84	<0.0001	0.00
		口苦	15　39	54	537　4	541	374.20	<0.0001	0.00
		口臭	5　20	25	568　2	570	426.69	<0.0001	0.00
		口粘腻	19　17	36	556　3	559	226.93	<0.0001	0.00
		其他	34　1	35	591　0	591	148.00	<0.0001	0.01
10	饮食	食少纳呆2	15　9	24	567　4	571	145.94	<0.0001	0.00
		消谷善饥	9　3	12	582　1	583	108.55	<0.0001	0.00
		其他	1　0	1	594　0	594	—	—	—
11	大便	便秘	24　38	62	524　8	532	278.33	<0.0001	0.00
		便溏	25　2	27	565　3	568	14.64	0.00	0.02
		完谷不化	4　0	4	591　0	591	—	—	—
		大便不爽	0　0	0	595　0	595	—	—	—
		其他	0　0	0	595　0	595	—	—	—
12	小便	小便少	4　2	6	589　0	589	197.00	<0.0001	0.00
		小便频数	13　6	19	574　2	576	135.26	<0.0001	0.00
		夜间多尿	12　6	18	573　4	577	112.54	<0.0001	0.00
		小便涩痛	0　1	1	594　0	594	595.00	<0.0001	0.00
		小便清长	2　11	13	580　2	582	422.55	<0.0001	0.00
		小便短赤	11　7	18	573　4	577	140.34	<0.0001	0.00
		小便其他	0　0	0	594　1	595	—	—	—
13	睡眠	失眠	71　58	129	456　10	466	182.97	<0.0001	0.00
		嗜睡	10　7	17	576　2	578	184.81	<0.0001	0.00

由表6.2可以看出两点重要信息，一是这13个方面的可测症状指标的构成，二是通过这83种症状的列联表分析及卡方检验，拒绝了原假设，说明发作期和缓解期两个阶段的症状间都存在较为显著的差异和变化，因此研

究各期的多层次结构关系和它们之间的动态变化具有一定的研究意义。

6.3.3 两期数据的分析结果

对冠心病心绞痛与痰瘀伏邪指标节点的二期数据分别进行多层次网络关系的探讨，并在此基础上进行动态研究，发现指标群内与群间结构关系的动态变化。表 6.3 是对症状指标编码情况的具体说明。

表 6.3　　　　　　　　症状指标的编码

方面	症状指标编码
面色	面色恍白（x1）、面色萎黄（x2）、满面通红（x3）、面色晦暗（x5）、两颧潮红（x4）、面色黧黑（x6）、面色无华（x7）、面色虚浮（x8）
唇色	唇色淡白（x9）、唇色深红（x10）、唇色紫红（x11）、唇色青黑（x12）
爪甲	爪甲色青（x13）、爪甲色暗（x14）、爪甲色紫（x15）
形态	形体肥胖（x16）、形体瘦弱（x17）、面目浮肿（x18）、四肢肿胀（x19）、肢体困重（x20）、肢体麻木（x21）、关节疼痛（x22）、肢冷（x23）、毛发干枯（x24）、肌肤甲错（x25）、皮肤粗糙（x26）、皮肤青灰（x27）
寒热	恶风（x28）、恶寒（x29）、潮热（x30）、手足心热（x31）、四肢不温（x32）
汗出	自汗（x33）、盗汗（x34）
头身胸腹	胸闷（x35）、胸痛（x36）、心悸（x37）、心烦（x38）、嗳气（x39）、食少纳呆 1（x40）、腹胀（x41）、脘痞（x42）、泛酸（x43）、恶心呕吐（x44）、善太息（x45）、急躁易怒（x46）、胁胀（x47）、情志抑郁（x48）、腰膝酸软（x49）、头痛（x50）、头晕（x51）、耳聋（x52）、耳鸣（x53）、其他（x54）
口渴	有无口干口渴（x55）、口渴不欲饮（x56）、口渴欲饮（x57）、口渴喜热饮（x58）
口味	口淡（x59）、口苦（x60）、口臭（x61）、口粘腻（x62）
饮食	食少纳呆 2（x63）、消谷善饥（x64）
大便	便秘（x65）、便溏（x66）
小便	小便少（x67）、小便频数（x68）、夜间多尿（x69）、小便涩痛（x70）、小便清长（x71）、小便短赤（x72）
睡眠	失眠（x73）

6.3.3.1 发作期数据的应用研究

在对发作期指标节点间的多层次结构关系进行划分之前，先绘制该数据库对应的社群图，如图 6.12 所示。

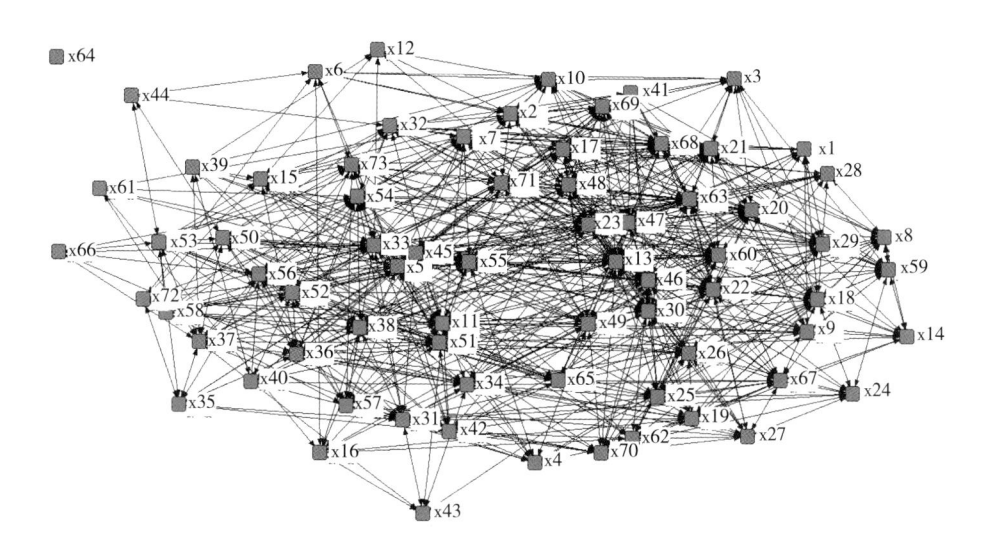

图 6.12 发作期症状指标社群图

通过图 6.12 可知，发作期 73 个症状指标构成的网络结构关系复杂，很难从图上直观地看出成群情况。因此，需要通过前面讨论的块模型中的 CONCOR 方法和 Tabu 搜索算法对发作期的症状指标进行多层次的结构划分。

由 CONCOR 的树形图可以清晰地看出这 73 个指标的多层次结构关系。由图 6.13（左）表示的是发作期的 CONCOR 树形图，左侧的数字表示的是对应的症状编码序列。从左到右，症状指标的凝聚情况越来越加强，形成的指标群体个数越来越少，而规模也越来越大。从最左边每个指标为一类到最后所有症状指标形成一个整体，实际上完成了指标子群最完整的多层次结构划分。在第一次划分时，形成了一系列的规模为 1 或是 2 的指标小群体，例如，症状指标 x1 为一类，x29 和 x13 归为一类。在这一基础上进行第二次的凝聚，例如：症状指标 x23 和指标小群体 {x71，x48} 合为一个指标子群体。一直下去，在经过几次凝聚之后，最终都将汇总在一个整体指标群中。

虽然通过 CONCOR 的树形图可以直接观察出整个多层次结构划分的过程，发现症状指标间的变化规律，但是无论是研究的严谨性，还是解释效果方面，均存在一些不尽如人意的地方。而且在研究 73 个症状指标的过程中，Tabu 作为一种更加高级的算法，虽然无法直接呈现出从单个指标节点到整个指标节点的过程，但是可以提前设置最终形成的"块"（block）数 k，通过

· 247 ·

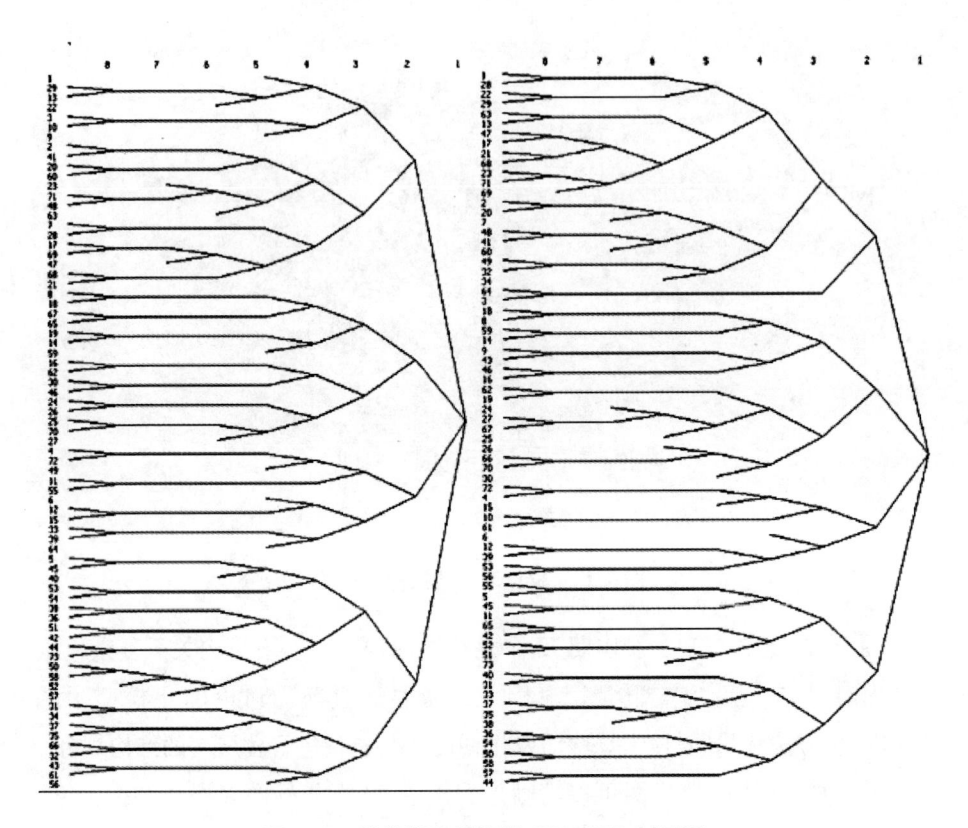

图 6.13　发作期和缓解期 CONCOR 树形图

最终形成的指标群体的规模大小来判断划分是否恰到好处。例如，如果划分出现了单个症状指标的指标群，就要考虑是否过度划分（一般要求最小指标群体规模大于等于 3，独立指标节点除外，不纳入分析）；如果每个指标群体规模都很大，则需要考虑加大 k 值，增加划分的充分性。

经过对 k = 10、11、12、13 四种情况的划分，可以看出，k = 11 时，划分的结果较佳，因此，得到下面 11 个指标群体，又称其为"块"。每个"块"中所包含的症状指标如下所示：

Block1 = {x50，x51, x52，x54，x57, x58, x73}
　　　 = {头痛，头晕，耳聋，头身胸腹—其他，口渴欲饮，口渴喜热饮，失眠}；

Block2 = {x2，x20，x21, x32, x41, x60, x68}

= {面色萎黄，肢体困重，肢体麻木，四肢不温，腹胀，口苦，小便频数}；

Block3 = {x4，x11，x15，x49，x72}

= {两颧潮红，唇色紫暗，爪甲色紫，腰膝酸软，小便短赤}；

Block4 = {x36，x37，x38，x53，x56}

= {胸痛，心悸，心烦，耳鸣，口渴不欲饮}；

Block5 = {x8，x18，x19，x24，x25，x26，x27，x30，x46，x59，x67，x70}

= {面色虚浮，面目浮肿，四肢肿胀，毛发干枯，肌肤甲错，皮肤粗糙，皮肤青灰，潮热，急躁易怒，口淡，小便少，小便涩痛}；

Block6 = {x6，x16，x43}

= {面色黧黑，形体肥胖，泛酸}；

Block7 = {x33，x45，x55}

= {自汗，善太息，有无口干口渴}；

Block8 = {x13，x17，x23，x47，x48，x63，x69，x71}

= {爪甲色青，形体瘦弱，肢冷，协胀，情志抑郁，食少纳呆2，夜间多尿，小便清长}；

Block9 = {x31，x34，x35，x65，x66}

= {手足心热，盗汗，胸闷，便秘，便溏}；

Block10 = {x5，x7，x22，x28，x29}

= {面色晦暗，面色无华，关节疼痛，恶风，恶寒}；

Block11 = {x1，x3，x9，x10，x12，x14，x39，x40，x42，x44，x61，x62，x64}

= {面色㿠白，满面通红，唇色淡白，唇色深红，唇色青黑，爪甲色暗，嗳气，食少纳呆1，脘痞，恶心呕吐，口臭，口粘腻，消谷善饥}。

目前为止，整个症状指标构成的网络被划分成11个指标子群，下一步就需要研究这11个指标子群间存在什么样的关系，哪些指标子群可以构成

指标群。具体请见下面的初始密度矩阵，如表 6.4 所示

表 6.4　　　　　　　　　　发作期初始密度矩阵

指标子群	1	2	3	4	5	6	7	8	9	10	11
1	0.90	0.18	0.14	0.63	0.13	0.05	0.81	0.14	0.14	0.26	0.12
2	0.18	0.76	0.17	0.11	0.23	0.19	0.29	0.88	0.06	0.26	0.18
3	0.11	0.17	1.00	0.12	0.12	0.13	0.73	0.17	0.20	0.08	0.18
4	0.63	0.11	0.20	0.80	0.07	0.13	0.73	0.15	0.84	0.16	0.09
5	0.13	0.23	0.12	0.07	0.76	0.03	0.17	0.28	0.28	0.30	0.12
6	0.05	0.19	0.13	0.00	0.03	0.67	0.00	0.00	0.13	0.27	0.13
7	0.81	0.29	0.73	0.73	0.17	0.00	1.00	0.71	0.33	0.67	0.18
8	0.18	0.88	0.17	0.15	0.28	0.00	0.71	0.89	0.17	0.77	0.13
9	0.14	0.06	0.20	0.84	0.28	0.13	0.33	0.17	0.20	0.12	0.09
10	0.26	0.26	0.08	0.16	0.30	0.27	0.67	0.75	0.12	0.30	0.15
11	0.12	0.18	0.18	0.12	0.13	0.13	0.18	0.13	0.09	0.14	0.13

而整个网络的密度值为 0.256，所以对上述原始密度矩阵进行 0-1 赋值，具体的规则如下：大于 0.256 的元素赋值 1，小于 0.256 的元素赋值 0。则表 6.4 的初始密度矩阵可转化为如表 6.5 所示矩阵。

表 6.5　　　　　　　　　　发作期密度矩阵

指标子群	1	2	3	4	5	6	7	8	9	10	11
1	1	0	0	1	0	0	1	0	0	1	0
2	0	1	0	0	0	0	1	1	0	1	0
3	0	0	1	0	0	0	1	0	0	0	0
4	1	0	0	1	0	0	1	0	1	0	0
5	0	0	0	0	1	0	0	1	1	1	0
6	0	0	0	0	0	1	0	0	0	1	0
7	1	1	1	1	0	0	1	1	1	1	0
8	0	1	0	0	1	0	1	1	0	1	0
9	0	0	0	1	1	0	1	0	0	0	0
10	1	1	0	0	1	1	1	1	0	1	0
11	0	0	0	0	0	0	0	0	0	0	0

由表6.5可得到指标子群（即块）之间的关系。从密度矩阵的非对角线位置上是否出现1，可以说明指标子群间是否存在关系，具体来说，1表示指标子群间存在关系，0表示指标子群没有关系。因此，存在指标子群间关系的指标群有：

｛Block1，Block4｝，｛Block1，Block7｝，｛Block1，Block10｝，

｛Block2，Block7｝，｛Block2，Block8｝，｛Block2，Block10｝，

｛Block3，Block7｝，｛Block4，Block7｝，｛Block4，Block9｝，

｛Block5，Block8｝，｛Block5，Block9｝，｛Block5，Block10｝，

｛Block6，Block10｝，｛Block7，Block8｝，｛Block7，Block9｝，

｛Block7，Block10｝，｛Block8，Block10｝

图6.14是指标子群间的结构关系图，可以更加直观地展示出指标子群间的结构关系。

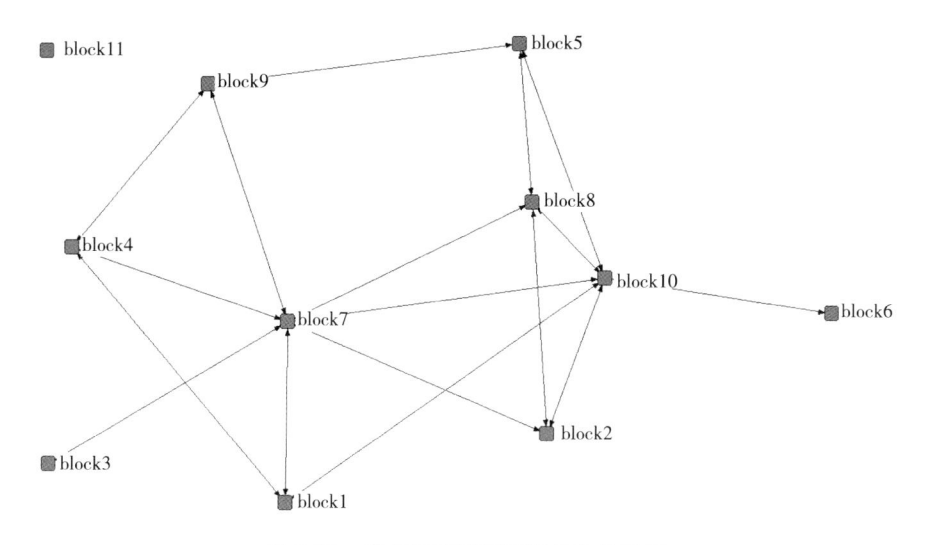

图6.14 发作期指标子群间结构关系图

由图6.14可知，除了症状指标子群11与任何其他的指标子群间无关外，其余10个指标子群会存在一些关系。经过上述的分析，可以探索出指标子群的构成及指标群间的结构关系。从医学上来讲，通过对症状指标的多层次结构划分，即可解决证候的构成及证候间存在的结构关系。因为在中医领域中，某种疾病的诊断需要通过望、闻、问、切获得多种症状指标的情

况，而不同的症状组合，或是证候组合可以用来判断患者是否患有某种疾病。

由上述分析可知，73个症状指标可以划分为11个指标（子）群，而在进行指标群内结构关系探讨时，由于被划分到同一个指标（子）群中的症状指标节点与其他指标（子）群也会存在一定的联系，所以，在评价症状指标影响力时，应该从整个网络的角度计算每个症状指标的中心性取值，然后再按照前面多层次划分结构的11个症状指标（子）群，在同一个症状指标群内比较症状指标影响力。表6.6是不同症状指标的中心性取值。

表6.6　　　　　　　症状指标的中心性取值

症状指标	度数中心性	接近中心性	中间中心度	特征向量中心性
消谷善饥	0.000	0.000	0.000	—
肢冷	45.833	39.560	1.851	29.968
善太息	45.833	39.560	2.413	28.572
胁胀	45.833	39.130	2.377	28.110
自汗	45.833	39.560	4.891	24.424
急躁易怒	41.667	38.503	2.449	24.796
食少纳呆1	40.278	38.503	1.910	25.061
面色晦暗	40.278	38.710	2.883	23.806
小便清长	37.500	38.298	0.861	25.779
有无口干口渴	41.667	38.919	2.712	23.471
爪甲色青	40.278	38.710	2.709	23.418
情志抑郁	33.333	37.306	0.504	24.099
口苦	34.722	37.696	1.069	23.278
形体瘦弱	34.722	37.895	0.777	23.474
潮热	36.111	37.895	1.436	22.175
唇色紫暗	37.500	38.298	2.472	20.882
关节疼痛	36.111	37.895	1.622	21.534
头晕	37.500	38.298	2.095	21.013
肢体麻木	34.722	37.696	1.361	21.084
小便频数	33.333	37.306	1.252	20.922
心烦	36.111	38.095	1.835	20.234

续表

症状指标	度数中心性	接近中心性	中间中心度	特征向量中心性
肢体困重	33.333	37.113	1.341	20.687
头身胸腹—其他	34.722	37.696	2.493	19.440
面色萎黄	30.556	37.113	1.135	20.234
面色无华	30.556	37.113	1.349	19.441
皮肤粗糙	30.556	36.923	0.948	17.946
面目浮肿	31.944	36.181	1.288	17.144
盗汗	31.944	37.500	2.270	16.338
夜间多尿	25.000	36.364	0.273	17.974
耳聋	29.167	36.923	0.709	17.562
口渴不欲饮	30.556	37.113	1.299	16.686
腹胀	23.611	36.000	0.241	17.550
四肢不温	26.389	36.548	1.506	15.855
胸痛	29.167	37.113	1.663	15.051
便秘	25.000	36.181	0.710	15.471
失眠	25.000	36.364	0.901	15.036
肌肤甲错	26.389	36.364	0.532	15.234
恶寒	23.611	36.000	0.866	14.536
腰膝酸软	25.000	36.548	0.952	14.089
头痛	25.000	36.181	1.005	13.994
手足心热	27.778	36.735	1.739	13.328
小便少	26.389	35.821	0.654	14.122
四肢肿胀	26.389	36.364	1.069	13.357
口渴欲饮	22.222	35.468	0.678	12.639
心悸	25.000	36.000	1.169	12.088
口淡	22.222	35.468	0.576	12.318
唇色深红	22.222	35.821	0.991	11.890
脘痞	20.833	35.468	0.642	11.668
小便涩痛	20.833	35.294	0.397	11.509
恶风	16.667	34.951	0.227	11.485
面色虚浮	20.833	34.615	0.514	11.182
口渴喜热饮	18.056	34.450	0.092	11.373

续表

症状指标	度数中心性	接近中心性	中间中心度	特征向量中心性
皮肤青灰	19.444	34.951	0.294	10.672
耳鸣	22.222	35.294	1.176	9.991
食少纳呆2	16.667	34.783	0.300	10.531
爪甲色紫	22.222	36.000	1.157	9.829
面色恍白	16.667	34.615	0.268	10.119
唇色淡白	18.056	34.783	0.457	9.807
口粘腻	16.667	35.294	0.432	9.086
爪甲色暗	15.278	33.645	0.200	8.664
毛发干枯	16.667	34.450	0.335	8.389
满面通红	16.667	34.450	0.834	7.374
两颧潮红	15.278	35.122	0.421	7.317
嗳气	13.889	34.450	0.350	7.285
胸闷	13.889	33.488	0.188	7.138
形体肥胖	13.889	34.123	0.697	6.544
小便短赤	13.889	34.450	0.462	6.162
面色黧黑	12.500	33.488	0.681	5.164
唇色青黑	8.333	32.877	0.053	4.460
便溏	8.333	32.143	0.016	4.425
口臭	8.333	32.432	0.131	4.243
泛酸	8.333	32.000	0.138	3.727
恶心呕吐	5.556	30.000	0.061	2.039

下面对11个证候内的症状指标分别进行排序，具体结果如下：

Block1 = {头晕，头身胸腹—其他，耳聋，失眠，头痛，口渴欲饮，口渴喜热饮}；

Block2 = {口苦，肢体麻木，小便频数，肢体困重，面色萎黄，腹胀，四肢不温}；

Block3 = {唇色紫暗，腰膝酸软，爪甲色紫，两颧潮红，小便短赤}；

Block4 = {心烦，口渴不欲饮，胸痛，心悸，耳鸣}；

Block5 = {急躁易怒，潮热，皮肤粗糙，面目浮肿，肌肤甲错，小便少，四肢肿胀，口淡，小便涩痛，面色虚浮，皮肤青灰，毛发干枯}；

Block6 = {形体肥胖，面色黧黑，泛酸}；

Block7 = {善太息，自汗，有无口干口渴}；

Block8 = {肢冷，胁胀，食少纳呆2，小便清长，爪甲色青，情志抑郁，形体瘦弱，夜间多尿}；

Block9 = {盗汗，便秘，手足心热，胸闷，便溏}；

Block10 = {面色晦暗，关节疼痛，面色无华，恶寒，恶风}；

Block11 = {唇色深红，脘痞，食少纳呆1，面色㿠白，唇色淡白，口粘腻，爪甲色暗，满面通红，嗳气，唇色青黑，口臭，恶心呕吐，消谷善饥}。

6.3.3.2 缓解期数据的应用研究

在对缓解期指标节点间的多层次结构关系进行划分之前，先绘制该数据库对应的社群图，如图6.15所示。

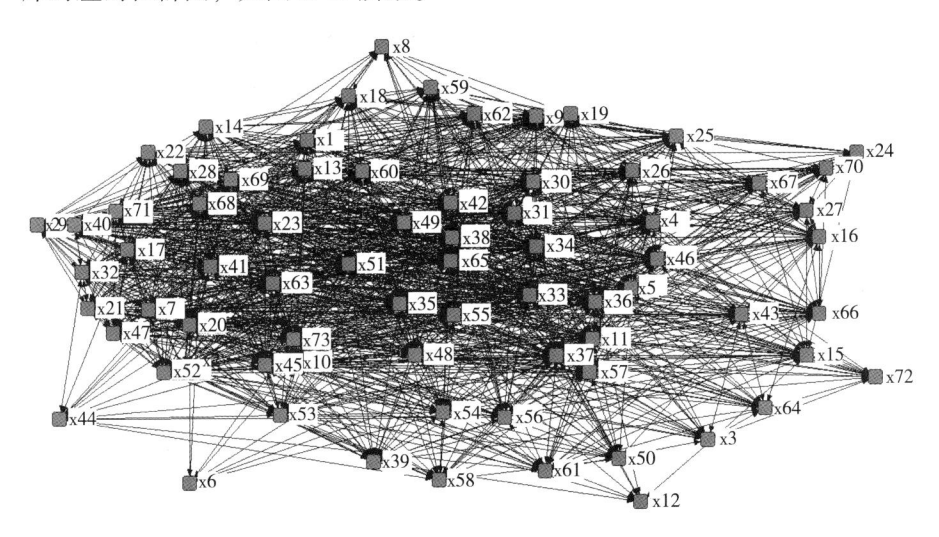

图 6.15 缓解期症状指标社群图

通过图6.15可知，缓解期73个症状指标构成的网络结构关系复杂，很难从图上直观地看出成群情况。因此，需要通过前面讨论的块模型中的CONCOR方法和Tabu搜索算法对缓解期的症状指标进行多层次的结构划分。

由CONCOR的树形图可以清晰地看出这73个指标的多层次结构关系。

由图 6.12（右）表示的是缓解期的 CONCOR 树形图，左侧的数字表示的是对应的症状编码序列。从左到右，症状指标的凝聚情况越来越加强，形成的指标群体的个数越来越小，而规模也越来越大。从最左边每个指标为一类到最后所有症状指标形成一个整体，实际上完成了指标子群最完整的多层次结构划分。在第一次划分时，形成了一系列的规模为 1 或是 2 的指标小群体，一直下去，在经过几次凝聚之后，最终都将汇总在一个整体指标群中。

虽然通过 CONCOR 的树形图，可以直接观察出整个多层次结构划分的过程，发现症状指标间的变化规律，但是无论是研究的严谨性，还是解释效果方面，均存在一些不尽如人意的地方。而且在研究 73 个症状指标的过程中，Tabu 作为一种更加高级的算法，虽然无法直接呈现出从单个指标节点到整个指标节点的过程，但是，可以提前设置最终形成的"块"（block）数 k，通过最终形成的指标群体的规模大小来判断划分是否恰到好处。例如，如果划分出现了单个症状指标的指标群，就要考虑是否过度划分（一般要求最小指标群体规模大于等于 3，独立指标节点除外，不纳入分析）；如果每个指标群体规模都很大，则需要考虑加大 k 值，增加划分的充分性。

为了方便后续与缓解期进行划分情况的对比，这里也选择 k = 11 的情况，得到下面 11 个指标群体，又称其为"块"。每个"块"中所包含的症状指标如下所示：

Block1 = {x10，x65，x73}
     = {唇色深红，便秘，失眠}；
Block2 = {x6，x8，x12，x24，x44，x61，x72}
     = {面色黧黑，面色虚浮，唇色青黑，毛发干枯，恶心呕吐，口臭，小便短赤}；
Block3 = {x22，x29}
     = {关节疼痛，恶寒}；
Block4 = {x1，x14，x20，x21，x23，x28，x32，x40，x68，x69}
     = {面色㿠白，爪甲色暗，肢体困重，肢体麻木，肢冷，恶风，四肢不温，食少纳呆1，小便频数，夜间多尿}；
Block5 = {x3，x15，x39，x43，x50，x53，x54，x56，x58，x64}

= {满面通红，爪甲色紫，嗳气，泛酸，头痛，耳鸣，头身胸腹—其他，口渴不欲饮，口渴喜热饮，消谷善饥}；

Block6 = {x4，x9，x18，x19，x59，x62}

= {两颧潮红，唇色淡白，面目浮肿，四肢肿胀，口淡，口粘腻}；

Block7 = {x2，x7，x13，x17，x41，x45，x47，x48，x52，x63，x71}

= {面色萎黄，面色无华，爪甲色青，形体瘦弱，腹胀，善太息，胁胀，情志抑郁，耳聋，食少纳呆2，小便清长}；

Block8 = {x5，x31，x33，x34，x35，x36，x38，x51，x55}

= {面色晦暗，手足心热，自汗，盗汗，胸闷，胸痛，心烦，有无口干口渴，头晕}；

Block9 = {x11，x37，x57}

= {唇色紫暗，心悸，口渴欲饮}；

Block10 = {x16，x25，x26，x27，x66，x67，x70}

= {形体肥胖，肌肤甲错，皮肤粗糙，皮肤青灰，便溏，小便少，小便涩痛}；

Block11 = {x30，x42，x46，x49，x60}

= {潮热，脘痞，急躁易怒，腰膝酸软，口苦}。

目前为止，整个症状指标构成的网络被划分成11个指标子群，下一步就需要研究这11个指标子群间存在什么样的关系，哪些指标子群可以构成指标群。具体请见下面的初始密度矩阵（如表6.7所示）。

表6.7　　　　　　　　　缓解期初始密度矩阵

指标子群	1	2	3	4	5	6	7	8	9	10	11
1	0.01	0.09	0.68	0.32	0.46	0.14	0.41	0.42	0.46	-0.02	0.27
2	0.09	-0.01	0.06	0.04	0.17	0.15	0.04	0.08	0.18	0.09	0.04
3	0.68	0.06	1	0.75	-0.01	0.16	0.56	0.3	-0.01	0.27	0.1
4	0.32	0.04	0.75	0.6	0.08	0.38	0.62	0.32	0.09	0.09	0.45
5	0.46	0.17	-0.01	0.08	0.32	0.06	0.17	0.44	0.51	0.06	0.22

续表

指标子群	1	2	3	4	5	6	7	8	9	10	11
6	0.14	0.15	0.16	0.38	0.06	0.67	0.01	0.2	0.05	0.42	0.29
7	0.41	0.04	0.56	0.62	0.17	0.01	0.8	0.4	0.32	0.14	0.61
8	0.42	0.08	0.3	0.32	0.44	0.2	0.4	0.7	0.6	0.21	0.32
9	0.46	0.18	-0.01	0.09	0.51	0.05	0.32	0.6	0.33	0.25	0.42
10	-0.02	0.09	0.27	0.09	0.06	0.42	0.14	0.21	0.25	0.72	0.61
11	0.27	0.04	0.1	0.45	0.22	0.29	0.61	0.32	0.42	0.61	0.42

而整个网络的密度值为0.286，所以对上述原始密度矩阵进行0-1赋值，具体的规则如下：大于0.286的元素赋值1，小于0.286的元素赋值0。则表6.7的初始密度矩阵可转化为表6.8中的矩阵。

表6.8　　　　　　　缓解期密度矩阵

指标子群	1	2	3	4	5	6	7	8	9	10	11
1	0	0	1	1	1	0	1	1	1	0	0
2	0	0	0	0	0	0	0	0	0	0	0
3	1	0	1	1	0	0	1	1	0	0	0
4	1	0	1	1	0	1	1	1	0	0	1
5	1	0	0	0	1	0	0	1	1	0	0
6	0	0	0	1	0	1	0	0	0	1	1
7	1	0	1	1	0	0	1	1	1	0	1
8	1	0	1	1	1	0	1	1	1	0	1
9	1	0	0	0	1	0	1	1	1	0	1
10	0	0	0	0	0	1	0	0	0	1	1
11	0	0	0	1	0	1	1	1	1	1	1

由表6.8可得到指标子群之间的关系。从密度矩阵的非对角线的位置上是否出现1，可以说明指标子群间是否存在关系，具体来说，1表示指标子群间存在关系，0表示指标子群间没有关系。因此，存在指标子群间关系的指标群有：

{Block1，Block3}，{Block1，Block4}，{Block1，Block5}，

{Block1，Block7}，{Block1，Block8}，{Block1，Block9}，

{Block3，Block4}，{Block3，Block7}，{Block3，Block8}，
{Block4，Block6}，{Block4，Block7}，{Block4，Block8}，
{Block4，Block10}，{Block5，Block9}，{Block5，Block8}，
{Block6，Block10}，{Block6，Block11}，{Block7，Block9}，
{Block7，Block8}，{Block7，Block11}，{Block8，Block9}，
{Block8，Block11}，{Block9，Block11}，{Block10，Block11}

图 6.16 是指标子群间的结构关系图，可以更加直观地展示出指标子群间的结构关系。

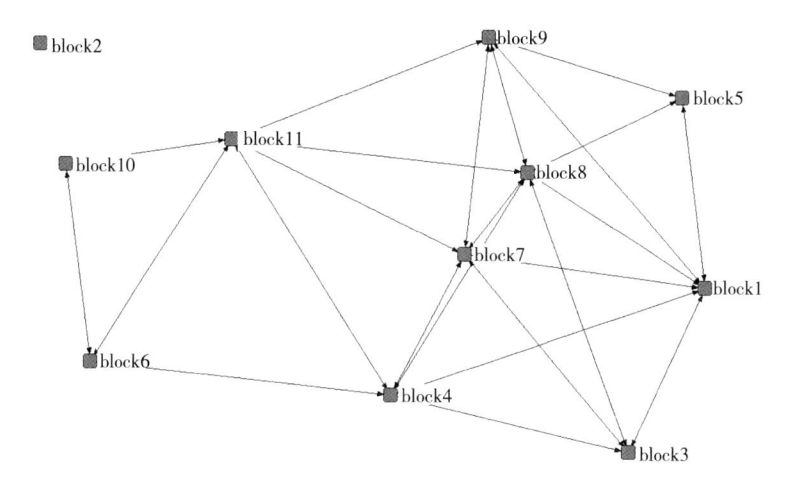

图 6.16 缓解期指标子群间结构关系图

由图 6.16 可知，除了症状指标子群 2 与任何其他的指标子群间无关外，其余 10 个指标子群会存在一些关系。经过上述的分析，可以探索出指标子群的构成及指标群间的结构关系。从医学上来讲，通过对症状指标的多层次结构划分，即可解决证候的构成及证候间存在的结构关系。因为在中医领域中，某种疾病的诊断需要通过望、闻、问、切获得多种症状指标的情况，而不同的症状组合，或是证候组合可以用来判断患者是否患有某种疾病。

6.3.3.3 两期数据的动态变化分析

通过上述的分析可以发现，发作期和缓解期症状指标的划分结果发生了变化，而且在此基础上的证候间的关系也有所差异。这种结构差异的变化很

可能是由于从发作期到缓解期的3个月时间内发生了一些医学干预措施，使患者的症状发生动态变化，造成的证候（素）内及证候间的结构关系有所不同。下面从症状指标的角度对595例患者的高发症状进行对比分析。

在流行病学上，一般认为发生率在10%以上的疾病为高发疾病，故对于发作期和缓解期各症状，分别选取发生率在10%以上的症状，纳入最后的动态变化分析中，并根据所选的高发症状具体地分析症状的动态变化情况。在具体的筛选过程中，发作期发生率在10%以上的症状有19个，而缓解期发生率在10%以上的症状中只有14个，且全部包含在发作期的症状中，发生率在发作期高于10%，而在缓解期低于10%的症状有5个，分别是便秘、脘痞、嗳气、手足心热和面色无华。因此，最终选出的19个主要症状依次为：面色晦暗、面色无华、唇色紫暗、形体肥胖、肢体困重、手足心热、自汗、胸闷、胸痛、心悸、心烦、嗳气、脘痞、善太息、耳鸣、有无口干口渴、口渴不欲饮、便秘和失眠。

对19个高发症状中每个症状在发作期和在缓解期的频率分别进行统计，进而分析症状的动态变化特点。表6.9是19个高发症状从发作期到缓解期的动态变化情况（其中，括号里面表示的是发生频率，发作期到缓解期的动态频率变化（%）一栏箭头两端分别表示发作期和缓解期的发生频率）。

表6.9　　　　　　　　高发症状的动态变化一览

症状名称	发作期	缓解期	发作期到缓解期的频率变化（%）	频率变化幅度（%）
面色晦暗	123	90	20.67→15.13	-5.54
面色无华	72	56	12.10→9.41	-2.69
唇色紫暗	179	108	30.08→18.15	-11.93
形体肥胖	102	100	17.14→16.81	-0.33
肢体困重	82	72	13.78→12.10	-1.68
手足心热	65	56	10.92→9.41	-1.51
自汗	119	100	20.00→16.81	-3.19
胸闷	513	416	86.22→69.92	-16.30
胸痛	374	288	62.86→48.40	-14.46
心悸	297	252	49.92→42.35	-7.57

续表

症状名称	发作期	缓解期	发作期到缓解期的频率变化（%）	频率变化幅度（%）
心烦	144	115	24.20→19.33	-4.87
嗳气	61	48	10.25→8.07	-2.18
脘痞	64	56	10.76→9.41	-1.35
善太息	65	61	10.92→10.25	-0.67
耳鸣	118	158	19.83→26.55	6.72
有无口干口渴	118	80	19.83→13.45	-6.38
口渴不欲饮	217	208	36.47→34.96	-1.51
便秘	62	46	10.42→7.73	-2.69
失眠	129	68	21.68→11.43	-10.25

由表6.9可知，19个高发症状中有16个在缓解期发生频数（频率）都明显小于发作期的相对应频数（频率），其中，胸闷的减少幅度最大，为16.30%，其次为胸痛（14.29%）、唇色紫暗（11.93%）、失眠（10.25%）等症状。这在一定程度上可以说明症状动态的良性变化，在缓解期一些症状出现了消退和缓解。通过表6.9可知，存在一例高发症状——耳鸣在缓解期的发生频率高于发作期的情况，频率增加了6.72%。由此可知，在发作期和缓解期中很可能还有一部分症状在缓解期的发生率高于发作期。

具体来说，症状的变化有三种不同的情况：症状的发生频率在缓解期低于发作期、发生频率在缓解期等于发作期和发生频率在缓解期高于发作期。

经统计可知，缓解期症状发生频率减少最为明显的前10个症状为胸闷（97）、胸痛（86）、唇色紫暗（71）、失眠（61）、心悸（45）、有无口干口渴（38）、面色晦暗（33）、心烦（29）、爪甲色紫（22）、便溏（22），括号中表示的是减少的频数。缓解期和发作期频数上未发生变化的症状有面色黧黑、皮肤青黑、小便涩痛、小便清长及大便不爽。发作期的发生率低于缓解期发生率的症状有耳鸣（40）、面色萎黄（3）、恶心呕吐（3）、唇色深红（2）、形体瘦弱（2）、爪甲色暗（1）、面目浮肿（1）、口渴欲饮（1）共8大症状，括号中表示的是增加的频数。而且在此基础上，可以发现这些症状的变化不仅是数量上的变化，也是在患者上发生的动态转移造成的，例如，一个患者的某个症状消失，但是出现新的症状。

通过症状动态变化的统计可以发现，症状满面通红和两颧潮红消失以及面色晦暗减少，面色萎黄的症状有所增加，而且出现了面色黧黑和面色㿠白这两种在发作期未出现的症状，在一定程度上可以解释面色症状的动态转移和变化；唇色方面的症状如：唇色紫暗症状消失，而在缓解期出现了唇色深红、唇色青黑；随着爪甲色紫症状的减少，爪甲色青、爪甲色暗这两种在发作期未出现的症状增加；四肢肿胀、毛发干枯等症状已消失，形体肥胖、肢体困重及肢冷的频数在减少，伴随着症状肢体麻木的增加，而在缓解期出现了关节疼痛；随着恶风、手足心热症状的消失，形寒症状频数的减少，四肢不温的症状频数有所增加；而随着腹胀、急躁易怒、情志抑郁、头痛症状的消失，一些症状如胸痛、心悸、食少纳呆、脘痞、腰膝酸软、耳聋和耳鸣症状频数的增加，心烦、嗳气症状增加，且新出现了胸闷这一症状；此外，便溏、小便赤短症状已经消失，便秘这一症状频数减少，相应地出现了小便频数、夜间多尿等症状。

综上所述，通过对发作期和缓解期症状频数变化的研究，可以在考虑前期的分析和医学知识的基础上，对发作期和缓解期症状的动态变化作出一定的分析，并对前面两期症状指标节点的多层次结构关系的差异作出一定的解释。很可能是在发作期和缓解期之间的 3 个月中，患者接受了医学治疗，因此对患者的证候（素）内与证候（素）间的结构关系产生作用。

6.4　思考与练习

1. 请总结网络关系挖掘中的方法和测度指标。

2. 请区分层次聚类方法和网络关系中用到的凝聚过程多层次聚类方法有何异同。

3. 请逐行研读下面 Python 代码，比较与网络关系挖掘时用到的函数有何不同。

```
import scipy
```

```
import scipy.cluster.hierarchy as sch
from scipy.cluster.vq import vq,kmeans,whiten
import numpy as np
import matplotlib.pylab as plt
```

points = scipy.randn(18,4) #生成待聚类的50个数据点，且每个点4维

disMat = sch.distance.pdist(points,'euclidean') #根据欧式距离生成距离矩阵
Z = sch.linkage(disMat,method = 'average') #实现层次聚类
P = sch.dendrogram(Z) #树状图

基于层次聚类的树状图如图6.17所示。

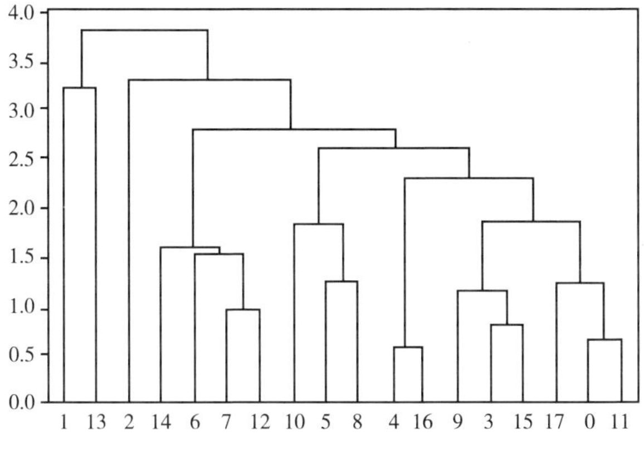

图6.17 基于层次聚类的树状图

4. 请读者自行设计挖掘网络关系的分析思路。

6.5 延展性阅读

在社会网络分析领域，Ucinet通过点键式操作即可完成全部分析任务，主要用于描述节点间网络关系的社会网络分析，可以满足指标数量过多且关系复杂情况下的网络关系分析需求。

| 指标关系研究中的数据挖掘与统计学习 |

下面通过 ucinet 软件读入数据，形成能够用于分析的数据格式文件。读取的步骤为打开 ucinet 软件，单击"Data"菜单—选择"Spreadsheets"一栏—单击"Matrix Ctrl + S"选项。弹出如图 6.18 所示的导入数据对话框。

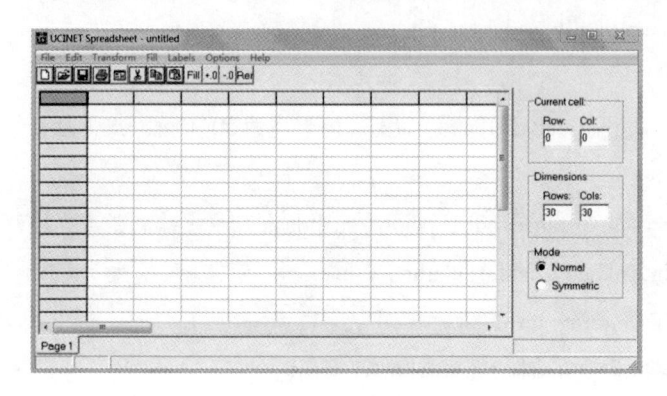

图 6.18 导入数据对话框

在图 6.18 所示对话框中，在"File"的选项卡中选择"Open"选项，或者直接单击🗁按钮，弹出如图 6.19 所示的打开对话框。

图 6.19 打开对话框

在图 6.20 中，先选择"计算机"选项，同时在右下角"Ucinet files"的下拉菜单中选择要导入的数据文件格式"CSV files"，选择的数据文件名为

· 264 ·

ch6_social.csv，单击"打开"按钮，即可弹出数据导入成功界面如图 6.20 所示，单击"保存"按钮。

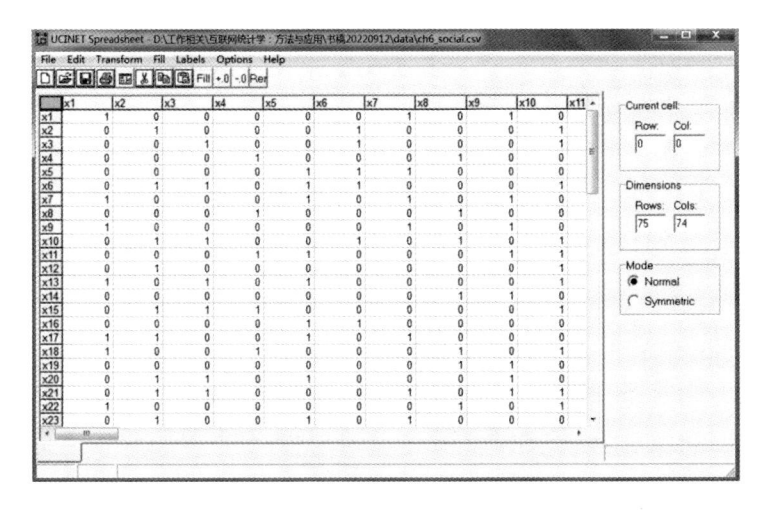

图 6.20 数据导入成功界面

经过上述操作，在数据文件所在位置会生成名为"ch6_social##H"的文件，请不要删除，后续需要基于这个格式的数据文件进行社会网络分析。下面开始社会网络分析，如果软件界面关闭，那么可重新打开软件，不必重新导入数据。社会网络分析界面如图 6.21 所示，"Network"和"Visualize"是进行数据分析和可视化的两大主要选项卡。

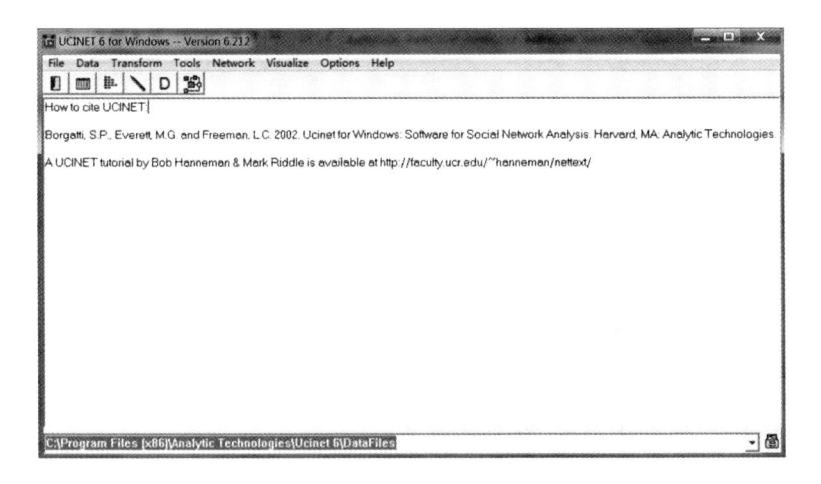

图 6.21 社会网络分析界面

在"Visualize"中选择"NetDraw"选项,会弹出如图 6.22 所示的绘制社会网络图的界面。

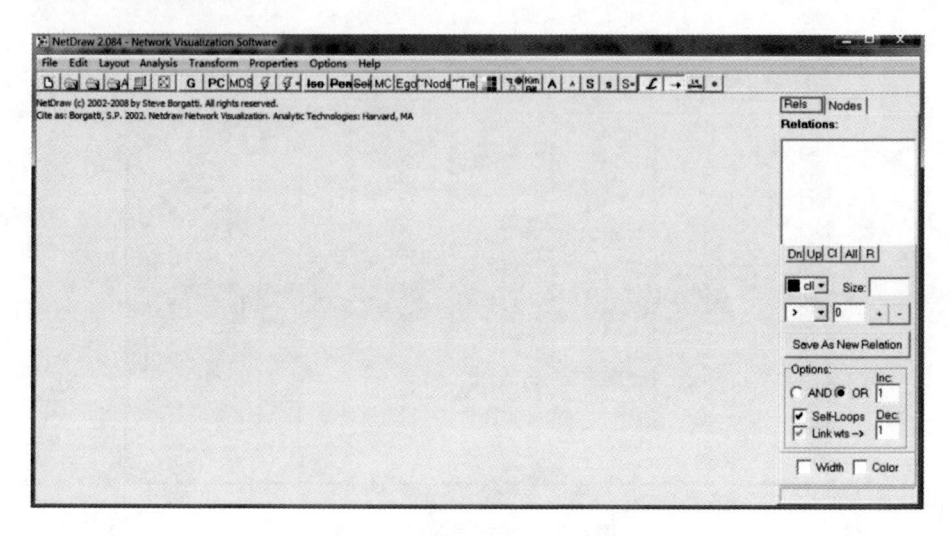

图 6.22 绘制社会网络图的界面

在图 6.22 所示的界面中,打开数据文件"ch6_social##H"会出现如图 6.23 所示的 73 个症状指标网络图,不难发现,除 x64 外,所有指标交织在一起,很难直观判断出症状指标的聚类情况。

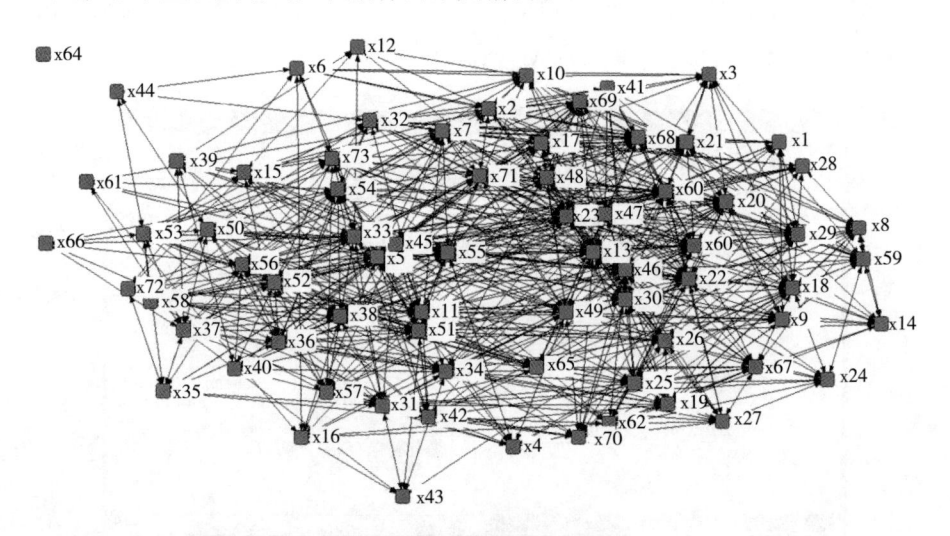

图 6.23 73 个症状指标网络图

下面针对图 6.23 中 73 个症状指标数据进行两方面的社会网络分析：一是对 73 个症状指标的重要性进行计算和排序，二是对 73 个症状指标进行"分块"挖掘。在社会网络分析中，主要根据与"度"相关的概念测算症状指标的重要性。具体操作：单击"Network"菜单—选择"Centrality"一栏—选择"Multiple Measures"选项。

参考文献

[1] 贾俊平,何晓群,金勇进. 统计学 [M]. 8版. 北京:中国人民大学出版社,2021.

[2] 赵彦云. 互联网统计 [M]. 北京:高等教育出版社,2021.

[3] 易丹辉. 数据分析与 EViews 应用 [M]. 3版. 北京:中国人民大学出版社,2020.

[4] 刘军. 社会网络分析导论 [M]. 北京:社会科学文献出版社,2004.

[5] 吴喜之,刘苗. 数据科学导论——R 与 Python 实现 [M]. 北京:高等教育出版社,2019.

[6] 王涛,杜征征. 我国城乡收入差距过大的现状与对策选择 [J]. 现代经济探讨,2006(1):61-65.

[7] 庞智强,仇菲菲. 城乡居民收入差距的研究方法述评 [J]. 统计与信息论坛,2007,22(4):102-105.

[8] 鲁玲. 中国城乡居民收入差距的统计学分析 [J]. 统计与信息论坛,2010,25(1):36-40.

[9] 韩家彬,张震,于鸿君. 非均衡发展战略与中国城乡收入差距的关系——来自省级面板数据的经验分析 [J]. 统计与信息论坛,2011,26(12):54-58.

[10] 袁兴意. 家庭因素与农民工职业收入:一个实证分析 [J]. 新疆

农垦经济, 2013 (10): 60-64.

[11] 钞小静, 沈坤荣. 城乡收入差距、劳动力质量与经济增长 [J]. 经济研究, 2014, 49 (6): 30-43.

[12] 魏钦恭. 收入不平等的主观测量与容忍度分析——基于职业收入分殊的视角 [J]. 社会发展研究, 2015 (3): 32-50+242.

[13] 许永洪, 萧珍丽, 朱建平. 教育缓解了收入分配不平衡吗 [J]. 数理统计与管理, 2019, 38 (4): 704-718.

[14] 和红, 谈甜. 居民身心健康状况对职业收入的影响——基于倾向得分匹配法 (PSM) 的实证研究 [J]. 中国卫生政策研究, 2019, 12 (2): 27-34.

[15] 赖俊明, 徐保红. 城乡劳动力流动中劳动者就业意愿影响研究 [J]. 数理统计与管理, 2019, 38 (3): 405-417.

[16] 程豪. 基于分数插补法的城乡职业收入影响因素研究 [J]. 数理统计与管理, 2021, 40 (4): 705-719.

[17] 黄成凤, 汤小波, 杨燕绥. 城乡居民人均可支配收入对医疗保健支出影响及区域差异分析 [J]. 卫生软科学, 2017, 31 (12): 23-27.

[18] 范周予, 施和俊. 城镇居民收入结构对医疗保健消费的影响——基于2007—2015年省级面板数据 [J]. 价值工程, 2017, 36 (14): 34-36.

[19] 徐昕. 广义泊松回归模型的推广及其在医疗保险中应用 [J]. 数理统计与管理, 2017, 36 (2): 215-225.

[20] 赵建国, 陈亮. 区域收入差距对居民健康的影响研究 [J]. 财经问题研究, 2018 (11): 122-128.

[21] 曹阳, 戴玉娟. 老龄化背景下收入对农村居民医疗保健消费的影响——基于省级面板数据的实证分析 [J]. 经济研究导刊, 2018 (9): 28-41.

[22] 谢聪, 宇传华, 张爽, 等. 基于省际面板分位回归的中国城乡居民医疗保健支出影响因素分析 [J]. 中国卫生统计, 2018, 35 (1): 26-32.

[23] 王芳, 黄莉芳. 家庭特征对居民消费支出的影响分析——基于中国家庭追踪调查数据 [J]. 数理统计与管理, 2019, 38 (3): 381-393.

[24] 王沛立, 李恩平. 我国居民医疗负担及其影响因素分析——基于弹性网方法的实证研究 [J]. 数学的实践与认识, 2019, 49 (14): 97-107.

[25] 张跃华, 王翌宵. 新型农村社会养老保险对贫困群体生活的影响——基于 CHARLS 2011~2015 面板数据的分析 [J]. 保险研究, 2019 (5): 69-80.

[26] 程豪. 基于非参数逆概率加权的中老年家庭收入与医疗保健支出问题研究 [J]. 数理统计与管理, 2022.

[27] 程豪, 易丹辉. 带税基的个人所得税分位回归预测模型 [J]. 数学的实践与认识, 2016, 46 (12): 49-52.

[28] 谢波峰. 基于大数据的税收经济分析和预测探索 [J]. 大数据, 2017, 3 (3): 15-24.

[29] 刘建民, 左亚林, 吴金光. 我国税收收入预测模型构建及其预测分析 [J]. 税务研究, 2017 (11): 84-88.

[30] 李华. 高质量发展目标下税收体系构建与减税降费再推进 [J]. 税务研究, 2019 (5): 25-29.

[31] 赖慧慧. 大数据背景下基于 ARMA 模型的增值税销项税额预测 [J]. 税务研究, 2019 (2): 41-46.

[32] 邵明振, 马舒瑞, 屈小芳, 等. 河南省经济新动能统计测度、经济效应及发展路径研究 [J]. 统计理论与实践, 2021 (3): 15-22.

[33] 田昭, 付粉玲, 刘洋. 影响税收因素的多元回归分析及预测 [J]. 产业创新研究, 2020 (9): 72-73.

[34] 刘世锦, 王子豪, 蔡俊韬, 等. 2035: 中国经济增长的潜力、结构与路径 [J]. 管理世界, 2018, 34 (7): 1-12+183.

[35] 朴胜任. 省际环境效率俱乐部收敛及动态演进分析 [J]. 管理评论, 2020, 32 (8): 52-62+105.

[36] 焦音学, 柏培文. 三大产业劳动收入份额的影响因素研究——兼

论后工业化时代数字经济的作用[J]. 经济问题探索, 2021 (10): 84-99.

[37] 魏丽莉, 侯宇琦. 专业化、多样化产业集聚对区域绿色发展的影响效应研究[J]. 管理评论, 2021, 33 (10): 22-33.

[38] 程豪, 晏振. 基于函数型数据回归模型的消费函数动态分析[J]. 统计与决策, 2021 (11): 80-84.

[39] 黄益平, 王勋, 胡岠. "十四五"时期中国经济的增长收敛与发展前景[J]. 武汉大学学报（哲学社会科学版）, 2022, 75 (1): 91-100.

[40] 胡尊国, 顾金鑫, 陈颖. "倾斜性"政策、生产部门变迁与南北地区发展差异——来自机器学习的因果推断[J]. 财经研究, 2022, 48 (1): 93-107.

[41] 严明义. 函数型数据的统计分析：思想, 方法和应用[J]. 统计研究, 2007, 24 (2): 87-94.

[42] 程豪, 黄皖卿, 赵立新. "科协力"作用下全产业链结对子发展的路径选择研究——基于函数型数据视角[J]. 今日科苑, 2022 (3): 3-15.

[43] 沈艳波, 王崑声, 马雪梅, 等. 科技强国评价指标体系构建及初步分析[J]. 中国科学院院刊, 2020, 35 (5): 593-601.

[44] 蔡跃洲. 国家创新体系视角下的国家创新能力测度述评——理论方法、数据基础及中国实践[J]. 求是学刊, 2012, 39 (1): 42-50.

[45] 王智慧, 刘莉. 国家创新能力评价指标比较分析[J]. 科研管理, 2015 (36): 162-168.

[46] 程豪. 全球化国家科技创新能力综合评价指数统计模型——基于互联网科技统计视阈[J]. 调研世界, 2020 (6): 25-31.

[47] 王惠文. 偏最小二乘回归方法及其应用[M]. 北京：国防工业出版社, 1999.

[48] 侯杰泰, 温忠麟, 成子娟. 结构方程模型及其应用[M]. 北京：教育科学出版社, 2004.

[49] 何晓群. 多元统计分析[M]. 5版. 北京：中国人民大学出版社, 2019.

[50] 刘军. 社会网络分析导论 [M]. 北京：社会科学文献出版社，2004.

[51] 林聚任. 社会网络分析：理论、方法与应用 [M]. 北京：北京师范大学出版社，2009.

[52] 彭小川，毛晓丹. BBS 群体特征的社会网络分析 [J]. 青年研究，2004（4）：39-44.

[53] 王霄宁. 基于社会网络分析的产业集群定量化模型 [J]. 统计与决策，2005（6）：43-45.

[54] 张树人，刘颖，陈禹. 社会网络分析在组织管理中的应用 [J]. 中国人民大学学报，2006（3）：74-80.

[55] 付相君，彭颖红. 社会网络分析促进组织结构及其知识流优化 [J]. 计算机集成制造系统，2007（11）：2169-2177.

[56] 吴晓伟，刘仲英，李丹. 竞争情报研究的创新途径——基于社会网络分析的观点 [J]. 情报学报，2008（2）：295-301.

[57] 胡海波，王科，徐玲. 基于复杂网络理论的在线社会网络分析 [J]. 复杂系统与复杂性科学，2008（2）：1-14.

[58] 周春光，曲鹏程，王曦. DSNE：一个新的动态社会网络分析算法 [J]. 吉林大学学报，2008，38（2）：408-413.

[59] 陈琼，李辉辉，肖南峰. 基于节点动态属性相似性的社会网络社区推荐算法 [J]. 计算机应用，2010，30（5）：1268-1272.

[60] 杨艳春，孟祥武. 基于关键词的对等网络节点群相似性度量模型研究 [J]. 2011，57（6）：489-493.

[61] 程豪，吕晓玲，钟琰，等. 大数据背景下智能手机 APP 组合推荐研究 [J]. 统计与信息论坛，2016，31（6）：86-91.

[62] 程豪，易丹辉. 社会网络分析视角下复杂网络结构关系的综合测度 [J]. 统计与决策，2017（7）：14-17.

[63] 程豪，易丹辉，牟宗毅. 基于社会网络分析的指标群划分及群间关系研究 [J]. 世界科学技术—中医药现代化，2018，20（4）：505-513.

[64] 程豪，易丹辉. 基于分位回归的偏最小二乘算法的应用 [J]. 统

计与决策, 2019, 35 (2): 19-21.

[65] 程豪, 易丹辉, 胡镜清, 等. 一种综合变量构建方法的探讨 [J]. 统计与决策, 2017 (3): 21-23.

[66] Zou H., and Yuan M. Composite Quantile Regression and the Oracle Model Selection Theory [J]. The Annals of Statistics, 2008, 36 (3): 1108-1126.

[67] Löhmller J B. Latent Variable Path Modeling With Partial Least Squares [M]. Heidelberg: Physica-Verlag Heidelberg, 1989.

[68] Lee S K. Structural Equation Modeling: A Bayesian Approach [M]. London: Wiley, 2007.

[69] Hair J F, Hult G T M, Ringle C M, et al. A Primer on Partial Least Squares Structural Equation Modeling (PLS-SEM) [M]. Thousand Oaks: SAGE Publications, 2017.

[70] Esposito V V, Chin W W, Henseler J, et al. Handbook of Partial Least Squares. Concepts, Methods and Applications [M]. Heidelberg: Springer_Verlag, 2010.

[71] Beate J, Robert L. On the Political Economy of National Tax Revenue Forecasts: Evidence from OECD Countries [J]. Public Choice, 2017, 170 (3-4): 211-230.

[72] Aggarwal C C. Social Network Data Analytics [M]. Berlin: Springer, 2011.

[73] Aggarwal C C. An Introduction to Social Network Data Analysis [J]. Social Network Data Analytics, 2011.

[74] Hao Cheng. A Class of New Partial Least Square Algorithms for First and Higher Order Models [J]. Communications in Statistics-Simulation and Computation, 2022, 51 (8): 4349-4371.